ミネルヴァ日本評伝選

陰陽の達者なり

安倍晴明

斎藤英喜著

ミネルヴァ書房

刊行の趣意

「学問は歴史に極まり候ことに候」とは、先哲荻生徂徠のことばである。

歴史のなかにこそ人間の智恵は宿されている。人間の愚かさもそこにはあらわだ。この歴史を探り、歴史に学んでこそ、人間はようやくみずからの正体を知り、いくらかは賢くなることができる。新しい勇気を得て未来に向かうことができる。徂徠はそう言いたかったのだろう。

「ミネルヴァ日本評伝選」は、私たちの直接の先人について、この人間知を学びなおそうという試みである。日本列島の過去に生きた人々の言行を、深く、くわしく探って、そこに現代への批判を聴きとろうとする試みである。日本人ばかりではない。列島の歴史にかかわった多くの異国の人々の声にも耳を傾けよう。

先人たちの書き残した文章をそのひだにまで立ち入って読み、彼らの旅した跡をたどりなおし、彼らのなしとげた事業を広い文脈のなかで注意深く観察しなおす――そのとき、はじめて先人たちはいまの私たちのかたわらによみがえってくる。彼らのなまの声で歴史の智恵を、また人間であることのよろこびと苦しみを、私たちに伝えてくれもするだろう。

この「評伝選」のつらなりのなかから、列島の歴史はおのずからその複雑さと奥ゆきの深さをもって浮かび上がってくるはずだ。これを読むとき、私たちのなかに新たな自信と勇気が湧いてきて、その矜持と勇気をもって「グローバリゼーション」の世紀に立ち向かってゆくことができる――そのような「ミネルヴァ日本評伝選」にしたいと、私たちは願っている。

平成十五年（二〇〇三）九月

上横手雅敬
芳賀　徹

「安倍晴明公御神像」（京都市・晴明神社蔵）

晴明塚（愛知県海部郡甚目寺町清明）

福井晴明神社（福井県敦賀市相生町）

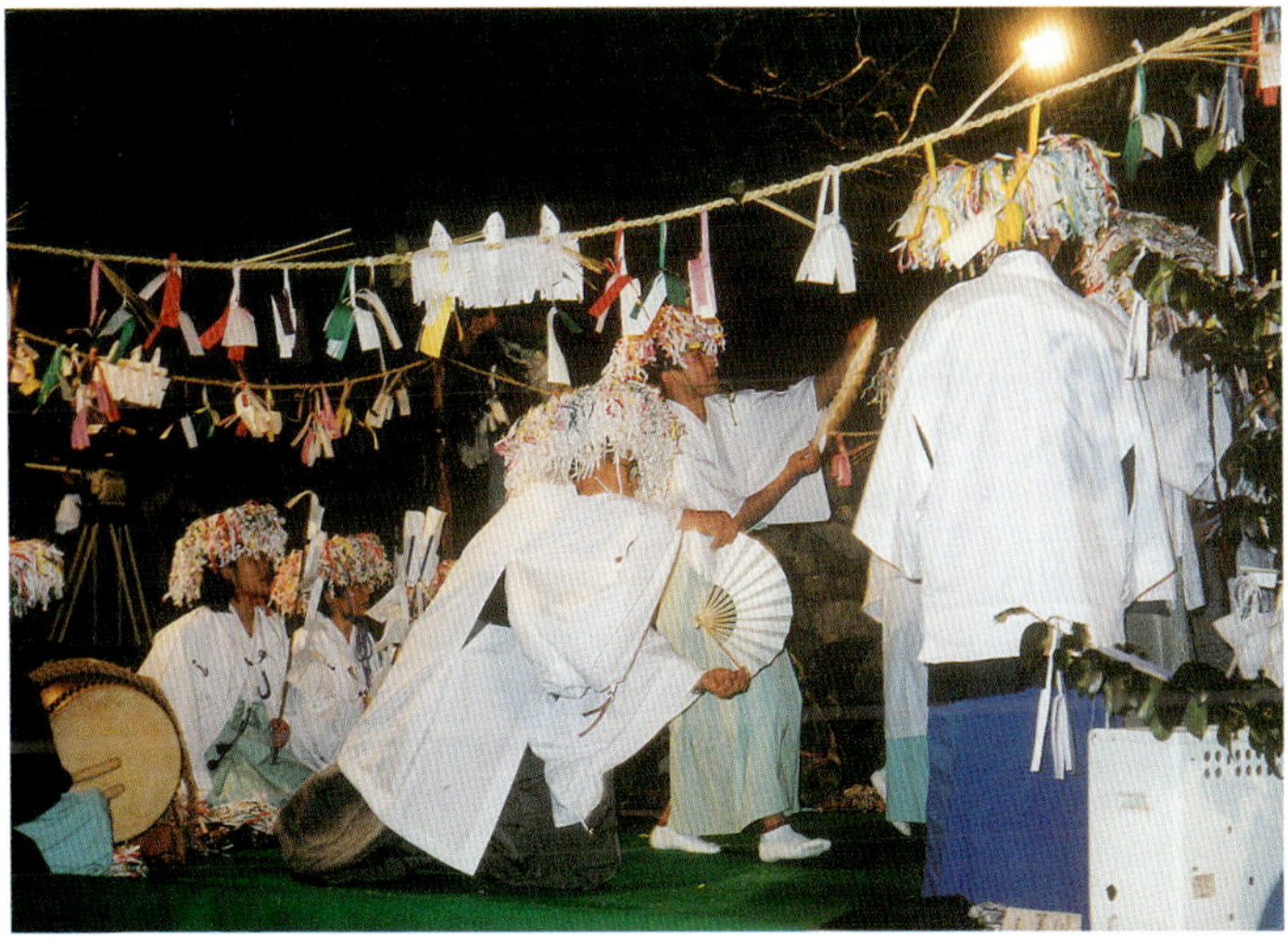

いざなぎ流（高知県香美郡物部村）

（上）日月祭の場面。

（下）祭場を守るヒナゴの幣。式神の一種。

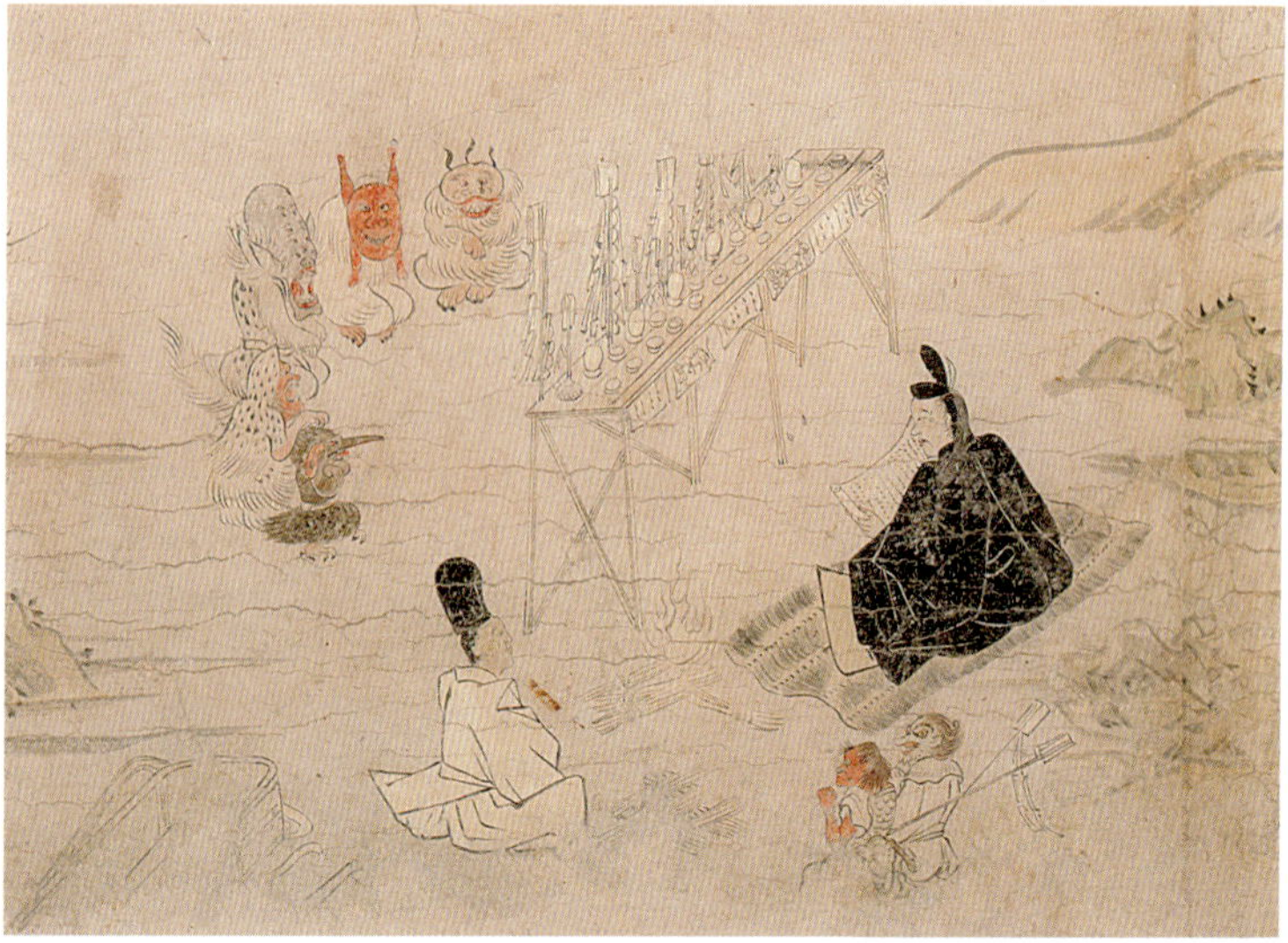

「不動利益縁起絵巻」部分（東京国立博物館蔵）

（上）晴明が庭で祭文を誦む。式神が横にひかえている。

（下）二人の式神が，長い棒によって邪鬼を追う場面。

追儺　疫鬼（上）と方相氏（下）『政事要略』巻29より

「星曼荼羅」(奈良県生駒郡斑鳩町・法隆寺蔵)

太陽神ヘリオスと獣帯の宮

プトレマイオス『天文学』（ビザンティン，820年）より

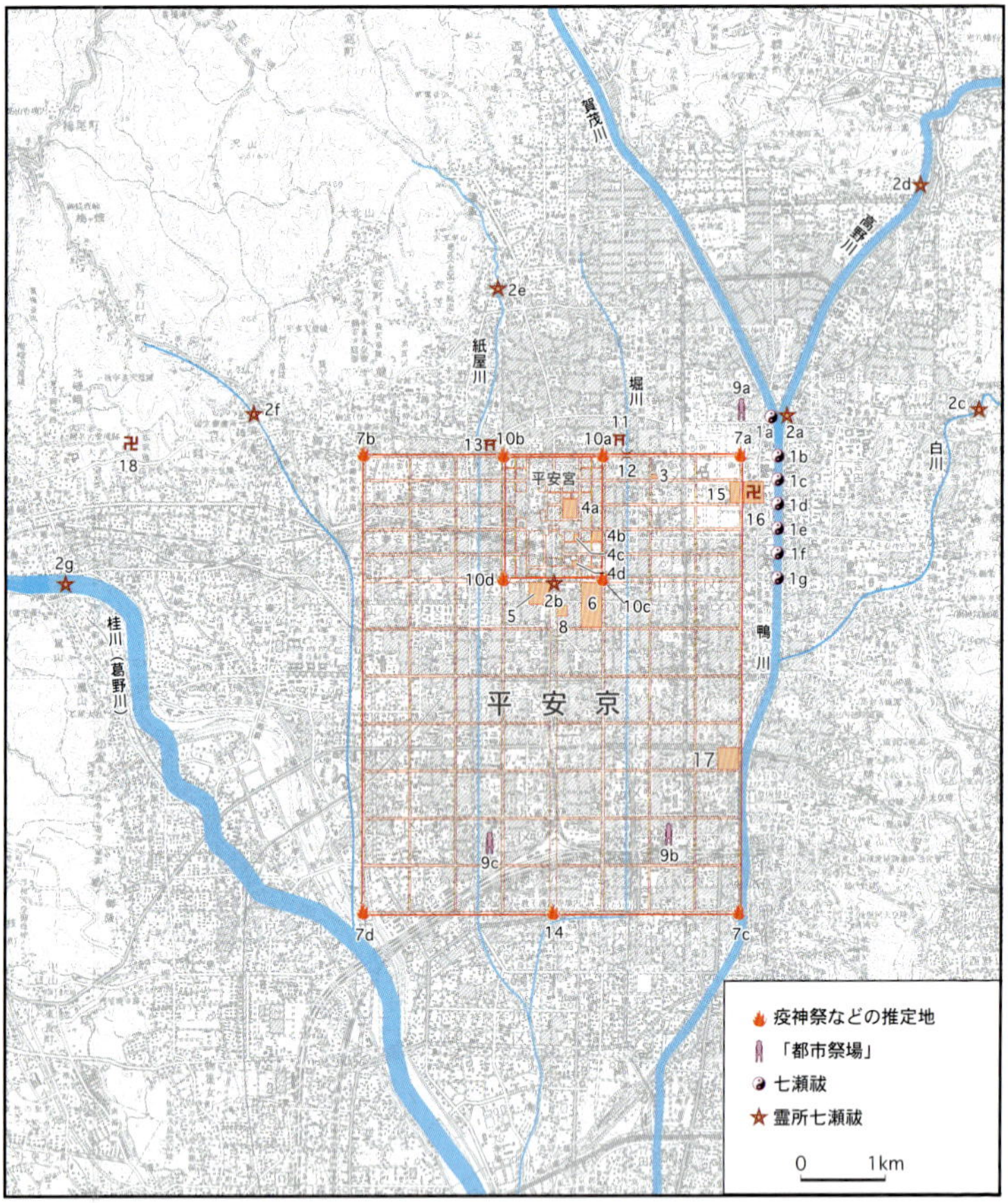

1　七瀬祓の祓所（a:河合 b:一条 c:土御門 d:近衛御門 e:中御門 f:大炊御門 g:二条ノ末）
2　霊所七瀬祓の霊所（a:河合 b:耳敏河 c:松崎 d:東瀧 e:石影 f:西瀧 g:大井河）　3　安倍晴明邸
4　大内裏（a:内裏 b:大膳職 c:陰陽寮 d:主計寮）　5　穀倉院　6　神泉苑
7　京城四隅疫神祭の推定地（a:一条東京極 b:一条西京極 c:九条東京極 d:九条西京極）
8　左京職　9　「都市祭場」推定地（a:出雲路幸神社付近 b:左京八条三坊 c:右京八条二坊）
10　宮城四隅疫神祭の推定地（a:一条大宮 b:一条西大宮 c:二条大宮 d:二条西大宮）
11　晴明神社　12　一条戻り橋　13　大将軍八神社　14　羅城門　15　藤原道長土御門殿
16　法成寺　17　河原院跡（芦屋道摩寓居伝承地）　18　遍照寺

平安京の陰陽道関連地図（山田邦和作成）

はじめに——安倍晴明とは誰か

京都・晴明神社にて

多くの車が行き交う京都のメインストリートの一つ、堀川《ほりかわ》通に面してその神社はあった。京都・晴明神社《せいめいじんじゃ》——。かつては訪れる人もまれな、町のなかの小さな神社だったが、この数年のあいだで多くの若者たちが押し寄せ、観光バスのルートとなり、客待ちのタクシーが常駐する一大観光名所に変貌した。いうまでもない、小説・コミック・テレビ・映画を中心とした「安倍晴明《あべのせいめい》ブーム」の大ブレイクのせいだ。さすがにひと頃の熱狂は薄れたとはいえ、神社に参拝する若者は今も後をたたない。

それにしても、安倍晴明とは何者なのか。

式神《しきがみ》を駆使して悪霊や鬼と対峙する陰陽師《おんみょうじ》。あるいは昼間から友人と酒を飲み交わし、浮世を離れた話に興じる自由人。その風貌はちょっとニヒルな白面の貴公子……。ブームのなかの安倍晴明は、そんな人物だ。今や安倍晴明といえば、誰れもが夢枕《ゆめまくら》獏《ばく》の小説、野村萬斎《のむらまんさい》が扮した映画や岡野《おかの》玲子《れいこ》が描くコミックの絵を思い浮かべるだろう。

だが、安倍晴明の存在はけっしてフィクションではない。彼は平安時代中期に実在した人物だ。晴明が「陰陽師」として活動した時代は、村上天皇、花山院《かざんいん》や一条天皇、藤原兼家《かねいえ》やその子息の道長《みちなが》、また伊周《これちか》、実資《さねすけ》、あるいは中宮定子《ちゅうぐうていし》や彰子《しょうし》、そして清少納言《せいしょうなごん》、紫式部《むらさきしきぶ》、源信《げんしん》といった、華やかな平安王朝を代表する人物たちが生きた時代と重なる。晴明は、彼ら有名人たちと同時代人であったのだ。

歴史記録に登場する晴明は、平安時代中期に「陰陽寮《おんみょうりょう》」という役所に勤め、国家の動向に関わる天文の動きを観測し、怪異にたいする占いをたて、儀礼の日時を調査し、あるいは定められた陰陽道《おんみょうどう》の儀礼を執行する、王朝国家を構成する官人の一人である。さらに彼が活躍したのは六十代後半から八十代がピークであったという。老人でただの役人。それが歴史上の実像だとしたら、なぜそんな人物が、若者たちの人気を集めたのか。どこで安倍晴明は、今のような姿に変貌したのか。

晴明ブームの深層

じつは「晴明ブーム」は、平成の世に突発的に起きた一時的な現象ではなかった。晴明が式神を使って不思議な力を発揮する話は、平安時代末期から鎌倉時代にかけて作られた説話文学に続出し、さらに中世末期から近世の様々な芸能のなかでは、晴明が超越的な力をもつのは母親が人間ならざる霊狐であったからとか、少年のときに龍宮城に行って力を授けられたから……といったファンタジー小説のような物語が作り出された。江戸の人々のあいだでも、狐の母君との別れのシーン＝葛《くず》の葉の子別れは、多くの「婦女子」の涙を誘ったようだ。安倍晴明は、それぞれの時代における人々の「期待の地平」（田中貴子『安倍晴明の一千年』）を体現するものとして存在したのである。

ならば、二十一世紀のこの現代、ふたたび「安倍晴明」が浮上したのはなぜか。二十一世紀の安倍晴明はどのような「期待の地平」の顕れなのか。

たとえば晴明ブームが過熱した二〇〇〇年、雑誌『AERA』には「心の魔を扱いかねた現代人が、闇を知り尽くした陰陽師に、救済を求めている」（五月二十二日号）といったキャッチコピーの記事が出ている。なるほど、晴明が対峙する「悪霊」「鬼」とは、人々の心に潜む「魔」や「闇」というわけだ。その処置＝浄化の方法を晴明に求めている、と。あるいは臨床心理士の岩宮《いわみや》恵子《けいこ》氏は、学校という異界で「魔」に襲われてしまう子供たちと向き合うときに、「魔」と対峙する陰陽師・晴明から大いに学ぶことがあると、岡野玲子氏のコミック版『陰陽師』にたいする精密な分析・解読を行なった（岩宮「思春期のイニシエーション」）。

さらに晴明ブームが、一九九五年の「オウム事件」以降であったことも気になるところだろう。八十年代後半から広がったいわゆる「オカルト・ブーム」が、九五年の「オウム事件」でことごとく封じられ、オカルト＝悪として糾弾され、封印されていった以降、若者たちの〈見えない世界〉への渇望が「陰陽道」を通して顕現してきたのではないか。とくに陰陽道の場合、極端な身体酷使による修行や、教団を作ってしまう組織志向が希薄なことも、宗教的なものが抱える「危うさ」にたいする安全弁として働いたのかもしれない。最近の晴明ブームは、現代という時代の精神構造を読み解く重要なキーワードといえよう。

安倍晴明の「実像」とは

では、現代のブームが作り出した「安倍晴明」にたいして、平安時代の安倍晴明の実像はどうだったのか。それを明らかにすることこそ、本書の目的である。

晴明ブームのお陰もあってか、ここ数年のうちに、晴明や陰陽道に関する研究は、飛躍的な進歩をとげたのはたしかだ。鈴木一馨《いっけい》氏『陰陽道』や繁田信一氏『陰陽師と貴族社会』など若手研究者たちによる研究成果が続々と本になって、平安時代中期に実在した安倍晴明の姿がはっきりしてきた。彼らが史料を通して導きだした晴明は、映画やコミックのなかの、少しシニカルな色白の美青年や呪術のスーパースターではなく、陰陽寮の役人として地味な職務を果たしている、老年の「国家公務員」の一人であった。さらに晴明は、自分の上司・師である賀茂保憲《かものやすのり》の手柄を横取りしたり、やたらと自分の功績を喧伝《けんでん》し、貴族から「陰陽《いんよう》の達者なり」と誉められたりする、けっこうしたたかな人物であったらしいこともわかってきた。

こうした歴史研究サイドによる晴明の「実像」は、過熱するブームによって世間に広まった晴明像への批判ともいえよう。妖しげな呪術師のイメージにたいして、いわば世俗的存在としての安倍晴明である。

けれども私は、こうした安倍晴明の「世俗化」には、どうも納得しきれないものを感じる。それは私自身が、歴史研究とは違うところから安倍晴明に接近したことに関わるようだ。

いざなぎ流太夫の現場から

十数年まえから、高知県香美郡物部村《かみぐんものべそん》に伝わる「いざなぎ流」という民間信仰についての調査・研究をしてきた。「いざなぎ流」については、早く小松和彦氏の『憑霊《ひょうれい》信仰論』という本が取り上げ、いざなぎ流太夫《たゆう》という土地の宗教者たちの活動が、安倍晴明たち平安時代の陰陽師の系譜に連なっていることを明らかにしてくれた。私は小松氏の本を読んで「いざなぎ流」の不思議な魅力に取り憑かれ、その世界に自分の足で踏み込むことになったのだ。

その研究成果の一部は、先ごろ『いざなぎ流　祭文と儀礼』としてまとめたが、私のいざなぎ流研究のウリは、中尾計佐清《なかおけさきよ》太夫という一人の太夫に徹底的に密着したところにある。それはたまたま太夫さんと気があってしまい、いつのまにか「調査」というよりも、その太夫さんの「弟子」みたいな立場になったことが大きい。幸運な出会いといえばそれまでだが、より研究状況的にいえば「いざなぎ流」を、民俗社会全体を覆う信仰現象として平均化してしまうのではなく、太夫という信仰や呪術の実践者たちの意識、その内側からつかまえたいという思いによっている。「信仰」や「呪術」の力、神々や霊と渉《わた》りあうときの術や技の、その現場のリアリティに接近したい。術者たちのリアルな現場を「研究」として記述するには、どうすれば可能なのか……。私のいざなぎ流研究は、その悪戦苦闘の報告ともいえる。

その過程でわかったのは、たとえば社会倫理的には「悪」と認識している呪い＝呪詛《じゅそ》についても、彼らはわれわれとは違う意識をもっていることだった。もちろん彼らも呪詛を悪いことと否定するし、実際に太夫たちが今も呪いをしているなんていうことはまずないだろう。だが彼らが、いざその「術」の世界について語り始めると、異様に興奮して一日中でも平気で語り続け、さらにその祈禱法を見ていくと、どこまでが「呪い」で、どこからが病気治療の祈禱かが判然としないような、それでいて彼らは厳密にそれを使い分けていく、そんな「術者」としての実践現場にぶつかるのだ。そして術者としての彼らは、自分とは系統の違う太夫たちとはもちろんのこと、自分の弟子となった相手ともそれこそ熾烈な術の競合を繰り広げていくのである。そうした術者の世界をもっとも象徴するのが、「式王子《しきおうじ》」と呼ばれる呪法であった。

私は、一人の太夫に密着することで、術者たちのリアルな現場を体感してきた。そして、彼ら太夫たちの現場の延長上に、陰陽道の術者たる安倍晴明を捉えることを夢想したのだ。

もう一つの安倍晴明へ

いざなぎ流太夫は、平安の世の安倍晴明たち「陰陽師」が、中世以降の民間社会のなかで変容していった姿の一つとされている。とくに「式王子」の呪法は、陰陽師の使役する式神と通じるものとして注目を集めた。いざなぎ流太夫が儀礼で使う「祭文《さいもん》」という唱え詞も、陰陽師が用いる祭文と同じ系譜のなかに位置づけられる。

もっとも近年の歴史研究の進展によって、いざなぎ流太夫を安倍晴明の系譜の陰陽師と単純に結びつけることはできないことがわかってきた。両者のあいだには、長い歴史的変遷が横たわっていた。けれども、いざなぎ流太夫との出会いは、平安時代史や陰陽道研究を専攻したわけでもない私を、安倍晴明の「評伝」を書くという、あらたな体験へと導いてくれたのはたしかである。

フィクションのなかの呪術のスーパースター。あるいは史料のなかのルーティンワークをこなす地味な役人。現在流通している二つの安倍晴明にたいして、本書では、もう一つの安倍晴明像を提示してみたい。

もちろん本書は、晴明が生きた平安時代中期の同時代史料にもとづく歴史的な評伝である。だが私がめざすのは、史料のなかから「ただの官人」であることを超えた、「陰陽道」の術者・知者としての安倍晴明の相貌を描きだすことにある。その時、安倍晴明は、平安貴族社会の人々の精神的な動向を担うキーパーソンの一人として、時代のただ中に立つことになるだろう。

もう一つの安倍晴明へ。現代社会を生きるいざなぎ流太夫たちと、平安の宮廷社会を生きる陰陽師・安倍晴明とが、長い時間の隔たりを超えて相まみえる地点――。それを探り出すことが、この本の秘かな狙いだと告白しておこう。

安倍晴明——陰陽の達者なり

目次

目　次

図版写真一覧

序章　安倍晴明の〈現場〉へ

1　安倍晴明を求めて

希代《きだい》の天才陰陽師、呪術のスーパースター、闇の世界の支配者……。

ほんの数年前までほとんど知られることのなかった安倍晴明は、今や様々なキャッチコピーのもと、夢枕《ゆめまくら》獏《ばく》の小説『陰陽師』を筆頭に、映画・テレビ・コミック・演劇などに颯爽と登場し、またたくまにメディアを席捲していった。色白のちょっとニヒルな貴公子、式神《しきがみ》を操って悪霊を退散させていく闇の呪術師。安倍晴明といえば、誰もが岡野玲子《おかのれいこ》の描く涼やかな美青年の絵や、あるいは映画のなかで野村萬斎《のむらまんさい》が扮した、唇に指を当てて秘かに呪文を唱える風貌を思い描くだろう。神秘的な力をもつ陰陽師・晴明は、今サブカルチャーと呼ばれる世界でもっとも華々しく、妖しげに、その存在を誇示しているといえよう。「晴明ブーム」である。

「陰陽師Ⅱ」
（発売元：角川映画，販売元：東宝）

「恋しくば尋ね来てみよ」

しかし、「晴明ブーム」は平成の世に突然始まったものではなかった。

まずは平安時代末期から鎌倉時代に編纂された『今昔物語集』や『宇治拾遺物語』をはじめとした説話集に、「今は昔、天文《てんもん》博士《はかせ》安倍晴明といふ陰陽師ありけり」というフレーズのもと、鬼神《きしん》を見いだし、式神を駆使し、仕掛けられた呪詛を察知しそれを打ち返していく、あるいは冥府《めいふ》の王・泰山府君《たいざんぶくん》を祭っていく、そんな神秘なる陰陽の術者・安倍晴明の事跡がまことしやかに語り伝えられていたのである。

貴族社会を中心に広められていった、晴明をめぐる語りである。

さらに江戸時代において、仮名草紙《かなぞうし》『安倍晴明物語』、因縁物語『泉州《せんしゅう》信田《しのだ》白狐伝《びゃっこでん》』や古浄瑠璃《こじょうるり》『しのだづまつりぎつね　付あべノ清明出生』、歌舞伎『蘆屋道満大内鑑《あしやどうまんおおうちかがみ》』など、都市の人々が享受した小説や芸能などの世界において、「恋しくば尋ね来てみよ　和泉なる信太の森の恨み　葛《くず》の葉《は》」という有名な歌とともに、子別れの哀愁を帯びた母子の物語として、江戸や京・大坂の都市のあいだで多くのファンを獲得していった。安倍晴明が式神を駆使し、人の運命を見抜く、そんな不思議な力をもったのは、信太の森に住む神狐を母とするがゆえ、と人々に信じられていったのだ。

「蘆屋道満大内鑑」（阪急学園池田文庫蔵）

さらに、その物語の源流をたどっていくと、安倍晴明が執筆したと仮託され、鎌倉末期から室町初期に成立した『三国相伝《さんごくそうでん》陰陽管轄簠簋内伝金烏玉兎集《いんようかんかつほきないでんきんうぎょくとしゅう》』、通称『簠簋内伝』という陰陽道の暦注《れきちゅう》占術書と、それを注釈した『簠簋抄』にたどり着くのである。そこには、以下のような奇々怪々な物語が記されていた──。

吉備真備《きびのまきび》は唐土《とうど》から持ち帰った『簠簋』『金烏玉兎集』という秘書を、唐土で世話になった阿倍仲麻呂《なかまろ》の子孫である常陸国に住む安倍の童子《どうじ》に伝えた。成長した童子は、鹿島明神《かしまみょうじん》で修行していたときに助けた蛇に導かれ龍宮を訪問し、そこで鳥の言葉を理解する薬を手にいれ、その力で都の帝の病いを治した。そして蘆屋道満《あしやどうまん》という術師と箱の中身を当てる術比べを行ない、見事勝利した晴明は、道満を弟子にした。だが、道満は晴明の妻・梨花《りか》と密通し、晴明が持つ『金烏玉兎集』を盗み出し、さらに晴明を謀殺してしまう。その後、中国の伯道上人《はくどうしょうにん》の霊力で蘇生した晴明は、道満を討ち取りふたたび天文博士として活躍する……。まったく現代のファンタジー小説も真っ青なぐら

猫島晴明神社（茨城県明野町）

信太森葛葉稲荷神社（大阪府和泉市葛ノ葉町）

いの自由奔放《ほんぽう》な物語だ。

伝説の森のなかから

さらに近年、東北から四国、九州の各地域にわたって安倍晴明にまつわる伝説が広く伝えられていたことがわかってきた。

全国の晴明伝説を発掘した高原豊明《たかはらとよあき》氏の研究によれば、たとえば関東では、『簠簋抄』にもとづく吉生《よしう》（茨城県八郷町）や猫島《ねこしま》（同県明野町）の地が晴明誕生の地として有名だ。筑波山をはさんだ地で、安倍晴明は「晴明稲荷」として今も信仰を集めている。同じく出生地の伝説としては、「葛の葉」にちなむ大阪府和泉市の信太森葛葉稲荷神社がある。また大阪府阿倍野区《あべのく》には安倍晴明神社が鎮座している。それらは近世にあっては、熊野へと続く街道として栄えた場所だ。

さらに熊野那智大社《くまのなちたいしゃ》に伝わる古文書には、晴明は那智の滝で花山《かざん》天皇のために魔神を封じる祈禱をし、北斗七星を七木に勧請《かんじょう》したという言い伝えが記されている。花山天皇、安倍晴明ともに、生前は熊野・那智の行者であったという伝説もある。

名古屋晴明神社（名古屋市千種区清明山）

誕生地の伝説は、四国の香川県にもある。香川県香南町《こうなんちょう》由佐《ゆさ》の冠纓《かんえい》神社は、貞観三年（八六一）の創建で、晴明はここで生まれて、その神社の神主を勤めたという。周囲には「晴明屋敷」という伝説の地もある。

また東海地方にも多くの晴明伝説が伝わっている。そこでは晴明が村民たちのために蝮《まむし》を封じたという伝説がある。その伝説にもとづいて、愛知県名古屋市千種区《ちくさく》の清明山には、晴明神社が鎮座している。「安倍晴明」の名を刻む霊石がご神体という。この地方には晴明屋敷の伝説も多い。さらに北陸、福井県敦賀市相生町《あいおいまち》では、諸国で火災が相ついだときに、安倍晴明がこの土地で火災除けの祈禱をしたという由来にもとづく晴明神社がある。また東北地方には「晴明廟」や、福島県内には晴明が参拝したという由緒ある神社が多数ある（高原『晴明伝説と吉備の陰陽師』『安倍晴明伝説』「全国の晴明神社総覧」などを参照）。

こうした各地の晴明伝説は、晴明が誕生した地、あるいは晴明が土地の人々の災いを除き、また晴明がそこを訪れた由緒ある地として人々の信仰を集めていたことが知られよう。もともとは、京の都の人間であったはずの安倍晴明が、遠い四国や関東に生まれ、また各地を巡行したという伝説の背景には、「安倍晴明」を信仰の対象とし、人々にそれを広めていった民間の陰陽師、修験者、巡礼者、芸能者の群れが推定されるのである。

説話・芸能、そして伝説のなかの安倍晴明。不思議な力をもって人々を救っていくその物語の延長上に、平成の世の「安倍晴明」が出現したことはたしかであろう。二十一世紀の安倍晴明は、けっして孤立した存在ではなかったのだ。

かくして、様々な説話や物語、伝説に彩られた「安倍晴明」からは、この人物が歴史的に実在したなどとは、とても信じられないだろう。けれども、まぎれもなく彼は、平安時代中期の貴族社会を生きた歴史的な人物であったのだ。その活動は、晴明が生きた同時代の記録に断片的ながらも、記されていたのである。

安倍晴明をめぐる〈伝説の森〉。その深い森の中から抜け出し、平安時代中期に生きた安倍晴明の実像を探索する旅をはじめよう。

2　歴史記録のなかから

「史料」に登場する安倍晴明

この数年の「陰陽道」研究の飛躍的な進展によって、歴史記録上の安倍晴明の「実像」なるものは、かなり詳細に判明している。とくに嵯峨井《さがい》健《たけし》氏の労作「安倍晴明公の史料」によって、晴明に関する記録・史料はほぼ完璧に整理された（以下、本書でもこれを大いに活用させていただく）。

まずその素性。伝説などでは、晴明の父は「安倍安名《やすな》（保名とも）」、母は信太の森の狐「葛の葉」となるが、『尊卑分脈《そんぴぶんみゃく》』などの信頼できる史料では、父は大膳大夫《だいぜんだいふ》・安倍益材《ますき》となっている。母は未詳。その安倍氏は、『竹取物語』でかぐや姫に求婚する「阿部御主人《あべのみうし》」のモデルともいう右大臣御主人を始祖とする。ちなみにその安倍氏の流れは、阿倍仲麻呂とは別の系統である。

晴明は寛弘《かんこう》二年（一〇〇五）十二月十六日（または九月二十六日）に、八十五歳の高齢で没したという（「陰陽家系図」など）。没年から数えて生まれは、延喜《えんぎ》二十一年（九二一）となる。

有名な『今昔物語集』の説話などでは、晴明は若い時に賀茂忠行《かものただゆき》という陰陽師の弟子になり、忠行にその才覚を気に入られて「陰陽の道」を教え込まれた……というエピソードが伝わるが、それは同時代記録、史料からは確認できない。若い時代の晴明の事跡についてはまったく不明である。

安倍晴明に関する史料の多くは、『小右記《しょうゆうき》』『権記《ごんき》』『御堂関白記《みどうかんぱくき》』など、上級政治家たちの日記、いわゆる古記録と呼ばれるものだ。

晴明の名前がはじめて記録に登場するのは、村上天皇の時代、天徳《てんとく》四年（九六〇）からである（ただその背景にはいささか複雑な事情がある。それについては第三章で触れる）。そのときの官職は、陰陽寮のなかの「天文得業生《てんもんとくぎょうしょう》」。天文博士について天文道を学び、博士に報告する天文の観測を行なう学生のうち、成績優秀な特待生といったところだ。ただし、このとき、晴明はすでに四十歳であった。得業生といっても、まだ一学生身分。それ以前の経歴はまったく記録がないところをみると、前半生は不遇な、かなり遅咲きの人生、といえようか。

このあと記録のうえでは、五十二歳（天禄三年〈九七二〉）から、五十四歳（天延二年〈九七四〉）のあいだ「天文博士」となって、「天文密奏《てんもんみっそう》」という重要な職務を行なっているのが見られる（第八章参照）。さらに天元二年（九七九）に、「天文博士安倍晴明」の署名で『占事略决《せんじりゃっけつ》』という六壬式占《りくじんしきせん》に関する著作を執筆している（第四章参照）。

さらに晴明の活躍ぶりが顕著になるのは、六十代（寛和元年〈九八五〉）以降、一条天皇が即位し、天皇の外戚となった藤原兼家《かねいえ》と、その五男である道長《みちなが》が権力を掌中にいれた頃からである。晴明が、一条朝の権力圏の内部にいたことを暗示しよう。

陰陽師の職務は

山下克明《やましたかつあき》氏によれば、記録類に登場する晴明の「陰陽師」としての活動領域は、大きく三つのジャンルに分類される（山下『平安時代の宗教文化と陰陽道』）。

(1)　政務の日時、方角の吉凶などを暦注《れきちゅう》にもとづいて判定。
(4)　怪異・病気の原因、土地の選定などの占い。
(3)　五帝祭《ごていさい》・呪詛祓《じゅそはらえ》・解除《げじょ》・反閇《へんばい》・泰山府君祭《たいざんぶくんさい》・五龍祭《ごりゅうさい》・鬼気祭《ききさい》・玄宮北極祭《げんぐうほっきょくさい》などの祭祀・儀礼の執行。

これが「陰陽師」としての晴明の職務内容である。そこから次のような安倍晴明の「実像」が導かれる。

このように信頼できる確実な資料でたどった安倍晴明の実像は、のちの伝説に登場する超能力者の晴明像とはまったく異質な、地味で勤勉な国家公務員であり技術者である素顔をみせている。

（諏訪春雄『安倍晴明伝説』）

たとえば、「歴史記録に見る晴明の年譜」からうかがえる晴明の姿はとても地味である。こうした記録類からある人物の姿形をイメージすることなど正直言ってできはしないのである。記録の世界では、晴明は保憲の息子の光栄《みつよし》としばしば行動をともにし、喚ばれた仕事を無事成し遂げて帰って行くだけのただの官人だ。

（田中貴子『安倍晴明の一千年』）

そして先に確認したように、記録に登場する晴明の年齢は四十歳以降であり、とくに活躍していた時代は六十代後半からであった。コミックや映画に描かれた、世俗を超越した白面で美形の青年陰陽師とはまったく違う、「地味で勤勉な国家公務員」「ただの官人」たる老人の相貌が史料のうえに浮上してくるのである。説話や伝説中の超人的な陰陽師のイメージとはほど遠い、権力者たちの顔色を窺いながら、ルーティンワークとしての儀礼を取り仕切る、世俗に長けた役人……。

しかし、安倍晴明は、ほんとに「ただの官人」なのだろうか。

儀礼現場のなかの晴明

記録のなかの安倍晴明は、そのすべてが公的な朝廷行事、貴族たちの日常生活や儀式に「陰陽師」として活動する姿である（といっても、そのときの「陰陽師」の定義が難しい。この点については後に触れる）。それは平安貴族の政務や日常生活そのものが「儀礼」と一体となっていたことを知れば、当然といえよう。

けれども、晴明が登場する記録類の文章を読み込んでいくと、晴明という「陰陽師」は、たんに定式化した祭祀や儀礼、占事を、ただ先例どおりにそつなく取り仕切っていたのとは違う面が見えてくる。晴明の儀礼現場からは、官人としての先例を無視してまでも、新しい儀礼や呪法を編み出していく、そんな様相さえ浮かび上がってくるのだ。それはけっして「地味で勤勉な国家公務員」「ただの官人」とはいえそうにない。

このとき、貴族の日記類に書き留められた儀礼や占事に関する断片的記述は、陰陽師・晴明が、陰陽道の祭祀や呪法を編み出す「技」と「術」の実践現場へと読みかえられていくことになる。貴族たちの日記を、儀礼や占事を行なう陰陽師自身の側から読む、という視点（方法）である。そこに見いだされるのは、賀茂光栄《かものみつよし》など同僚の陰陽師たち、また神祇官の神職たち、あるいは天台や真言の密教僧侶たちと儀礼や占事の技を競いあい、「陰陽道」という新興の呪術宗教を作り上げていく現場といってよい。その現場こそが、晴明の生涯のすべてであった。晴明は、官人であることを超えた、陰陽道の「知」と「技」の現場を生き抜いた呪術宗教者なのだ。

したがって、以下、本書の記述は、晴明が執行した陰陽道儀礼、祭祀、占事の現場を解読していくことに、その多くが費やされることになるだろう。それは一見すると、「評伝」というスタイルになじまない感じを与えるかもしれない。けれども、晴明の生涯とは、彼が執行した儀礼現場のただ中にしかないことを知れば、本書のその記述方法は、納得いくものと思われる。

〈翁〉としての晴明

先に紹介したように、晴明は寛弘二年（一〇〇五）十二月十六日（あるいは、九月二十六日）に八十五歳で逝去した。史料のなかでは、その亡くなる年の数カ月前まで、陰陽師としての職務に携わっていた姿も見られる。晴明の陰陽師としての活動のピークは、ほぼ六十代後半からである。まさに生涯現役であった。

この八十五歳という年齢は、現代男性の平均寿命を上回るとともに、さらに平安時代の当時にあっては、驚異的な高齢であったといえる。彼が八十五歳まで生きたことが、後に超人的な陰陽師として語り伝えられた、大きな要因であったとする説もあるほどだ。もし彼が早く亡くなっていたら、この人物ぐらいの陰陽師はざらにいたのだから、伝説化されることもなかっただろう、と。したがって当

「安倍晴明公像」(大阪市・阿部王子神社蔵)

時の人々にとって、八十五歳まで現役で活動していた老陰陽師の姿は、畏怖の感情をもたらしたに違いない。人々の知らない、古い時代のことも知っている長老の相貌だ。もしかしたら、晴明が長寿なのは「陰陽」の術に関わるような養生術に長けていたのかもしれない。そんな神秘なイメージが、当然つきまとう。

史料のうえで、われわれが遭遇する安倍晴明は、小説やコミックに描かれた白面の貴公子とも、あるいは大阪阿部《あべ》王子《おうじ》神社や京都晴明神社が所蔵する「安倍晴明公像」などに見られる中年の姿とも異なる、まさしく老翁《ろうおう》としての安倍晴明だ。世間の人々が知りえない神秘の叡智をそなえ、熟練の技を駆使する存在。それを〈翁《おきな》〉としての晴明と呼ぼう。

以上が、本書がこれから史料を通して明らかにしていく安倍晴明の「実像」である。それを確認したところで、いよいよ安倍晴明が執行する陰陽道儀礼の現場へと赴くことにしよう。

第一章　鬼を追う晴明

1　長保三年、追儺の夜から

鬼を追う老陰陽師

平安の世も半ばをすぎた長保三年（一〇〇一）――。

この年の閏《うるう》十二月二十二日、左大臣藤原道長の姉であり、天皇の生母である東三条院《ひがしさんじょういん》詮子《せんし》が逝去した。朝廷では、この年の閏十二月晦日《みそか》の恒例行事である追儺《ついな》を、諒闇《りょうあん》のために停止すると決定した。それは先例に従った処置であった。

「追儺」とは、四つ目の異様な仮面をかぶり、盾や矛を手にした方相氏《ほうそうし》役の官人と、侲子《しんし》と呼ばれる多数の童子たちを先頭に、宮廷の官人たちや京中の人々が、疫鬼《えっき》を都の外へと追い払う年末の恒例行事である。このとき陰陽師が祭文《さいもん》という呪術的な詞章を誦みあげる。現代の節分のルーツとされる行事だ。「儺《な》やらふ、儺やらふ」という鬼を追う人々の騒ぎののしる声が京中に響きわたっていたことが、有名な女流日記、藤原道綱母《みちつなのはは》の『かげろふ日記』にも記されている。宮中行事であるとともに、新年をむかえる都人たちにとって、欠かせない生活風習であった。そうした追儺行事も、帝の生母の逝去によって中止となったのである。

二十九日、喪に服した都人たちは、いつもとは違う静かな晦日の夜を迎えた。けれども、夜半になると、京中のあちこちから「儺やらふ、儺やらふ」という騒ぎののしる声が響いてきたのである。一人の年老いた陰陽師が、私宅で、しわがれた声で祭文を誦みあげ、鬼を追う呪儀をはじめたために、いつのまにか京中の人々もそれに呼応したらしい。その騒がしい様子は、恒例の行事と変わらなかったと記録にある。

帝の生母の諒闇中にもかかわらず、一人私宅で鬼を追った老陰陽師――。彼こそ安倍晴明であった。このとき晴明、八十一歳。われわれがまず立ち会うのは、晩年の彼の姿ということになる。

「長保三年の追儺」記事をめぐって

安倍晴明の「評伝」たる本書は、晴明が生きた同時代の一次史料（古記録・史書・儀式書）を中心に記述される。それが晴明の生涯を知るうえで一番信用できる「史料」であるからだ。それらの史料は、平安時代中期の貴族たちの政治動向、国家運営などの政務や儀式、日常生活の場面を記述するものである。

では、そうした「儀式」の記述のなかから、どのように安倍晴明の現場が見えてくるか、長保三年（一〇〇一）閏十二月の追儺停止に関する史料に即して見てみよう。

まずは、一番公的な記録から。

二十八日乙未《きのとひつじ》（中略）右大臣仰せて曰く、天応《てんおう》・延暦《えんりゃく》の例に任《まかせ》て、追儺を停止《ちょうじ》すべきの由を仰せ下さる。今日（二十九日）大祓《おおはらえ》なり。追儺停止す。

（『日本紀略』長保三年十二月条）

天皇生母の死去にあたっては、右大臣藤原顕光《あきみつ》から平安時代初頭の「天応・延暦の例」に倣って、追儺を停止すべしとの意見が提出された。それにしたがって、二十九日に大祓はあったが、追儺は停止されたとある。同様の記事は能筆家としても有名な藤原行成《ゆきなり》の『権記《ごんき》』にも「追儺止むる事、天応・延暦の例なり」とある。先例に従って運営される平安貴族たちの社会が見えてくる事例だ。

ここで気づくのは、これらの記録には、晴明が私宅で追儺をはじめた云々のことが、まったく記されていないことである。それは、晴明の行為が公的な次元での出来事ではなかったことを示唆していよう。

一方、晴明のことに触れられているのは、藤原実資《さねすけ》の日記『小右記』の分類目録として作られた『小右記目録』（『小記目録』ともいう）である。「長保三年　諒闇によりて追儺停止間事」の一節にあとに、小字による注が次のように付されていた。

晴明、儺を始むるに、自余の人、これに随ふ事。

公的な追儺停止の記事にたいする「注」として、晴明以下のことが記されていたのである。ただしあくまでも注としての扱いであることは注意しよう。その詳しい記事は、残念ながら『小右記』の該当本文が失われたために不明である。

ちなみに後の時代に、大外記《だいげき》中原師光《なかはらのもろみつ》が年中行事の次第・記録を編纂した『師光年中行事』という史料にも「長保三年十二月二十八日、女院崩れ給ふ、今年、鬼追ふべからず。但し京中儺云々」と断片的な情報が記されている（ただしこちらには晴明のことは出てこない）。

追儺執行を記す史料とは

では、最初に見たような、晴明による追儺実行のことは、どこに記されていたのか。それを記すのは、唯一、明法《みょうほう》博士・惟宗允亮《これむねのただすけ》が編んだ『政事《せいじ》要略《ようりゃく》』（一〇〇二年成立）という書物であった。長保三年の追儺停止の記事に付された細注に、以下のように記されていたのである。

ここに散位従四位下《さんいじゅしいげ》安倍朝臣《あそん》晴明、来りて称《もう》す。追儺あるべからざるの由、私宅にこの事を行ふの間、京中響き共に以て追儺す。そのこと宛《あたか》も恒例のごとしと。晴明は陰陽《いんよう》の達者なり。

（『政事要略』巻二十九）

安倍晴明が来て申すことには、今年は追儺が停止となったとか。だが、私宅で追儺をはじめたところ、京中の人々がそれに呼応して、あたかも恒例のようであった……。これを聞いた惟宗允亮は、さすが晴明は「陰陽の達者」であると書き記した。

天皇の生母諒闇による追儺停止は、朝廷の公的な出来事である。それにたいして、晴明が追儺をはじめたということは、私的なレベルで記録されることであった。だから、あくまでも「注」という扱いになったのだろう。

しかし、この『政事要略』に記された記述にこそ、われわれが注目すべき晴明の現場があったのだ。

陰陽師と追儺執行

それにしても、なぜ晴明は私宅で追儺を行なったのか。またそれがどうして「陰陽の達者なり」と賞賛されるのか。これは宮廷行事としての追儺執行に、「陰陽師」が不可欠であったことと関わる。以下、平安時代初期に定式化された、宮廷儀礼としての追儺の場を確認しておこう。

「追儺」の儀礼は、早く八世紀初頭から、疫病対策として行なわれている。それが儀礼として定式化され、歳末における年中行事として整備されたのは九世紀初期である（なお、平安初期までは「大《たい》儺《な》」と呼ぶのが正式名称。ここでは便宜的に「追儺」に統一する）。追儺のルーツは、古代中国。年の変わり目に「陰陽」のバランスが失われ、そのために「癘鬼《れいき》」が活動して人々に災いをもたらすので、鬼を追却《ついきゃく》する「儺」が行なわれたものという（『政事要略』に引用された、後漢の儒者・鄭玄《ていげん》による『論語』『礼記』の注など）。その目的は、陰陽道のルーツとなる「陰陽説」にもとづくことがわかる。したがって、追儺執行には陰陽師は不可欠であったのだ。

儀式書などでは、追儺に陰陽師が重要な役割をもつのは「祭文《さいもん》」を誦《よ》むところにあった。「祭文」とは、もともとは中国における祭祀の呪文で、神祇官《じんぎかん》の神官が唱える「祝詞《のりと》」に対応する。追儺の儀礼では、唯一、陰陽師が祭文を誦む。そのなかには疫鬼たちを「日本」の四隅へと追い払う次第が述べられた。陰陽師が誦む祭文の呪力に守られて、四つ目の異形の姿をした方相氏を先頭に、宮中の人々、さらに京中の人々が疫鬼を追っていくことが可能となるのだ。

長保三年閏十二月に安倍晴明の私宅で行なった追儺でも、彼が「追儺の祭文」を誦んだことは、まちがいないだろう。陰陽師の儀礼にとって「祭文」は重要な役割をもつからだ。

なお本書がこれから見ていく晴明が執行した陰陽道祭祀の多く――「解除《げじょ》」（祓え）、「泰山府君《たいざんぶくん》祭《さい》」「玄宮北極祭《げんぐうほっきょくさい》」などにおいても、「祭文」が誦まれている。「祭文」は、「日本の陰陽道をあきらかにする有力な資料」（五来重《ごらいしげる》『日本庶民生活史料集成』第十七巻・解説）なのである。

晴明の追儺現場

もちろん、長保三年の安倍晴明による追儺は、平安初期に定められた宮廷行事としての追儺から大きく変貌していた。なによりも大きな変化は、疫鬼を追う役割の方相氏がいつのまにか「鬼」として見られて、追われる側にまわったことだ。追われる「鬼」そのものを視覚化したのである。それはもともと葬送儀礼に携わった方相氏が、穢れの対象となったことと対応するらしい（神野清一《じんのせいいち》『日本古代奴婢の研究』）。

さらに、晴明の時代になると、宮中で執行されていた追儺が、貴族のそれぞれの私宅でも行なわれるようになる（大日方克己《おおびなたかつみ》「大晦日の儺」）。晴明が私宅で追儺をしたのは、それ自体特別なことではなかったといえよう。

貴族の私宅で追儺が行なわれることは、それが本来的な国家行事から、より広い階層にわたる年中行事へと拡大していったことを意味する。鬼を追う人々が貴族だけではなく、都中の人々へと広がっていったのだ。それを端的に示すのが、十世紀後半の『かげろふ日記』の一節である。

人わらは、おとなともいはず「儺やらふ、儺やらふ」とさわぎのゝしる……
（『かげろふ日記』天禄二年〈九七一〉）

晴明の時代、追儺は宮廷人だけではなく、京中の人々が「騒ぎののしる」ことで疫鬼を追う儀礼になっていた。それは平安京という都市社会の年中行事となったことを意味する。疫鬼を追うのは、多くの人々の「儺声《だせい》」という音響が重要であったのだ（大日方、前出論文）。

『政事要略』に「京中響き共に以て追儺す。そのこと宛も恒例のごとし」とあるのは、まさに京中の人々が晴明に呼応して「儺声」をあげたことを意味する。晴明の行為は、彼の邸宅のなかだけに留まることなく、京中の人々を巻き込んでいったのだ。それをリードしたのは、晴明が誦む祭文

祭文をよむ陰陽師
「北野天神縁起」承久本模本（京都市立芸術大学芸術資料館蔵）より

晴明神社（京都市上京区堀川通一条上ル晴明町）

にあった。祭文の力に守られて京中の人々は鬼を追う「儺声」を上げていく。陰陽師の誦む祭文がなければ、京中の人々だけでの追儺は不可能だったのだ。

「陰陽道」の儀礼現場を見いだす史料（資料）として、儀礼における呪術的言語としての「祭文」が大きなポジションをもつことを確認しておこう。祭文のなかから、「陰陽道」の知や技の実相が読み取れるのである。

鬼出現の空間と晴明の「私宅」

長保三年（一〇〇一）の追儺が、晴明の「私宅」で行なわれたことには、もう一つ隠された深層がありそうだ。晴明の「私宅」のある場所と、「鬼」追いの儀礼との相関関係が想像されるからである。

従来、晴明の邸宅は、現在の京都市上京区晴明町に鎮座する「晴明神社」がその敷地跡とされてきた。一条大路の北、有名な一条戻り橋のすぐ近くだ。近世の『山城名勝志』などにも記されている。

だが、近年の山下克明氏の研究によれば、『中右記《ちゅうゆうき》』『長秋記《ちょうしゅうき》』などをもとに、晴明の邸宅（土御《つちみ》門《かど》の家）は、土御門大路に面した一角、南西の角と推定されている（山下「安倍晴明の邸宅とその伝領」）。現在の京都市上京区上長者町通西洞院東入ル土御門町付近。京都ブライトンホテルの駐車場の西端あたりという。なお江戸時代の「葭屋《よしや》町晴明社」（現・京都晴明神社）は、「愛宕《あたご》の僧」の居宅地であったことが判明している（梅田《うめだ》千尋《ちひろ》「江戸時代の晴明霊社祭」）。

ところで『今昔物語集』などの説話類には、京の都のあちこちで、人々が夜行する鬼と遭遇する話が伝えられているが、田中貴子氏によると、鬼と出会う場所は限定されていたらしい。たとえば大内裏正面の二条大路を西から進んでくる鬼（巻第十四の四十二）、一条堀川の橋を渡って西へ向かう途中、

一条戻り橋（京都市上京区一条堀川）

大内裏の北辺一条大路の西から東へと進む鬼、または二条大路に面した大内裏南正面の中央門＝朱雀門《すざくもん》（『江談抄《ごうだんしょう》』）、二条大宮の辻、大内裏の南東、神泉苑《しんせんえん》の北東角＝「あははの辻」（『大鏡』）など、都を徘徊する「百鬼夜行《ひゃっきやぎょう》」との遭遇は、大内裏を南北にはさむ大路（一条・二条大路）の周辺に多く集中するのである（田中『百鬼夜行の見える都市』）。そしてこれらの空間は、陰陽師や神祇官が行なった疫鬼などを祓う四角四境祭《しかくしきょうさい》＝境界祭祀の場所と深い関係があったらしい。

一条戻り橋近辺はいうまでもなく、現在推定される晴明の邸宅地も、じつは鬼出現の有名な場所であったようだ。晴明が「私宅」で鬼を追う儀礼＝追儺をはじめ、京中の人々がそれに呼応したという晴明の行為は、「鬼」出現をめぐる儀礼

伝土佐光信筆「百鬼夜行絵巻」部分（京都市・真珠庵蔵）

神泉苑（京都市中京区御池通神泉苑町東入ル門前町）

空間と呼応していたことが想像されよう。

これら説話や伝承もまた、安倍晴明の儀礼現場を読むうえで、うまく活用できるのである。

「晴明は陰陽の達者なり」

以上、明法家の惟宗允亮が編纂した『政事要略』という史料から、長保三年に、晴明が私宅で追儺を行なった現場を見てきた。だが、この史料を読むうえで、もう一つ注意することがある。

あらためて『政事要略』の記述を見てほしい。晴明が私宅で追儺を行なったという情報は「散位従四位下安倍朝臣晴明、来りて称す」とある。つまりこれは、晴明自身が允亮のもとに訪れて報告した内容なのだ。史料の情報源は、晴明自身の語りであった。だとすると、私宅で行なった追儺に京中の人々が呼応し、それは恒例のときと変わらないほどだったという情報は、晴明自身による誇張があったかもしれないのである。

さらにこの晴明の語りを聞いた允亮が「晴明は陰陽の達者なり」と注記したことも注目される。晴明がわざわざ彼のもとを訪れて語り、それを聞いて自分の著書に注として書き記したということには、この二人のあいだに、特別な繋がりがあったことを想像させよう（その点は、第三章であらためて取り上げる）。ちなみに、この出来事が藤原実資の日記（『小右記』）にも出てくるのは、『政事要略』という書物が、藤原実資の依頼によって編纂されたという事情（虎《とら》尾《お》俊哉《としや》「政事要略について」）とも関係があるだろう。

ここで次のことを確認しよう。同時代の記録・史料といっても、それがどのような場で、誰が書き記したものかに注意する必要があること、「史料」は無前提に客観的な事実を記すわけではないということだ。同時代の記録に記された晴明もまた、「所詮は発信者の眼差しのもとで発現した晴明像でしかない」（竹村信治「史書・日記に見る晴明」）ということに自覚的でなければならないのである。

　これから見ていくように、晴明に関する史料には、彼が自らの功績を誇張して語ったものや、それを聞いたり、実際に目にしたりした貴族たちが、晴明のことを称えるといった内容のものがある。そうした史料からは、貴族たちのあいだに自分の力を吹聴し、貴族から認められようとする、そんなしたたかな晴明の姿が浮かんでこよう。それは地味で実直な役人というより、「陰陽師」としての自分に自信を持った、自己顕示欲の強い人物、といった評価もできるかもしれない。

　だが、そうした晴明の「人格」一般に問題は解消されてはならないだろう。彼が、「陰陽師」としての自分の功績を語り、人々が「陰陽の達者なり」と称えていくのは、彼がまさしく「陰陽道」という「道」の世界の一員であることと関わる。彼は「道の傑出者」とも呼ばれるのだ（第六章参照）。

　その歴史的な状況を探っていくとき、晴明が「陰陽の達者」と呼ばれるのは、晴明の時代に「陰陽道」の本家・本流であった賀茂家との対抗関係があったことを知っておく必要があるようだ。賀茂忠《ただ》行《ゆき》が晴明の師匠であったという説話（『今昔物語集』）はもとより、史料にも忠行の息子の保憲《やすのり》が陰陽寮の「天文」部署における晴明の上司・師であり、また保憲の子息である光栄《みつよし》は、晴明の同僚として同じ儀礼や占事を分担していたことが見える（第五章参照）。そのとき、晴明が追儺執行のことを惟宗允亮に語り、允亮が彼を「陰陽の達者なり」と賞賛した背景には、賀茂氏系陰陽道との競合・対抗関係のなかで、「晴明流」の陰陽道という「道」を創り上げ、それを究めていったという姿が読み取れるのである。史料は、そうした晴明による〈語り〉の現場をも語ってくれるのである。

2　陰陽師／陰陽道をめぐって

「陰陽の達者なり」と称えられた陰陽師・安倍晴明――。しかし、あらためて次なる問題に当面する。長保三年の史料では、晴明は「散位従四位下安倍朝臣晴明」と記されている。「散位」とは、何の職務もないこと。つまりこのときの晴明は、陰陽寮所属の「陰陽師」という官職には就いていないのである。陰陽寮の官職ではないのに、なぜ彼は「陰陽の達者」と称えられるのか。

ここには、平安時代固有の「陰陽師」という存在が浮かび上がってくる。

晴明の官職

一般に「陰陽師」といった場合、律令の「職員令《しきいんりょう》」に規定された中務省《なかつかさしょう》被官の「陰陽寮」に所属する、「卜占《ぼくぜん》・相地《そうち》」を専門とする技術官人をさす（第二章参照）。だが、晴明が陰陽寮のなかのポストとして、「天文得業生」や「天文博士」に就いたことは確認できるのだが、「陰陽師」の官職に就いたかどうかは、じつはわからないのだ。

一方、晴明の官職としては、

・主計《かずえ》権助《ごんのすけ》（中央財政の収支計算を管掌する役所の名目上の次官）

・備中介《びっちゅうのすけ》（今の岡山県西部を治める国司の次官）
・左京権大夫《さきょうごんのたいふ》（朱雀大路の東側地域を管轄とする役所の名目上の長官）
・大膳大夫《だいぜんたいふ》（朝廷の会食料理を担当する長官）
・穀倉院別当《こくそういんべっとう》（諸国の米穀の収納・保管をする役所の長官）

といった官職に就いていたことが判明している。

さらに繁田信一《しげたしんいち》氏によれば、晴明が、長徳三年（九九七）正月の人事異動において、主計権助から大膳大夫への転任を申請していること（『除目大成抄《じもくたいせいしょう》』）、またそのとき備中介を兼任していること、さらに晴明が備中介の官位に就くにあたっては大江匡衡《おおえのまさひら》との競合に勝った結果であること、また長保二年（一〇〇〇）の十月の叙位の儀で、官人の人事を司る式部省《しきぶしょう》の次官である「式部大輔」の代役を務めていること（『権記』）などが明らかになっている（繁田『陰陽師と貴族社会』）。そこからは、「中流官人としての安倍晴明」の実像が見えてくるだろう。晴明は「陰陽師としてのみ世を渡っていたわけではなかった」（繁田、前出書）ともいえよう。

しかし、そうでありながら、晴明が、「陰陽道」の知や技をもって星の動きを読み、式占で占いをたて、そして凶事にたいする祓えや延命長寿の儀礼に携わっているのも事実である。そもそも長保三年（一〇〇一）には、陰陽師の官職のみならず、「散位」＝無官の者でありながら、追儺を行なっていた。そうした彼が、允亮から「陰陽の達者なり」と賞賛されるのはなぜなのだろうか。

ここには、律令に定められた陰陽寮所属の陰陽師とは異なる、平安時代固有の「陰陽師」誕生という事実が隠されていた。

平安王朝の「陰陽師」の特質

晴明が活躍した平安時代中期、「陰陽師」という言葉は、それまでの律令官人としての陰陽寮所属の陰陽師という規定を超えて拡大していった。それはなによりも、占術専門であった陰陽師から、天皇や高級官人たちの日常生活に繋がる祭祀や儀礼の執行者となっていくことに見られる。さらに陰陽寮所属の官人たちは、たとえば天文博士や暦博士、または陰陽頭《かみ》などの職に就いていても、「陰陽師」と呼ばれる場合があった。この時代、「陰陽師」の名称は、呪術宗教者としての職業名、通称として世間に通用しはじめていたらしい。陰陽寮に所属した経験者が退官後も「陰陽師」を名乗り、世間もそれを認めていったのである。

こうした平安王朝社会の「陰陽師」の特質をもっとも明確に論じたのは、山下克明氏である。山下氏は、律令官人としての陰陽師にたいして、「官制に関わらない職業としての陰陽師」（山下『平安時代の宗教文化と陰陽道』）の誕生とそれを位置づける。晴明は、まさしく、そうした時代の「陰陽師」であったのだ。いや、彼の人生そのものが、あらたな「陰陽師」を創り出したといったほうがいいかもしれない。

たとえば『本朝世紀』康保四年（九六七）に、「陰陽師晴明」が政事始めの日時を選んだという記事や、『御堂関白記』寛弘二年（一〇〇五）に、「陰陽師晴明」が道長の新宅儀礼を執行するという記事がある。史料のなかで晴明が「陰陽師」と呼称されるわずかな例だ。だが、このときの「陰陽師」は、律令官制としての陰陽寮の陰陽師ではない。職能としての「陰陽師」として認識されているときの呼び名であった。だから院政期の『今昔物語集』などでは、「天文博士安倍晴明といふ陰陽師ありけり」と呼ばれるのだ。天文博士であれば、それは同時に呪術的職能者としての「陰陽師」と呼称されるのである。

安倍晴明は、律令に定められた陰陽寮所属の陰陽師ではなかった。それは彼の仕事が、陰陽寮内部の「ただの官人」としてのルーティンワークに収まらないこととも繋がる。呪術職能者としての陰陽師だからこそ、儀式の先例に従うといったことを超えて、自分自身の固有の作法や技術を創り出す必要が出てくるのだ。それは自分の師匠筋にあたる賀茂忠行や保憲、また同僚ともなる賀茂光栄との間にも、指導・伝授、尊敬や従順、協調や友愛といった関係に収まらない、まさに「技」と「術」に生きる者としてのシビアな関係を現出させることになる。

「陰陽の達者なり」という評価。それは陰陽寮官人としての陰陽師でなく、「陰陽」の技と術、知の世界を生きる晴明へのまなざしから導かれたものだ。その術や知のアイデンティティをなすものこそ、「陰陽道」という「道」の認識であった。

ここで、あらためて「陰陽道」とは何か、という問いに当面する。

「陰陽道」とは何か

これまでの通説では、「陰陽道」とは古代中国に発生した陰陽《いんよう》・五行《ごぎょう》説などにもとづく民間信仰で、中国において体系化されたものが六世紀後半から七世紀にかけて日本に輸入され、陰陽寮において定着した、と説明されてきた。「陰陽道」は、日本の陰陽寮や陰陽師以前に、古代中国にあったという説だ。
しかし、近年では、野田幸三郎《のだこうさぶろう》、中村璋八《なかむらしょうはち》、下出積與《しもいでせきよ》、小坂眞二、山下克明など、各氏の研究によって、この通説は覆された。
下出氏の説くところを聞いてみよう。

陰陽道自身は、中国に起源をもつことはいうまでもない。中国発生の陰陽思想・陰陽五行説が、わが陰陽道の母胎であった。しかし、中国の陰陽思想や陰陽五行説は、結局は道教や儒教などを構成する要素となっていったのであって、それ自身として独自の道を展開することはなかった。（中略）つまり終局的には、陰陽思想はあっても陰陽道という展開はなかったのである。その意味で、奈良時代から平安時代にかけて陰陽道が成立し、永く日本人の生活のなかに定着していったのは、日本独自の展開のものといってよいであろう。

（下出積與『日本古代の神祇と道教』）

ルーツとされる中国には陰陽思想、陰陽・五行説は存在するが、「陰陽道」という独自な名称はなかった。すなわち「陰陽道」とは日本固有のものというわけだ。
実際、「陰陽道」という用語は、平安時代中期、十世紀あたりから多く使われはじめるのである。たとえば『本朝世紀』天慶五年（九四二）四月の伊勢神宮への臨時奉幣の宣命に「天文変を示し、地震、怪を致す。天文・陰陽等道々勘《かんが》へ申して云ふ、御体及び皇后、慎み給ふべし」。これは天文や地震の変異にたいして陰陽寮内の天文部署、陰陽部署からそれぞれ勘申《かんじん》（勘文。先例、典故、日時などを調べて上申する文書）が奉られたことをいう。それを上申する主体を「天文・陰陽等」の「道々」と呼んでいる。この「道々」とは、その道の技や知を所有する専門家というニュアンスだろう。

また十世紀に成立した儀式書『新儀式』第四「天文密奏事」には明確に「陰陽道に仰せて、星辰《しょうしん》を祭禱せしめ……」と「陰陽道」が一つの熟語となることが確認できる。星辰の祭祀祈禱をなすものを「陰陽道」の担い手とする認識であろう。「星辰」への祭祀祈禱とは、不規則な運動を示した星に働きかけることで、悪星からもたらされる災厄を防ごうとする祈禱である。天体と人間界との照応を実践的に実現する、まさしく「陰陽道」の思想の表現であったのだ。

小坂眞二氏によれば、「陰陽道という言葉は、これらがある一定の専門性をもつものとして明確に認識されるに至って、はじめて呼称されだしたもの」で、陰陽寮の天文道・暦道、あるいは大学寮の紀伝道《きでんどう》・明経道《みょうきょうどう》・明法道《みょうほうどう》・算道《さんどう》の四道、また典薬寮《てんやくりょう》の医道の成立と軌を一にするものという（小坂「陰陽道の成立と展開」）。

平安時代中期、十世紀に広がっていく「陰陽道」とは、陰陽・五行説、讖緯《しんい》説、祥瑞災異《しょうずいさいい》思想、あるいは道教などの中国思想をベースにしつつ、平安時代という「日本」の精神風土に土着する過程で成立した思想といえる。それは「陰陽師」が、律令制度のなかの官人から官制の範囲を超えた職能者の呼び名になっていく過程と、ほぼ対応していた。陰陽師の職能が、卜占術とともに、あらたに呪術祭祀の領域へと拡大していくのである。「陰陽の達者なり」という賛辞は、「陰陽道」という専門家・同業者集団のなかでの「陰陽師」の第一人者たることへの賞賛であったのだ。

ここに呪詛祓《じゅそはらえ》・解除《げじょ》・反閇《へんばい》・五龍祭《ごりゅうさい》・鬼気祭《ききさい》・泰山府君祭《たいざんぶくんさい》・玄宮北極祭《げんぐうほっきょくさい》といった「陰陽道」固有の祭祀・儀礼ができあがっていく。律令官制下の陰陽師の職務とはまったく異なる、平安王朝の「陰陽師」固有の任務であったのだ。

それは『古事記』や『日本書紀』の神話を土台とした神祇信仰とは異なる、異国のあらたな神々や、天体の星辰神への働きかけを「祭文」というコトバの呪術を駆使する、この時代の最新の〈魔術の知〉の実践現場である。その現場を生きる陰陽師たちのアイデンティティとなったのが、「陰陽道」という「道」であった。安倍晴明は、そうした「陰陽道」という用語が創られていく、まさしくその時代の渦中を生きたのである。

晴明が生きた時代

安倍晴明が「陰陽師」として活動する十世紀後半の時代は、村上・冷泉《れいぜい》・円融《えんゆう》・花山、そして一条天皇の治世にあたる。それは藤原兼家《かねいえ》とその子息・道隆《みちたか》、道兼《みちかね》、道長《みちなが》たちが権力をめぐる闘争を繰り広げ、最終的に兼家の五男である道長が権力を掌中に収めていく過程にあたる。一般に王朝国家とか摂関期などと呼ばれる時代だ。

この十世紀の時代とは、律令制的な身分秩序の崩壊、荘園をめぐる領主権の不安定さ、また「承平・天慶の乱」に代表される地方豪族層の反乱と台頭、さらに上流貴族内部での権力闘争など、「平安」京の名前に反した、文字通りの「不安」な時代であった。それは貴族たちに、つねに変転する「個人」の運命とその救済を意識させることになった。

こうした平安時代の人々の精神世界を探るとき、クローズアップされるのは「仏教」である。平安貴族社会の「仏教」は、たとえば奈良時代の「護国的仏教」にたいして、「個人的信仰」がメインとなる。すなわち現世利益的な「密教」の加持祈禱《かじきとう》と来世の安寧《あんねい》を求める「浄土教」が、平安時代中期の平安貴族たちの「個人」の救済として発展したのである（速水侑《はやみたすく》『平安貴族社会と仏教』）。

平安貴族たちは、密教の加持祈禱＝秘密修法によって病いや災いを除き、延命を保障してもらい、一方、死後における救済は浄土教の教えに従うといった「現世安穏《げんぜあんのん》」「後世善処《ごぜぜんしょ》」の二世安楽信仰を生きたのである。平安貴族の「個人」救済として、密教と浄土教は相互補完的に機能したというわけだ。たとえば、熱烈な浄土信仰者であった道長が、自ら加持祈禱も行なった例のように（山折哲雄《やまおりてつお》『日本人の霊魂観』）。こうした「個人」の救済志向の背景に、「平安京」という都市社会の成熟があったことは、いうまでもない。

けれども、平安貴族たちを救済するのは、「仏教」だけではなかった。貴族たちの日常生活に深く関わる暦や方角の禁忌、誕生日時の本命日《ほんみょうじつ》の卜占、そして呪詛にたいする祓え、延命長寿の祈禱……。それらを担う者こそ、晴明たち、平安時代の新しい「陰陽師」たちにほかならない。

「陰陽道／陰陽師」は、密教と浄土教という二つの宗教勢力にたいする、第三の新興勢力として、晴明が生きた十世紀の社会に屹立してくるといえよう。「陰陽道」とは、まさしく成熟した都市社会に生成する新興の宗教であったのだ。陰陽師・安倍晴明の「評伝」とは、そうした時代を生きた一人の宗教者の生涯を描いていくのである。

第二章　「陰陽師・安倍晴明」の登場まで

1　「陰陽寮」の職務と古代国家

平安時代中期、新興の呪術・宗教たる「陰陽道」の担い手、陰陽師・安倍晴明――。その生涯をたどっていくために、まずは陰陽師・晴明が登場するまでの陰陽道／陰陽師の歴史的な変遷を振り返っておこう。律令制国家の一機関たる「陰陽寮」のなかに、安倍晴明が出現してくるための「何が」胚胎しているのか、そこに焦点を当てながら……。

ルーツと成立・変容

陰陽道のルーツが、古代中国の陰陽・五行思想にあることはいうまでもない。宇宙・自然・世界の基本単位としての「陰」と「陽」の二気の消長と、さらに複雑化した「木《もく》・火《か》・土《ど》・金《ごん》・水《すい》」という五つの要素の相生・相剋によって万物が生成していくという思想である。その源流は、黄河流域で活動していた漢民族の巫祝《ふしゅく》・巫覡《ふげき》たちシャーマンの存在にも遡るという。陰陽師のルーツはシャーマンであったわけだ。

しかし第一章で紹介したように、近年の研究では「陰陽道」という用語は古代中国・朝鮮半島にはなく、日本の平安時代中期、十世紀ごろの史料・記録に初めて見いだされるものであった。中国に成立し、朝鮮半島を経由して輸入された陰陽・五行の思想が、律令制度の一機関である「陰陽寮」を基盤として、十世紀中頃、日本独自な「陰陽道」なるものへと発展を遂げたのである。安倍晴明が、歴史記録に登場するのも、ほぼその頃である。

「陰陽寮」の名称は、七世紀後半、『日本書紀』天武天皇四年（六七五）条に初めて見えるが、それが律令官制の中務省《なかつかさしょう》管轄下の「陰陽寮」へと整備されたのは、太宝年間（七〇一～七〇四）である。それ以降、律令制が終焉するまで「陰陽寮」という役所は続くわけだが、その活動内容は、もちろん一定していたわけではなかった。

奈良時代の陰陽寮は、天文・暦・占術が活動の中心であったが、平安時代初頭から、本来は神祇官や密教僧侶の管轄であった祓え・祈禱・祭儀なども担うようになる。陰陽寮（陰陽師）の職務は、いわば国家公務員の「占師」から「占師＋呪術祭祀者」へと、その活動が拡大・変容していったのだ。その過程で、陰陽寮官人を離れた、呪術職能者としての「陰陽師」も生まれ、もう一方に、在野の「法師《ほっし》陰陽師」（陰陽法師）たちの活動も顕著になってくる。陰陽師・安倍晴明が登場してくる時代である。

「陰陽寮は陰陽・暦数、国家の重する所」

奈良時代の正史『続日本紀』を読むと、「陰陽・医術と七曜《しちよう》・頒暦《はんれき》等の類は国家の要道……」（天平二年〈七三〇〉三月）、「天文・陰陽・暦笇《れきさん》・医・針の学は、国家の要とする所なり」（天平宝字元年〈七五七〉八月）、「陰陽寮は陰陽・暦数、国家の重する所……」（同二年〈七五八〉八月）と、繰り返し宣言されていることに気づかされる。それは陰陽寮の任務が、当時の国家体制の基本をなすという認識に繋がっている。

一般に奈良時代の国家は、「律令」を基幹においた法治主義的・儒教的な国家のイメージ、あるいは東大寺や大仏を建立し、自ら「三宝《さんぽう》（仏・法・僧）の奴《やっこ》」と宣言した聖武天皇や、その娘であり、尼姿のまま天皇に即位した称徳《しょうとく》天皇、また彼女が「朕《ちん》が師」と呼び、「法王」を名乗った道鏡《どうきょう》禅師の登場など、「仏教」が支配の中心と受け取られてきた。国家仏教・護国仏教の時代である。だがその一方で、先にみたように、「陰陽」の思想が、国家運営・統治の基本理念とみなされたのもたしかである。ここに、陰陽寮の任務がきわめて政治的色彩の強いことの秘密があった。

古代国家の運営の根本にあった「天文・暦・陰陽」とは、具体的にどのようなものなのだろうか。そして「天文・暦・陰陽」を重視する国家とは、どのような国家であったのか。

まずは陰陽寮で実際にどんな仕事をしているか、見てみよう。

設立当初の「陰陽寮」の構成、職務

陰陽寮の役所は、太政官の北、中務省《なかつかさしょう》の殿舎の左隣にある。寮内には漏剋台《ろうこくだい》（水時計）や時刻を告げる鐘、また中央には守護神の社が鎮座している。その守護神の素性は不明。後の『増鏡』文永四年（一二六七）に、大風が吹いたときに「陰陽寮の守護神の社もまろびぬ」と出てくる（裏末光世《うらまつみつよ》『大内裏図考証』参照）。

陰陽寮は、律令官衙《かんが》システムのうえでは、天皇の側近事務などを司る「中務省」の下におかれ、長官以下の四等官（頭《かみ》・助《すけ》・允《じょう》・大属《だいさかん》、少属《しょうさかん》）という事務方のほかに、専門技術官として「陰陽」「天文」「暦」「漏剋《ろうこく》」の四つのセクションがある。

太宝元年（七〇一）に発令された太宝令の「職員令」には、その職務内容は次のように規定されている。

事務官僚

頭一人（天文・暦数・風雲の気色を奏聞）、助一人、允一人、大属一人、少属一人

専門技官

陰陽師六人（占筮、相地）

陰陽博士一人（陰陽生の教授）

陰陽生《おんようしょう》十人

暦博士一人（造暦、暦生の教授）

暦生十人

天文博士一人（天文の気色を奏聞《そうもん》。天文生の教授）

天文生十人

漏剋博士二人（守辰を率いて、漏剋の節を伺う）
守辰丁《しゅしんちょう》二十人（漏剋の節を伺い、時を以て鐘鼓を撃つ）
使部《しぶ》二十人、直丁三人

律令制度下の陰陽寮は「陰陽」部門、「天文」部門、「暦（漏剋）」部門から成り立っていた。八世紀に確立・整備された律令官制としての陰陽寮は、いうまでもなく隋・唐代の制度が輸入されたものだが、天文・暦部門は隋・唐の秘書省被管の「太史局」を継承し、陰陽部門は太常寺被管の「太卜署」の職制を継承したもので、それが統合されたのが、古代日本の「陰陽寮」ということになる（村山修一『日本陰陽道史総説』）。

では、それぞれの職務をもう少し詳しく見てみよう。

まず「陰陽」部門は、変異現象が起きたときに「占筮《せんぜい》」や「式盤《しきばん》」などの卜術の道具を使って占いを立て、また宮殿や寺院建立に際して土地の「相」を判定するのが基本的な任務。陰陽師になるには陰陽博士のもとで「陰陽生」として修学しなければならない（これが狭義の律令官人としての「陰陽師」）。

ちなみに、歴史記録上、最初の「陰陽師」は『日本書紀』天武天皇十三年（六八四）にでてくる。「陰陽師、工匠等を畿内に遣して、都つくるべき地を視占《み》しめたまふ」とあり、律令に定められた「相地」に該当する職務を担当したことがわかる。律令国家が確立した奈良時代から平安時代初期までは、「陰陽師」といえばこの律令官人としての陰陽師を意味したのである。ようするに国家公務員

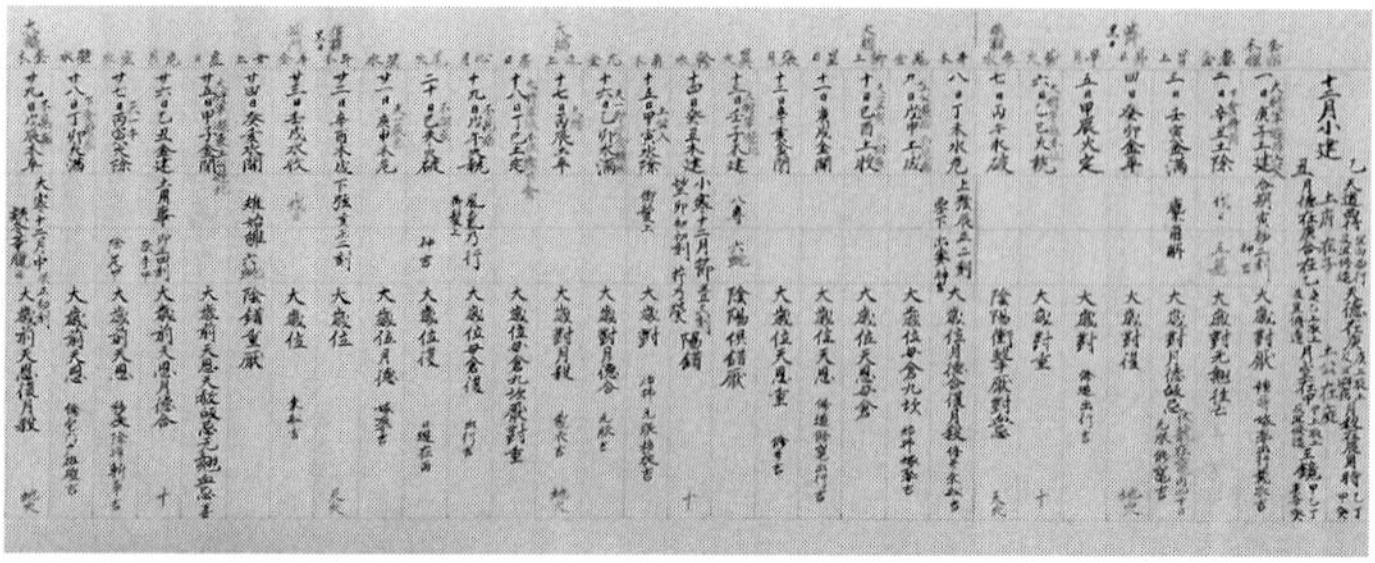

「貞享五年具注暦」（京都市・大将軍八神社蔵）

の占い師といえよう。

「暦」部門が行なう「造暦」とは、毎年のカレンダーを作る仕事。それは、天体の動きやそれに伴う季節の運行、さらに自然現象の背後にある神霊の働きを計算することである。その計算結果を「暦」として製作し、天皇に奏上する役目である。暦には二つの種類があり、「暦注」という日の善し悪しなどを記した「具注暦《ぐちゅうれき》」と、日月五惑星の毎日の位置が、二十八宿《にじゅうはっしゅく》という星座のどこにあるかを計算した「七曜暦《しちようれき》」である。七曜暦は正月元旦に、具注暦は前年の十一月一日に天皇に献上すると定まっている。

「天文」部門は、天体を観測し、惑星が月に接近した（見かけ上）とか、彗星が出現したといった天文異変が起きたら、その吉凶の意味を占って天皇に報告するのが役目。天体の異変は国家の大事に繋がるため、占事の内容は密封されて報告されるので「天文密奏《てんもんみっそう》」という。その仕事には、つねに天体を観測している必要がある。中国では「天文観生」が九十人も置かれていたが、古代日本ではその職務は、「天文生」たちが行なっていたようだ。銅渾儀《どうこんぎ》など天体観測の道具を使って、戌刻《いぬのこく》（午後七時〜九時）と寅刻《とらのこく》（午前三時〜五時）

の二回定期的に観測することが決まっていた。そして天文生たちの観測結果を聞いて博士が天文占書を見て、判定していったのである（「暦」「天文」については、細井浩志「天文道と暦道」参照）。

次章でみるように、安倍晴明は、天徳四年（九六〇）のとき、天文生の特待生である「天文得業生《てんもんとくぎょうしょう》」になっている。そのときの年齢は四十歳。彼が何年間、天文生であったかは記録にないが、三十代後半の晴明が、夜空を見上げながら、星の動きに変異がないかを観測していたことはたしかだろう。若い時代の晴明はいつも星を観て暮らしていた、そんなイメージが浮かんでこよう。

陰陽寮の学習テキスト

では陰陽寮の学生たちは、どのような書物を読んで勉強していたのだろうか。

天平宝字元年（七五七）十一月の孝謙《こうけん》天皇の勅で、陰陽寮内の学生たちの学ぶべき基本テキストが指定されている。専門家としての「才」がないのに縁故によって陰陽寮の職に就く者が出たために、以下に示された基本テキストの修学をあらためて命じた勅命のなかの一節である。

・陰陽生　『周易《しゅうえき》』『新撰陰陽書』『黄帝金匱経《こうていきんききょう》』『五行大義《ごぎょうたいぎ》』
・天文生　『史記』天官書『漢書』『晋書《しんじょ》』天文志『三色簿讃《さんしきぼさん》』『韓楊要集《かんようようしゅう》』
・暦　生　（大学寮の算生も同）『漢書』『晋書』律暦志『大衍暦儀《たいえんれきぎ》』『九章』『六章』『周髀《しゅうばい》』『定天論《ていてんろん》』

陰陽寮所属の各専門技官とは、中国や朝鮮半島渡来の最新の学術や技能を学び、それに熟練したエリート知識・技能集団である、という国家側の基本理念が見てとれよう。

陰陽生が学ぶテキストは、陰陽師が式盤という卜占器具を使って行なう卜術のマニュアルや占いの推断をだすときの典拠となる書物である。第四章で見ていく安倍晴明が書いた卜占書『占事略决』にも、これらのテキストが引かれる。

天文生のテキストは、古代中国に発展した天文書の代表的な書物である。『史記』『漢書』『晋書』といった中国の正史には、必ず「天文」のことが載せられた。それは公的な国家の運命を占うときの占星術のマニュアルといってよい。天文(得業)生であった晴明が、こうした書物を学んでいたことはまちがいない。「得業生」となったのだから、彼はそれなりに成績優秀であったのだろう。晴明の生涯にとって天上の星々が大きなウエイトを占めることは、本書の展開で知るところとなるだろう。

暦生のテキストは、やはり古代中国の正史に載る暦書。暦とは、基本的に天体の法則を計算することなので、大学寮の算生と同じテキストであったようだ。

こうした陰陽寮の「陰陽」「天文」「暦」などの各セクションの仕事とは、自然現象の変異、土地の相、天体の運行、季節や時間の推移という現象から、その背後に隠された《オカルトな》「陰陽・五行」の運動を解読していくことにあった。その任務は、一見すると科学的・哲学的な認識・解読作業のようにも見えてくる。

ならば、なぜ、陰陽寮の仕事は国家の運営と関わるのだろうか。

「天」と交信する知と技

ここで重要なのは、「陰陽」の気の運動や「天体」を測定することが、そのまま国家の政策決定に繋がっていたことだ。たとえば天体の星々の運行は、天の支配者＝天帝の意思の表れであり、それを観測することは天からもたらされる意思をキャッチすることになる。古代国家は、その意思どおりに運営されねばならなかった。逆にいえば、現実の政治や社会に何か悪い状態があれば、それは陰陽の気のバランスが乱れ、彗星や流星、星蝕などの特異な星の動きとして現れてくるのである。夏に雹《ひょう》が降ったり、予期せぬ彗星が出現したりすれば、それは現実社会によろしくないことが起きる前兆（または起きている兆し）と判定されるわけだ。

　こうした思想を支えているのは、前漢武帝期（紀元前一四一〜八七）の儒者・董仲舒《とうちゅうじょ》が、経学と陰陽・五行説を結びつけて大成したとされる「天人相関説《てんじんそうかんせつ》」と呼ばれるものだ。「天体現象は天が支配者に下す前兆とみなすと同時に、支配者の行為が逆にまた天体現象に影響すると考えられた。天と人との間に深い相互関係が成立った」（藪内清『増補改定・中国の天文暦法』）のである。その思想は、世界史的な視野でみれば、マクロコスモスとミクロコスモスとの照応関係を認識する魔術的知といってもよい（澤井繁男『魔術と錬金術』）。

　「天」の意思を測定する技術や知識は、本来は天命を受けて地上を支配する天子＝天皇のものであった。たとえば記録のうえで最初に時間（暦の基本情報）の測定器具＝漏刻（水時計）を製造したのは天智天皇である。また次の天武天皇は「天文・遁甲《とんこう》を能《よ》くしたまふ」（『日本書紀』）と伝わるように、自ら天文や遁甲の占術に長けていた。皇位継承をめぐる内乱＝壬申の乱に彼が勝利しえたのも「式占」という当時最新の占いの技術を駆使したことにあったようだ。そして天武天皇の時代に陰陽寮が設立され、また「占星台」（天体観測所）も造られている。天武天皇は、陰陽・天文・占術に長けた

〈魔術王〉であったといえよう。

こうした奈良時代の国家組織を、津田博幸《つだひろゆき》氏は「魔術の政体としての律令政府」（津田「古代朝廷とシャーマニズム」）と呼ぶ。「陰陽」の気の動きや「天体」の運行と国家の動向とを直結させる、すなわち目に見えない超越的世界とのコンタクトによって国家を運営することを理念とした政治形態、という意味である。

津田氏によれば、天体の星の運行、暦や時刻の法則、その背後に隠されている陰陽の運動とは、じつは「天」なるものが、地上を支配している王にむけて発信している信号を意味した。天皇という存在は、「天」の命令を受け、それに委託されて地上を統治しているという思想である。だから陰陽寮の博士たちは、天皇の代行として、その「天」からの信号を解読していくエキスパートといえよう。

ちなみに、陰陽寮を管轄していた「中務省」とは、天皇側近の役所で、詔勅《しょうちょく》の宣下《せんげ》などの政務を司っている。陰陽寮が中務省の管轄下にあったのは、彼らの仕事が天皇自身の職務の「代行」という意味をもっていたからだろう。だからこそ、「天文・陰陽・暦筭・医・針の学は、国家の要」であったのだ。

2　「陰陽」の技と知の担い手たち

国家に独占管理された「陰陽」「天文」「暦」

かくして、天体の運行の規則を計算し、年毎の暦を造り、また星の動きを観測し、変わった動きを示す星の意味を解読する学知や技術は、国家によって徹底的に管理・独占されることになった。それらはたんなる自然現象ではなく、星の運行や陰陽の変化は、そのまま国家の政治動向と直結しているからだ。超越的世界との交信を果たす知識や技術は、「陰陽寮」という組織が一元的に管理し、他の人々がそれを所有することを徹底的に禁止したのである。

「律令」には、とくに僧侶たちが天体観測や卜占を行なうことを禁じる条文がある。

凡そ僧尼、上《かむ》づかた玄象《げんぞう》を観て、仮《いつわ》つて災祥を説き、語国家に及び、百姓を妖惑し、併せて兵書を習ひ読み、人を殺し、奸《けん》し、盗し、及び詐《いつわ》りて聖道得たりと称せらば、並びに法律に依りて、官司に付けて、罪科《つみおお》せよ。（「僧尼令」一条）

凡そ僧尼、吉凶を卜《うらな》ひ相《はか》り、及び小道、巫術して病療せらば、皆還俗。其れ仏法に依りて、呪《しゅ》を持して疾を救はむは、禁《いさ》むる限りに在らず。（「僧尼令」二条）

僧侶たちにむけて天文観測、予兆の行為、兵書の学習、また吉凶の占いや仏教以外の呪術（おもに道教系の呪術）の行使などが禁止されているのである。さらに社会全体にたいしても、

・玄象の器物（銅渾儀など天体観測のための道具）
・天文（『日月五星占図一巻』『五星廿八宿占一巻』『二十八宿図三巻』などの天文占書）
・図書（『河図《かと》一巻』『河図龍文一巻』）
・讖書《しんしょ》（未来予兆を記す書）
・兵書（『太公六韜《たいこうりくとう》』『黄石公三略《こうせきこうさんりゃく》』など）
・七曜暦（天体における日月五惑星の位置を記す）
・太一《たいいつ》・雷公式《らいこうしき》（占術の道具・式盤、またその占い方を記す占術書）

などは、陰陽寮が独占的に管理すべきもので、これらは私有もしくは、私に習うことがすべて禁止されている（「職制律」）。これを犯した場合は、「徒《づ》一年」（一種の労役刑）の刑が科せられた。

こうした法律が定められたことは、現実社会において、禁制の天文観測器具や予兆・卜術書などが多数出回っていたこと、とくにそれを一番入手・私有し、学習しやすい立場にあったのが僧侶たちであることを逆に教えてくれよう。だから国家は、禁じられた技能や知識を「陰陽寮」というシステムに囲いこむ一方、それ以外の「私有」「私習」を徹底的に禁断したのである。

また陰陽寮内部においても「秘書、玄象の器物、天文の図書」が外に流出しないように、その管理が厳命され、また天体を観測する「観生」（天文生）にたいしては、天文関係の「占書」を読むことを禁じ、観測したことは一切外に漏らしてはならないと強く規制されたのである（「雑令」）。徹底したセクショナリズムである。

もたらされた三種の書物

あらためて、天文観測や占術の禁止事項が、とくに僧侶を対象としていた点に注意しよう。それは天武朝に陰陽寮が設立される以前、朝鮮半島から天文や暦、占術などの知識や技術を日本にもたらした担い手の多くが僧侶たちであったことに繋がる。

『日本書紀』によれば、欽明天皇十四年（五五三）に、百済《くだら》にたいして「医博士・易博士・暦博士」ならびに最新の卜書・暦書や種々の薬物の送付を要求し、それにこたえて翌年（五五四）に百済から各博士が来日するといった経緯が記されている。その前年（五五二年、なお五三八年説もある）に百済聖明王《せいめいおう》から「仏法」が伝えられたように、東アジアに発展した、当時最新の知識や信仰・学術・技術の摂取に朝廷が貪欲となっている様子がうかがえよう。

その頂点は、推古天皇十年（六〇二）十月に、百済の僧観勒《かんろく》が来朝し「暦本《こよみのためし》」、「天文・地理書」、「遁甲・方術書」という三種の書物を朝廷に献上したことだ。朝廷ではさっそく各部門の「書生」を抜擢し学ばせて、それぞれの氏族の「業《わざ》」とさせたとある。このときの各部門が、ほぼ後の陰陽寮の「陰陽」「天文」「暦」部門と対応することは興味深い。

推古朝において、最新の「暦本」「天文・地理書」、「遁甲・方術書」をもたらした人物が百済の僧であったことは、あらためて注目されよう。僧侶は本来、仏の教えを説くものとされる。だが、彼らは、当時の社会においては最高の知識人でもある。なによりも「仏教」は、当時の東アジア文化圏に流通する最新の知識であり、天文・暦・陰陽などの学知・技術もそれと同じように扱われていたのである。

古代の僧侶は、東アジア文化圏に広がる最先端知識・技術・信仰の担い手でもあった。たとえば舒《じょ》明《めい》天皇のもとでは僧旻《みん》という僧侶が、「天文」に関わる予言や占いを行なっているのが『日本書紀』に見える。

ちなみに、仏教・儒教・道教の三教をマスターし、法華《ほっけ》・維摩《ゆいま》・勝鬘経《しょうまんきょう》の注釈書＝『三経義疏』を著し、また儒教の徳治主義にもとづく「憲法十七条」や「官位十二階」を制定した聖徳太子の思想にも、陰陽・五行説が相当影響を与えていることは、早く平安時代の儒学者たちも指摘していた（村山、前出書）。

還俗する僧侶たちと「陰陽」の術

奈良時代、律令官制としての陰陽寮が設立・整備された当初、その官人たちは元僧侶というのが多い。僧侶たちが勅命によって還俗させられ、陰陽寮の専門技官としての職務にあたったのである（橋本政良《はしもとまさよし》「勅命還俗と方技官僚の形成」）。

たとえば和銅七年（七一四）に沙門《しゃもん》義法《ぎほう》＝大津連《おおつのむらじ》意毗登《おびと》は、「占術」（陰陽師としての職務）に携わるために還俗させられ、従五位下《じゅごいげ》が与えられ、『懐風藻《かいふうそう》』に「陰陽頭」として登場している。またその息子とされる大津連《おおつのむらじ》大浦《おおうら》は、著名な陰陽寮官人である。彼は多数の「天文陰陽書」を家蔵し、また

「世陰陽を習ふ」とあり、陰陽方術を習熟していたようだ（『続日本紀』）。一方、和気王《わけのおう》や仲麻呂《なかまろ》の乱に関わり、政治的に危うい立場も経験している。

なおこの時代、僧侶以外で「陰陽の術」に優れた人物として有名なのが、吉備真備《きびのまきび》である。後に「陰陽道の祖」（大江匡房《おおえのまさふさ》『江談抄《ごうだんしょう》』）として崇められる彼は、中国に渡ったとき、阿倍仲麻呂の霊鬼を使役したことや、「未来記」という予言書を解読し、日月を封印する術を使ったという奇々怪々な伝承が伝えられている。さらに後世の『簠簋抄《ほきしょう》』などで、序章に紹介したような晴明にまつわる伝承も生まれるなど、「陰陽道」との関わりは深い。

歴史的な記録においても、彼は中国から帰国した際に、当時の最新の暦書（『大衍暦経《たいえんれききょう》』など）を携えており、また陰陽・暦道・天文・漏剋・秘術・雑占などの学知・技能を修得していたという（『扶桑略記』）。だが真備が陰陽寮に所属していたという記録はない。彼は陰陽寮の外にありながら、当時の最先端の「陰陽」関係の学知・技能を身につけていたようだ。それはこの人物が、当時の権力闘争の渦中につねに巻き込まれ、きわめて危うい位置にいたことと無関係ではないだろう。

律令官人の枠組みをはみ出す「陰陽師」

陰陽寮の官人たちは、特別な知識・技術・技能の担い手として、一般官人とは異質な存在として認識されていた。ここにこそ、律令官人の枠組みを超える、職能者としての「陰陽師」が誕生する鍵がある。

律令国家は、「陰陽」「天文」「暦」を国家の基幹理念とした。だが、それらの理念は、「天文」に変異がないかどうか観測し、また「暦」という時間秩序の正しい計測を行ない、そして変異があれば、

「式占」という最新の占いのテクノロジーを駆使し、それに対処する方策をたてる陰陽寮の専門技能者たちの高度な技術と知識に支えられていた。またその技術はつねに革新され、鍛練されねばならない。だから律令国家は、「陰陽」「天文」「暦」の専門知識や技術を習得していく者たちを養成する必要があった。陰陽寮に、部門ごとの「博士」と「学生」を置くのは、陰陽寮が一面、習学・育成機関としてあったことを意味するわけだ。

たとえば、「陰陽・医術と七曜・頒暦等との類は国家の要道」と宣言した天平二年（七三〇）の太政官奏には、陰陽寮内部の諸部署の博士たちが老年になって、きちんとした教授ができなくなっていたので、このままではそれぞれの「業」が絶えてしまうことを危惧し、あらたな後継者の育成を要請している。

このように陰陽寮の専門技官たちは、知識や特別な技術の教授と習得・養成・熟練が必要とされていたのである。それはここに所属する官人たちが、それぞれの分野の専門家としてあることで、通常の律令官人たちとは異なる立場に置かれることを意味した。彼らは律令制度にもとづく陰陽寮＝組織内部の「官人」という枠組みに縛られることがふさわしくない、特殊な技能者・専門家、すなわち「技」や「術」の担い手なのである。

「天文・暦・陰陽」。それは国家運営の基礎でありつつ、その知と技の実践は、国家から統御しえない力をもってしまう。「陰陽」の知と技の担い手たちは、必然的に律令官人という枠組みに収まらない存在たることを運命づけられていたともいえよう。

そのもっともラディカルな存在が「陰陽師」であった。

占師としての陰陽師

律令が定めた「陰陽師」の仕事の基本は占いであった。天皇の宮殿とすべき土地の善し悪し、不可思議な自然現象や怪異、神の祟りなど、天皇や国家の動向と密接に繋がるような公的な占いごとが彼らの任務である。

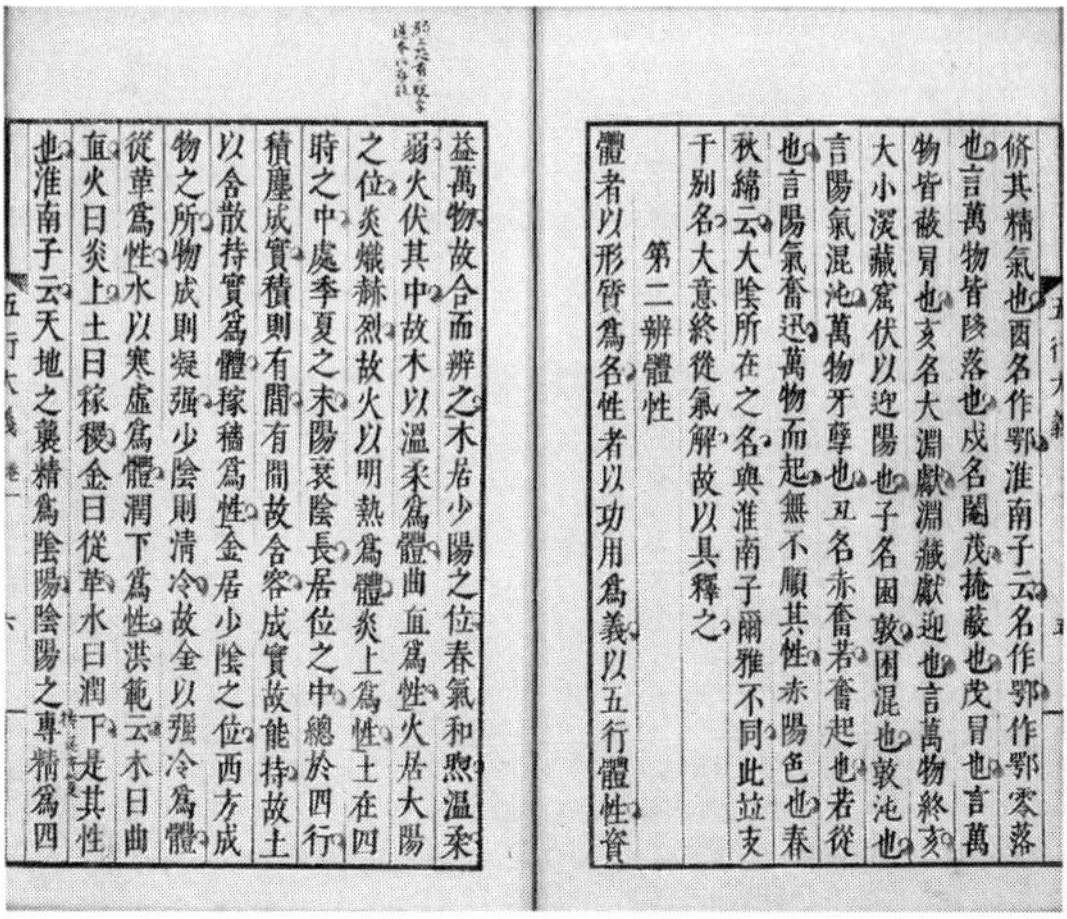
脩其精氣也酉名作鄂淮南子云名作鄂作鄂零落也言萬物皆凋落也戌名閹茂掩蔽也茂冒也言萬物皆蔽冒也亥名大淵獻淵藏獻迎也言萬物終亥大小深藏窟伏以迎陽也子名困敦困混也敦沌也言陽氣混沌萬物牙孽也丑名赤奮若奮起也若從也言陽氣奮迅萬物而起無不順其性赤陽色也春秋緯云大陰所在之名與淮南子爾雅不同此竝支干別名大意終從氣解故以具釋之

第二辨體性

體者以形質爲名性者以功用爲義以五行體性資益萬物故合而辨之木居少陽之位春氣和煦温柔弱火伏其中故木以温柔爲體曲直爲性火居大陽之位炎熾赫烈故火以明熱爲體炎上爲性土在四時之中處季夏之末陽衰陰長居位之中總於四行積塵成實積則有間有間故含容成實故能持故土以含散持實爲體稼穡爲性金居少陰之位西方成物之所物成則凝強少陰則清冷故金以強冷爲體從革爲性水以寒虚爲體潤下爲性洪範云木曰曲直火曰炎上土曰稼穡金曰從革水曰潤下是其性也淮南子云天地之襲精爲陰陽陰陽之專精爲四

「五行大義」（京都大学附属図書館蔵）

そのとき陰陽師が行なった卜占術には大きく三つの種類があった。太一《たいいつ》・遁甲《とんこう》・六壬《りくじん》という「三式」と呼ばれるものだ。三つとも、基本的には、「式盤」という占具を用い、変異が起きたときの年、月、日の干支《かんし》にもとづいて占うものである。これを「式《しき》占《せん》」という。平安時代中期になると、三つの方法のうち「六壬式占」が主流となっていく（詳しくは第四章参照）。

その方法・技術はかなり複雑で、陰陽師たちは『黄帝金匱経《こうていきんききょう》』『五行大義《ごぎょうたいぎ》』『神枢霊轄経《しんすうれいかつきょう》』などの典拠にもとづいて吉凶の占断をくだしていった。また占うべき変異のうち、天体の星に関することは、天文部門にまかされ、そちらは『日月五星占図一巻』『五星廿八宿占一巻』『三家簿讃』(『三色簿讃』ともいう)などの天文占書にもとづいて行なった。あるいは日の吉凶や公務の日時の選定などは、暦注書を使って占うのが基本とされた。陰陽寮内部には、卜占法が複数あったわけだ。

一方、陰陽寮とは別に、古代国家の占術部門として、神祇官所属の卜部《うらべ》が行なう卜占があった。彼らの占術法は「亀卜《きぼく》」と呼ばれる。亀の甲羅を焼き、そのひび割れの形状から「天」(神)の意思を解読し、吉凶を占断していくものだ。卜部の亀卜以前には、鹿の肩骨を焼いて占う「鹿卜《かぼく》」という方法もあった。

亀卜、鹿卜ともに、『古事記』や『日本書紀』の神話にも登場する「伝統的」な占術で、それにたいして陰陽師の式占は中国渡来の、新しい占術法といえる。そして神祇官と陰陽寮の二つの占術法が古代国家のうちに共存していることは、両者がつねに対抗・競合関係に置かれることを宿命づけていたといえよう。

さらに神祇官の卜部は、占事専門の職能でありながら、同時に祓えに関わる呪術や祭祀に携わっている。神の意思を伺い、変異の吉凶を占う者が、卜占で明らかになった災いを祓い除く呪術を行使する者へと成長していくのである。陰陽師もまた、その道を歩むことになるのだ。

「追儺の祭文」と陰陽師

律令官制のなかの「陰陽師」の職掌は、占事と相地が主要な職務であった。ところが、やがて陰陽師はそうした規定を超える仕事に就きはじめる。

たとえば、慶雲三年(七〇六)十二月に、諸国に疫病が蔓延したために「大儺《たいな》」が執行された。このとき、陰陽師が「大儺」に関わったという記録はないのだが、平安前期の儀式書類（『内裏式』（八二一年成立）、『儀式』（八七一年成立））には、陰陽寮所属の陰陽師が携わると規定されている。理念としては、大儺（追儺）によって送却される「鬼」とは、年の変わり目に陰陽のバランスが失われるために発生する「癘鬼《れいき》」であった。だからこそ「陰陽」の専門家たる陰陽師が、癘鬼を送却する儀礼の中枢を担うのである。その核心は「祭文《さいもん》」の読誦であった（第一章参照）。ただし、「大儺」の職務は律令に規定された「陰陽師」にはなかった。

吉田神社の追儺　宮中の追儺が復元されている（京都市左京区吉田神楽岡町）

　儀式書によれば、内裏に集合した大臣以下の諸臣たちが、手に手に桃弓・葦矢・桃杖などの呪具をもち、その先頭に立った異形の方相氏《ほうそうし》、侲子《しんし》たちとともに疫鬼を追っていくとある。平安初期の追儺は、文字通り国家的な行事であった。そこで重要なのは、鬼を追う「儺声《だせい》」という音響である（大日方克己「大晦日の儺」）。人々は、「儺《な》やらふ、儺やらふ」と叫びながら、疫鬼を追っていく。

　陰陽師はそのとき、人々が疫鬼を追う後ろで「祭文」を誦む。それは陰陽師だけにできる重要な任務であった。祭文の内容が陰陽師の職能と密接に関わっていたからだ。以下のような祭文だ。

(1) 今年今月今日今時《こんねんこんげつこんにちこんじ》、時上直府《じじょうぢきふ》、時上直事《じじょうぢきじ》、時下《じげ》直府、時下直事、及山川禁気《さんせんきんき》、江河渓壑《こうがけいがく》、二十四君、千二百官、兵馬《ひょうめ》九千万人（已上音読）、衆諸の前後左右に位置《はべ》りて、各《おのもおのも》その方のまにまに、あきらかに位を定めて候ふべし。

(2) 大宮の内に神祇官の宮主《みやじ》のいはひまつり、敬ひまつれる、天地《あめつち》の諸御神《もろみかみ》たちは、平《たい》らけくおだひにいまさふべしと申す。

(3) 事別《ことわ》きて詔りたまはく、穢悪《けがら》はしき疫鬼の、所所村村に蔵《こも》り隠らふるをば、千里の外、四方の堺、東の方は陸奥、西の方は遠つ値嘉《ちか》、南の方は土佐、北の方は佐渡より彼方の所を、汝《いまし》たち疫鬼の住みかと定めたまひ行けたまひて、五色の宝物、海山の種種《くさぐさ》の味物《ためつもの》を給ひて、罷《ま》けたまひ移したまふ所所方方に、急《すみやか》に罷き往ねと追ひたまふと詔る。

(4) 奸《かだ》ましき心を挟《わきばさ》みて、留まり隠らば、大儺の公、小儺の公、五《いつくさ》の兵《つわもの》を持ちて、追ひ走り刑殺《ころ》さむものぞと聞こし食《め》せと詔る。

（『延喜式』巻八）

冒頭(1)で誦み上げられるのは、追儺を執行する今年今月今日今時の当番にあたっている役所の神々、および山川の禁呪力をもつ神霊の気、大河と渓谷の神々、そして二十四節気を司る神々、冥界の神々の率いる無数の軍兵たち。大きく陰陽道系の諸神たちである。「陰陽道の守護神に各位置を定めて番をせよと呼びかける」（榎村寛之《えむらひろゆき》『儺の祭の特質について』）文言といえよう。彼らを祭儀の場に召喚し、鬼追う人々の前後左右を守護させ、(2)また神祇官の神々も鎮めて伺候させる。これらに守護されて人々は疫鬼を追うのだ。

(3)そして疫鬼たちに日本四方に住処と宝物・供え物を用意するから大人しく退けと命じる。(4)しかし、それでも留まり隠れるものがあれば、大儺・小儺が五種類の武器をもって追いかけ殺すと脅かしていく……。この祭文は、追儺のルーツである中国にもない、まさに「日本」固有とされるものである。追儺儀礼の場で、疫鬼を追う群臣たち、その先頭にたつ四つ目の仮面をかぶった異形の方相氏（大儺）、侲子たち（小儺）の任務は、この祭文の儀礼世界と対応するわけだ。陰陽師が「追儺の祭文」を誦むことではじめて、追儺儀礼は遂行されうるといってもよい。

律令法にはない陰陽師の役割が、ここに確定していくのである。

寺院の「鎮祭」に携わる

さらに天平宝字五年（七六一）に、法華寺阿弥陀浄土院建立に際して、陰陽師が土地の「鎮祭」（『大日本古文書』）に携わっていた。また翌年には石山寺の造営に際する「鎮祭」（『同』）、さらに宝亀元年（七七〇）には東大寺の「院内の鎮祭」（『同』）を行なっていたことが確認されている（岡田荘司《おかだしょうじ》「陰陽道祭祀の成立と展開」）。

このときの「鎮祭」が具体的にどのように行なわれたかは不明だが、増尾伸一郎氏によれば、仏が守宅の神々にたいして妄作恐動することを戒め、家屋を建て、竈《かまど》や門を構築し、庭園などを造るときに、青龍《せいりゅう》・白虎《びゃっこ》・朱雀《すざく》・玄武《げんぶ》の四神、六甲禁諱《りっこうきんき》・十二神・土府《どふ》伏龍《ふくりゅう》などを犯さないように、その除災の功徳を説く『安宅神呪経《あんたくしんじゅきょう》』『天地《てんち》八陽神呪経《はちようしんじゅきょう》』などの読誦が推定されている（増尾「陰陽道の成立と道教」）。それらは五行思想や道教などを取り込んだ、いわゆる「偽経」である。こうした土地の「鎮祭」に陰陽師が関与するのは、彼らが土地の気を読む「相地」の技術の担い手であったことと関わるだろう。

陰陽師が「大儺（追儺）」や土地の「鎮祭」に関与するのは、律令法の規定からはみ出すことだ。だが、卜占のエキスパートである彼らは、「陰陽」の気を読む知や技の実践の現場で、律令官人としての職務を超える領域へと向かっていく。それはまた、社会の側から要請されることでもあったのであろう。

かくして、奈良時代後期から平安初期にかけて、陰陽師の活動範囲は大きく拡大していく。それは公的な占い師としての陰陽師という枠組みを超えざるをえない状況を生み出した。陰陽寮の内部に、「陰陽師・安倍晴明」という、あらたな陰陽師が誕生する地殻変動が起きたのだ。

3　「平安王朝」の陰陽師たち

延暦十三年（七九四）、桓武《かんむ》天皇は山背国《やましろのくに》（山城国）の地に都を遷した。「平安京」である。だがその都は、「平安」の名前に反して、つねに怨霊が跋扈《ばっこ》し、人々が不安に怯える都市であった。怨霊や死霊、生霊、疫鬼、物の怪、そして呪詛……、さらに神経質なまでにも細分化された貴族たちの「穢れ」意識の生成に対応すべく、平安王朝の「陰陽師」たちには、奈良時代のそれとはくらべられないほどの新しい任務が待っていた。

すなわち、呪術・祭儀部門の拡大である。

八世紀末、桓武天皇をはじめ皇族・貴族たちを震え上がらせたのは、早良《さわら》親王の怨霊であった。

怨霊鎮撫と陰陽師

延暦四年（七八五）九月、桓武の弟である早良親王は、長岡京（平安京のまえの都）の造営リーダー・藤原種継《たねつぐ》殺害の首謀者の嫌疑をかけられ、皇太子の地位を剝脱、そして淡路島に配流《はいる》される途中、無実を訴えながら、自害した。その遺体は、淡路島に搬送され、埋葬されたという。「事件」の背後に、弟に皇位を譲りたくないという桓武天皇の策謀が潜んでいたことは、いうまでもない。

この事件の直後から、桓武天皇の周辺で次々に不幸が続いた。藤原百川《ももかわ》の娘で桓武の妃旅子《たびこ》の死去、その翌年は桓武の母・高野新笠《たかのにいがさ》の死去、さらに翌々年には皇后藤原乙牟漏《おとむろ》の死去……。陰陽寮の占いの結果、これらの災厄は、早良親王の祟りと判明。早良親王は怨霊となって、桓武たち、平安の都の皇族・貴族たちを脅かしていたのである。

その怨霊鎮撫《ちんぶ》に関わって、平安京の陰陽師が登場してくる。

従五位上守近衛《かみこのえ》少将兼春宮亮《とうぐうのすけ》丹波守《たんばのかみ》大伴宿禰《すくね》是成《これなり》をして、陰陽師・衆僧を率《ひき》ゐて、淡路国に在《ま》す崇道《すどう》天皇の山稜《さんりょう》を鎮謝せしむ。

（『類聚国史』巻二十五・延暦十九年〈八〇〇〉）

怨霊と化した早良親王は、この年「崇道天皇」と追称され、その墳墓は「山稜」と称された。さらに僧侶とともに陰陽師が派遣され「鎮謝」の儀礼が行なわれたのである。ここでの陰陽師の役割は、僧侶との共同任務となっている。おそらく僧侶が「霊」そのものの鎮めを行ない、陰陽師は、「山稜」を構成する山＝土地への鎮祭を担当したのだろう。ここにおいて、陰陽師は、都人を怯えさせた怨霊鎮めの一翼を担うことになる。

ちなみに陰陽師（陰陽寮官人）が「山鎮め」を行なうことには、次のような例がある。

陰陽少属従八位上菅原《すがわらの》朝臣《あそん》世道《よみち》、陰陽博士正六位上中臣《なかとみの》志斐《しいの》連《むらじ》国守《くにもり》を遣はして、大和国平群《へぐり》山《やま》・河内国高安山《たかやすやま》を鎮め祭らしむ。是より先に□□□霖雨、二山崩頽《ほうたい》し、人家を埋《うづ》むるなり。

（『類聚国史』巻十・延暦十六年〈七九七〉七月）

長雨によって生じた山崩れ、それによる人家の被害にたいして、「山鎮め」を執行した記事である。これらは奈良時代末期に行なわれた寺院建立に際する土地「鎮祭」の延長であろう。

これらからもわかるように、奈良時代末期に、卜占専門の陰陽師が土地の鎮祭を行なったことの延長上に、怨霊鎮撫の役割をも担当しはじめたのだ。当初は、陰陽師単独ではなく、僧侶との共同作業であった。また、平安初頭には、陰陽師は単独の祭祀執行者というよりも、従来の祭祀専門家への補佐的な位置にあったらしい。たとえば、「日赤、光なし、終日復さず」といった天体の変異に際して「神祇官・陰陽寮をして解謝せしむ」（『続日本後紀』承和十年〈八四三〉五月）というような神祇官と共同で行なった「解謝《げしゃ》」の例がある。

このように平安時代初期の陰陽師（陰陽寮）の任務は、僧侶や神祇官の補完、代行・共同執行といった色彩が強かったのだが、しだいに僧侶や神祇官人にはできない、陰陽師独自の祭祀法を生み出していく。それは律令に定められた「陰陽寮／陰陽師」の規定からは大きく逸脱した、あらたな「陰陽師」の誕生を告知するものであった。

競合する神祇官と陰陽師

平安時代初期の陰陽師たちは、神祇官の官人たちとの対抗・競合関係のなかで、自らのアイデンティティを確立していったようだ。それは二つの局面にわたる。

一つは、もともとは神祇官の管轄であった「祓え」に関わる場面だ。

神祇官は六月・十二月の定例の大祓、また臨時の祓えなどを、中臣《なかとみ》、卜部《うらべ》が中心になって行なってきた。それが九世紀中頃から、貴族たちの「穢れ」意識の細分化・増大にともなって、公的祭祀の場で「清浄さ」を要求される神祇官の中臣たちは、貴族たちの生活のなかの、多様な「穢れ」に接触する危険がある祓え儀礼に携われなくなってしまう。その間隙を縫うようにして、陰陽師による祓え儀礼が活発化していったのだ（岡田荘司「陰陽道祭祀の成立と展開」）。その場合の祓え儀礼は、神祇官の大祓のような国家規模の公的なものではなく、病気や出産、死穢《しえ》、怪異、災厄、そして呪詛《じゅそ》といった、個人レベルの祓えとなっていく。陰陽師の祓えで特徴的なのが「解除《げじょ》」または「すそのはらへ」と呼ばれるものだ。これは陰陽師固有の祓えであった（第五章参照）。

もう一つが「占い」部門である。

平安時代、天皇や国家の命運に関わる公的な占いを「軒廊御占《こんろうのみうら》」という。内裏《だいり》紫宸殿《ししいでん》に向かって右側につらなる「軒廊」（回廊）で、上卿《じょうけい》主導のもとに、自然の変異や怪異などの吉凶を占うものだが、それには神祇官と陰陽寮の両者が参加することになっている（西岡芳文《にしおかよしふみ》「六壬式占と軒廊御占」）。

この場合、あくまでも神祇官のほうが優位な位置にあった。神祇官の中臣が先に諮問《しもん》され「解文《げぶみ》」が手渡されるのにたいして、陰陽寮は「口頭」で諮問されたり、卜部と陰陽寮の占断の内容が異なったときは、卜部のほうが採用されたりしたのだ。このように、一つの事象について複数の占い法で占うことを「覆推《ふくすい》の制」といった（小坂眞二「古代、中世の占い」）。

平安時代初期、神祇官卜部と陰陽師とのあいだには、卜占をめぐっても対抗・競合の関係があった。卜占に関しては、当初は神祇官卜部のほうが優位であったが、様々な災異や怪異が頻発するなか、陰陽師の関与する領域が拡大し、「陰陽道」の地位が向上していったのである。

それは陰陽師たちの占いテクノロジーの技術開発とも関わる。

先に述べたように、奈良時代から平安初期には、太一・遁甲・六壬の「三式」と呼ばれた卜占器具＝式盤が使われていたが、後には「六壬式占」が主流になっていく。占い方法も、「課用《かよう》法」「三伝《さんでん》法」という基本形（四課三伝《しかさんでん》法）、または「課用九法」「三十六卦《け》所主《しょしゅ》大例法」など、より複雑になった（小坂、前出論文）。それは国家全体の運命を占う技にたいして、貴族たちの日常生活に関わる、さらに細分化された個人の運命を占う必要が出てきたこととも、無関係ではないだろう（第四章参照）。

ここに見えてくるのは、平安京という都市社会を生きる貴族たちに発生した「個人」意識と陰陽師の知や技とがリンクしてくる様相である。成熟していく平安京の都市社会こそが、奈良時代とはちがう新しい「陰陽師」を生み出してくる環境であった。

『延喜式』のなかの陰陽寮祭祀

平安時代初期の「陰陽師」の祭祀活動は、律令の基本法からは大きく逸脱する。もっとも「平安の都」そのものが、もはや律令法のままには運営しえず、新しいシステムを要求していた。それを法的に支えるのが「式」と呼ばれるものだ。律令の基本法にたいして実際の運用にあった施行細則が定められていったのである。

そのもっとも代表的なのが、延長五年（九二七）に成立した『延喜式《えんぎしき》』である。そこには、律令にはない、新しい陰陽寮の任務規定として「祭祀」が記されている。

・鎮害殿《ちんがいでん》　新年に宮中に災いをもたらす「害気」を鎮める。
・土　牛《どぎゅう》　大寒の日の前夜に、宮中の諸門に「土牛童子」の像をたて疫鬼を駆除する。
・追　儺　大晦日の夜に疫鬼を祓う。
・庭火《にわび》・平野竈神祭《ひらののかまどのかみ》　宮中の食事を担当する内膳司《ないぜんし》に祭られる火、竈神を祭る。
・御本命祭《ごほんみょうさい》　天皇の本命日に益算・招福を祈る。
・三元祭　上元《じょうげん》（正月十五日）・中元《ちゅうげん》（七月十五日）・下元《げげん》（十月十五日）の「三元の日」に、天地人の神々を祭る。

陰陽寮の官人たちにたいして、ここに示された多様な祭祀を担当することが法的に規定づけられたのである。『延喜式』に定められた、十世紀初期の陰陽寮執行の祭祀は、陰陽・五行説、あるいは暦法、また天文に関わる知識にもとづいている。すなわち、「陰陽」や「五行」という世界認識にもとづく自然界や天界に、祭文などのコトバの呪術を駆使して働きかけて、宇宙と人間界との最善な照応関係を実現させていく祭祀・儀礼である。それは神祇官が担当した神祭祀とは、あきらかに異質な要素が強いだろう。

ところで十世紀初期の『延喜式』に定められた「陰陽道祭」は、公的な色彩の濃い祭祀である。平安王権、国家を支える祭祀といってもよい。そのために、従来の公的祭祀の専門担当官たる神祇官とのあいだに、多くの摩擦や競合関係が生じた。

たとえば、『延喜式』には、神祇官の卜部が担当する、

・道饗祭《みちのあえのまつり》・宮城四隅疫神祭《きゅうじょうしぐうえきじんさい》・畿内十処《きないじゅうしょ》疫神祭・障神《しょうじん》祭

といった「疫神祭祀」があげられているが、陰陽師側からも、宮城の四方・四角において「鬼気」の侵入を防ぐ「宮城四角鬼気祭《しかくききさい》」という疫神祭祀が執行されていくようになる。これら疫神祭祀は、野《の》田《だ》幸三郎《こうさぶろう》氏によれば、最初の段階では神祇官と共同執行、またはその補佐という形であったが、やがて陰陽寮に移管・独占されていった（野田「陰陽道の一側面」）。陰陽師が相手どる「鬼気」とは、陰陽

の気のバランスが乱れたときに発生するものであった。

平安時代初期、陰陽師は神祇官の祭祀官人たちとの競合のなかで、自らを鍛えていったといえよう。

陰陽道祭祀の「典拠」＝「董仲舒祭法」

神祇官に対抗・競合しつつ、祭祀・儀礼を担うようになった平安京の陰陽師たち。そのプロセスで、彼らは自らの祭祀執行の独自性を主張するための「典拠《てんきょ》」を持ち出してくる。ここに「陰陽師」としてのアイデンティティが確立するのである。

船岡山（京都市北区紫野）

外従五位下陰陽権助《ごんのすけ》兼陰陽博士滋岳朝臣川人《しげおかのあそんかわひと》等を遣して、大和国吉野郡高山において、祭礼を修せしむ。董仲舒祭《とうちゅうじょさい》法《ほう》に云ふ。螟螣《めいずい》の五穀を賊害せし時、害食の州県内の清浄処において、これを解し、これを攘す。故にこの法を用ゆ。前年、陰陽寮に命じて城北船岳《ふなおか》において、この祭りを修す。今亦《また》ここにおいて此れを修す。けだし清浄の処を選ぶ。

（『三代実録』貞観元年〈八五九〉八月）

「陰陽博士」をリーダーに、陰陽寮官人たちによって執行された虫害除去の祭礼である。注目されるのは、その祭法が

「董仲舒祭法」にもとづくとあるところ。それは前年の京・船岳（船岡山）での執行が先例とされてもいた。陰陽寮官人たちは、自ら携わる祭祀を神祇官のものと差異化するために、その「典拠」となる祭法を確定する必要があったのだ。そこで持ち出されたのが「董仲舒祭法」という「典拠」なのである。

「董仲舒祭法」の内実は残念ながらわからないが、董仲舒とは前漢武帝期の著名な儒家で、一般には天人相関思想の大成者として知られる人物である。『春秋繁露《しゅんじゅうはんろ》』など多数の著書があったが、「祭法」に関わる著作は確認されていない。だが陰陽寮官人が執行する祭祀には、「重ねて古典を検《けみ》するに、董仲舒に曰く……」（『朝野群載《ちょうやぐんさい》』巻二十一・「宮城四角鬼気祭」）、「董仲舒祭書」（『師光《もろみつ》年中行事』正月晦日「防解火災法」「代厄御祭《だいやくぎょさい》」）など「董仲舒」を「典拠」とする例が多数見いだされる（山下克明『平安時代の宗教文化と陰陽道』）。陰陽師が担う祭祀の重要な「典拠」の一つであったのだ。

ちなみに、ここに登場した「陰陽権助兼陰陽博士滋岳朝臣川人」は、平安時代初期の代表的な陰陽師の一人。陰陽師が行なう占事に使用する「太一式盤《たいいつしきばん》」を所持し、さらに遁甲式占書『新術遁甲書』や六壬式占書『六甲《りっこう》』などを執筆している。それらの書物は、中国から輸入された占術書にたいして、はじめて「日本」で編纂されたオリジナルな占術のテキストという（中村璋八《しょうはち》『日本陰陽道書の研究』）。ただし残念ながら、その原典は現存していない。

また川人に関するエピソードは、『今昔物語集』巻二十四にも伝わる。大納言安倍安仁《やすひと》とともに文徳天皇の陵墓地を選びにでかけたが、誤って地神（土公神《どくうじん》）の祟りを受けてしまう。彼は急遽「遁甲《とんこう》いっていいだろう。

なりとなむ語り伝へたる」というのである。晴明が登場してくる以前の、著名な「陰陽師」の一人と

隠形《おんぎょう》」の法を使って土公神から身を隠し、難を逃れたという。それで川人は「やむごとなき陰陽師

陰陽寮がリードする祭祀作法

仁寿三年（八五三）十二月には、諸国の国分寺で「陰陽書法によりて、毎年、害気を鎮めしめよ」（『文徳天皇実録』）という陰陽寮の奏上が認可された例や、貞観九年（八六七）十一月の清和天皇の勅では「陰陽書の説に、来年戊子《つちのえね》は、水旱《すいかん》疾病の災にあたるべし……」ということで諸国に「金剛般若《こんごうはんにゃ》及び摩訶般若《まかはんにゃ》」の経典奉読を命じている。

これらの例は直接陰陽師が祭祀の担い手ではないが、執行すべき典拠となる『陰陽書（法）』が、その奏上文の根拠とされている点が注目されよう。『陰陽書』とは、唐太宗の時代、太常博士《だじょうはかせ》呂才《りょさい》が編纂した唐代五行家説の集成書である（山下、前出書）。カレンダーに日の善し悪しを記した「具注暦《ぐちゅうれき》」を作るときに参照した基本図書であった。つまり暦博士が計測する暦のうえから災厄が予知され、それを防ぐために仏教経典が奉読されたわけだ。

このように陰陽寮官人たちは、神祇官に対抗して、自らを主体とする祭祀を定着させる過程で、自分たちが行なう祭祀の「典拠」を持ち出してきた。なぜ彼らは祭祀の「典拠」にこだわるのだろうか。

もともと祭祀の執行には、その由緒や効果を保証してくれる「起源・来歴」を必要としていた。神祇祭祀の場合、神代における「神話」（おもに『日本書紀』）や神自身の託宣によって由緒づけられていた。神代の起源のとおりに、この祭りを行なえば、神々から守られた生活が約束される、という考え

方である。神に教えられたとおりに神を祭るという論理といってもよい。それは一種の神話的な思考だ。これが祭祀執行において「典拠」を必要とする背景である。

陰陽寮官人たちの行なう祭祀には、そうした神代の来歴がないために、それに代わるものとして、中国伝来の『董仲舒祭法』や『陰陽書（法）』などの書物に書かれていることが「典拠」として持ち出されたのである。自分たちの行なう祭祀も、中国伝来の由緒正しい書物にもとづいて執行されるから、この祭祀は絶大な効果をもつ、という論理である。その典拠は、神祇官は所有しえない陰陽師固有の、新しい「神話」としての機能をもつといえよう。そして、これら「典拠」＝神話を持つことで、陰陽師たちは律令官制のなかの役割を超えて、「陰陽道」という新しい知識や技術の体系を展開させていくことになるのだ。この点をめぐっては、次章において、安倍晴明自身が新しい「陰陽道神話」を創り出す現場に立ち会うことになるだろう。

平安王朝の陰陽師たち。彼らが祭祀・儀礼に携わるときのアイデンティティを保障するものとしての「道」の意識、すなわち「陰陽道」の成立現場が、ここに見いだされるわけだ。

職能者としての「陰陽師」誕生

あらたな祭祀・儀礼の担い手たる平安王朝の陰陽師たちが、律令に規定された卜術専門の「律令官人陰陽師」とは、もはや異なった存在に変質していることは明らかだろう。これら祭祀の執行者としての陰陽師こそ、「八・九世紀の呪術行使の段階から次第にさまざまな個別祭祀を執行する祭司者へと成長させ、その宗教性を高めていった」（山下克明『平安時代の宗教文化と陰陽道』）者たちといえよう。

平安時代中期になると、それまでの陰陽寮所属の陰陽師とは異なる「陰陽師」たちが出現してくる。十世紀以降、陰陽寮を離れても、その出身者であれば「陰陽師」を名乗り、人々もそう呼ぶようになる陰陽師たち。山下克明氏いうところの「官制に関わらない職業としての陰陽師」(山下、前出書)である。官名にとらわれない「陰陽師」の名称が、「一つの職業として社会的に認知されていた」というわけだ。それは「陰陽道」という呼称の成立とほぼ軌を一にしていたのである。

ではなぜ、そうした陰陽師が誕生したのか。

大きく見れば、古代律令制国家が変容・解体していく歴史的なプロセスとも関わる。歴史学では、平安中期以降の国家を「王朝国家」と呼び、それ以前とは区別していく議論がある。その違いの特徴は、特定の官職を代々世襲する世襲氏族たちが国家運営の中心になったところだ。

王朝国家は、それまでの国家運営を担った律令官人(官僚)たちにたいして、国家の職掌が特定の家の「家業」を中心にしたシステムに支えられていく。これを佐藤進一《さとうしんいち》氏は「官司請負制」と呼ぶ(佐藤『日本の中世国家』)。そうした「家業」は、まさに特殊な技能・知識をもつ職能者=陰陽師の誕生とリンクしていくのである。安倍・賀茂両家がそれを独占していくのは、この時代背景を前提にしていたといえよう。

また律令官制とは異なる、新しい職掌も誕生していく。いわゆる「令外《りょうげ》の官」の成立である。その代表が「蔵人所《くろうどどころ》」だ。蔵人所とは、本来天皇家の文書や道具類を納める「蔵」(納所)を管理した男性官人のことを指す。だが後に、機密文書の保持、宣伝、宮中の事務、さらに天皇の日常生活に供奉する。本来は、天皇家の家政機関であったものだが、朝廷における儀式・行事・政務を運営し、政治の中枢たる太政官とならぶ天皇直属の職制、すなわち内廷機関となるのである（佐藤、前出書）。

蔵人所陰陽師とは何か

十世紀後半になると、この蔵人所専属の陰陽師を示す、「蔵人所陰陽師」という呼称が成立する。それは陰陽寮の官人組織とは別個の機関として、天皇に直属する陰陽師組織である。天皇が代替わりすれば、それにともなって新しく即位した天皇の蔵人所に配属される陰陽師だ。彼ら蔵人所陰陽師は、内裏に怪異現象があれば、その吉凶を占い（蔵人所御占）、天皇行事の日時を勘申《かんじん》し、凶事と判じたら祓えを行なう、天皇専属の陰陽師といってよい。

この蔵人所陰陽師は、「一上﨟《じょうろう》、蔵人所に候す」（『中右記』大治四年〈一一二九〉）と規定されていた。「一上﨟」とは「陰陽道」のなかの最上位のものという意味である。それは陰陽寮内部の「頭《かみ》・助《すけ》・允《じょう》・大属《だいさかん》、少属《しょうさかん》」あるいは「博士」という位階システムとは別に、「陰陽道」という専門技能者集団のなかの序列を優先させる論理といえる。「蔵人所陰陽師」の成立とは、律令官人としての陰陽師とは異なる、「陰陽道」という知と技、術の担い手たる陰陽師の特権的な存在を意味したといっていいだろう。

かくして、歴史記録上、最初の「蔵人所陰陽師」として登場してくるのが、安倍晴明であった。長徳元年（九九五）八月に、賀茂光栄《みつよし》とともに一条朝の「蔵人所陰陽師」となっていることが史料から確認されている（『朝野群載』巻五、長徳元年〈九九五〉八月「蔵人所月奏」）。それは彼が、まさしく陰陽道の「一上﨟」として、陰陽道界の頂点に立ったことを意味している。晴明七十五歳のときである。

安倍晴明が「蔵人所陰陽師」としての地位を得てから、二年後。そのとき、彼は、三十七年前に起きた、ある事件について語っている。晴明が「史料」の上に初めて登場してくる年、天徳四年（九六〇）九月の内裏炎上にまつわる事件である。

陰陽師・安倍晴明の生涯――。それは、天徳四年、内裏を火の海にした火災の現場からはじまる。

第三章　天徳四年　内裏焼亡す

1　焼失した霊剣をめぐって

現在確認されている、安倍晴明がはじめて史料に登場する年は、天徳四年（九六〇）である。晴明、四十歳のときだ。それ以前の、同時代の記録は今のところない。

けれども、この天徳四年の史料に関しては多くの問題があった。天徳四年の記録とは、じつは晴明自身が、三十七年後に語ったことにもとづくからだ。

まずは、その検証から、晴明の現場を見ていくことにしよう。

晴明、自らの功績を語る

長徳三年（九九七）五月二十四日、「蔵人所《くろうどどころ》陰陽師」主計権助《かずえのごんのすけ》安倍晴明は、蔵人藤原信経《のぶつね》に問われ、内裏・宜陽殿《ぎようでん》に安置された「御剣《ぎょけん》」について次のように語っている。晴明、七十七歳のときである。

件《くだん》の御剣は四十四柄《へい》なり。去《さん》ぬる天徳内裏焼亡の日、皆 悉《ことごと》く焼け損ず。晴明、天文得業生《てんもんとくぎょうしょう》たりし時、宣旨を奉じて勘文《かんもん》を進め、作らしむるところなり。

（『中右記』嘉保元年〈一〇九四〉十一月二日裏書「蔵人信経私記」）

「去ぬる天徳内裏焼亡の日」とは、村上天皇の時代、天徳四年（九六〇）九月二十三日に起きた内裏の大火災のこと。その火災によって、宜陽殿、温明殿《うんめいでん》に安置された天皇家伝来の多くの宝物が焼失した。そのなかに、「四十四柄」の御剣があった。天徳四年当時「天文得業生」であった晴明は、「宣旨」を奉じて「勘文」（命令によって諸事を調査し、その結果を報告する文書）を進上し、焼失した御剣を再鋳造させた、というのである。

だが、なぜ天皇家の「御剣」の再鋳造に天文得業生が関与するのか。さらに晴明の語りは続く。以下、晴明の語ったところを要約してみよう。

四十四柄の御剣のうち、とくに重要な二本の霊剣がある。それぞれ「破敵《はてき》」「守護《しゅご》」という名前があり、その剣には「十二神《じゅうにしん》・日月《じつげつ》・五星《ごせい》の体《てい》」が刻まれている。だが、剣が焼けたために、刀身に刻まれた文様がわからなくなってしまった。そこで自分は勘文を奉り、失われた文様を示し、そのとおりに刀身にふたたび刻ませた。くだんの「破敵」の剣は、大将軍が派遣されるとき節刀《せっとう》（天皇の最高軍事指揮権を象徴する刀）として賜われる剣である。「守護」の剣は宮中に安置されるものだ。

しかるに、天徳以降、ふたたび内裏で火災があり、また霊剣も焼損してしまったが、今は鋳造されることなく、放置されている。くだんの剣はもともと百済国《くだら》から献上されたもので、国家の大宝である。必ず鋳造されるべきものである。

天徳四年のときは、勅を奉じて、備前国《びぜんのくに》より選ばれた鍛冶師の白根安生《しらねのやすお》によって、剣を鋳造させた。それは高雄山《たかおさん》で行なった。剣の鋳造は必ず七・八月の「庚申日《こうしん》」でなければならない。その故は、造酒令史《みきのさかん》の安倍宗生《あべのむねお》などが申すところである。今年（長徳三年）は八月二十六日が「庚申日」にあたる。この日以外はよろしくない。明年の七・八月の「庚申日」に造り始めるべきであろう。

この答申書は、長徳三年当時の蔵人信経《のぶつね》が「私記」に書き記したもの。その「蔵人信経私記」を後の十一世紀末、藤原宗忠《むねただ》が治部卿《じぶきょう》通俊《みちとし》のもとから借りて、自分の日記『中右記《ちゅうゆうき》』の「裏書《うらがき》」に書きおいてくれたので、後世のわれわれの知るところとなったものだ。晴明自身が、自らの過去の功績を語る重要な史料である。これによって、安倍晴明の名前が「天徳四年」に起きた内裏火災、霊剣の焼失から再鋳造という事件に関係していることが判明したのだ。現在のところ、この天徳四年（九六〇）が、晴明が公的記録に登場してくる最初とされている。

しかし、彼の答申書には、じつは多くの問題があった。

天徳四年当時、晴明は「天文得業生」であったという。天文得業生とは天文生の成績上位のもので、朝廷から特別の給付も出る特待生だが、天文博士の下で「天文道」について学び、また博士に報告するための天体観測をする「学生」であることにかわりはない。このときの天文博士は、賀茂保憲《かものやすのり》である（同年四月二十二日の除目《じもく》で陰陽頭《おんみょうのかみ》から天文博士に任ぜられている）。とすれば、霊剣に鏤刻《るこく》された文様についての勘文を奉る主体は、上司であり「師」である天文博士・保憲ではなかっただろうか。当然考えられることだ。「博士」を差し置いて、「学生」が勘文を奉ることはありえないだろう。

晴明による「作為」

この点については、山下克明氏の詳細な研究によって、長徳三年（九九七）の晴明の答申書には多くの誇張や作為があったことが判明している（山下『平安時代の宗教文化と陰陽道』）。その証拠として山下氏があげるのは、『左大史小槻季継記《さだいしおづきすえつぐき》』（『歴代残闕日記』第十三冊に収録）安貞二年（一二二八）一月二十四日条に引かれる「官務（左右大史の職のこと）の勘文」に、

天徳四年秋焼損し畢《おわ》んぬ。仍《よ》りて賀茂保憲朝臣をして鋳改せしむ。

とある、霊剣の鋳造の責任者を「賀茂保憲朝臣」と明示する一文だ。また『左大史小槻季継記』の細注には、晴明が鋳造したとの異説もあるが「天徳御記、保憲に鋳せしむの由、分明なり」ということも記されている。残念ながら『左大史小槻季継記』が引く『天徳御記』（村上天皇の日記、「村上天皇御

記」とも）は散逸しているが、村上天皇自身の日記にも天文博士・賀茂保憲に命じて、焼損した霊剣の鋳造を担当させたことがしっかり記されていたのである。また後にとりあげる『塵袋《ちりぶくろ》』という鎌倉時代の辞書にも、やはり保憲が霊剣鋳造の責任者であったことが記されている。

だとすると、天文得業生にすぎない晴明が、「宣旨を奉じて勘文」を奉ったということは、自らの「師」である賀茂保憲の功績を横取りするような虚偽の功績を語った、ということだろうか。

天徳四年の内裏火災は、晴明が答申書を上奏したときからすでに三十年以上も前のこと。当時の実情を知る人たちももはや少ない。師の保憲は貞元二年（九七七）に死去。晴明は「自分の好きなように昔の手柄話をでっちあげることも可能」（繁田信一《しげたしんいち》「安倍晴明の成功方程式」）だったという、かなり辛辣《しんらつ》な見方もできよう。

しかし、なぜ晴明は、そのような答申書を上奏したのだろうか。それは本当に、師の功績を横取りし、自分の過去を偽作するような野心の表れなのだろうか。

晴明の答申書の背景にあるもの――。まずは、晴明と保憲との関係を再検証してみよう。

晴明と賀茂保憲との関係

このときの記録によれば、天文得業生である晴明は天文博士・賀茂保憲の「弟子」という関係になる。陰陽寮という組織のなかでの公的な師弟関係だ。

ところで、よく知られている説話では、晴明は保憲の父である賀茂忠行《ただゆき》の弟子として伝えられている。

若かりし晴明が、師の賀茂忠行の夜行に従って、下京の辺りを歩んでいるとき、恐ろしげな姿をした鬼どもが道の彼方からやってくるのを察知した。それを忠行に報せ、見事、師の危機を救った。このとき以来、忠行は晴明のことを大切に思い、「陰陽の道」のことを瓶の水を移すように晴明に教えた。だから晴明は、公・私にわたってたいへん重んじられた……。

『今昔物語集』巻二十四に載る、若き時代の晴明の姿を伝える有名なエピソードである。同じく『今昔』には、賀茂保憲も父の忠行から「陰陽《いんよう》の道」を教えられたという説話を伝える。晴明と保憲は、いわば忠行の兄弟弟子という関係となろう。ただし晴明が賀茂忠行に弟子入りしたこと、さらに忠行自身が陰陽寮においてどのような部署に就いていたかを記す記録・史料は確認されてない。ただ天徳三年（九五九）に勅命で忠行が「射覆《しゃふく》」（隠された物体を卜術で当てる）を行ない、隠された水晶の玉を当てた記録がある（『朝野群載』）。陰陽道の卜術の達者であったことはたしかなようだ。なお台密《たいみつ》（天台密教）の事相書『阿娑縛抄《あさばしょう》』第九十四には、賀茂忠行が「白衣観音法」に通じていたことが示されている。

一方、十三世紀の『続古事談《ぞくこじだん》』には、次のような興味深い話が伝わっている。

晴明大舎人《おおとねり》にて笠をきて勢田橋《せたのはし》をゆくに、茲光《じこう》これをみて、一道の達者ならむずる事をしりて、そのよしいひければ、晴明、陰陽師具曠《ともひろ》がもとにゆきたるにもちいず。又保憲がりゆきたるに、その相をみてもてなしけり。

（『続古事談』第五）

晴明が「大舎人」（天皇などに近侍して、雑務に携わった下級官人）であったこと、勢田橋のたもとで、茲光なる男に「一道の達者」となることを告げられたこと、「陰陽師具曠」のもとに行き弟子入りしようとしたが拒否されたこと、そして賀茂保憲が晴明の「相」を見抜き弟子にしたことなど、『今昔』などに伝わる賀茂忠行を師とするエピソードとは別の系統の晴明説話として興味深いものだ。

もちろんここに語られるエピソードは公的な史料・記録にはないが、これら説話群から、晴明が、忠行・保憲を通して賀茂家と密接な関係を持っていたことはまちがいないだろう。繁田信一氏は、当初は忠行の弟子として陰陽道に入ったが、忠行の死後には保憲の弟子として扱われた事情を想定している（繁田『陰陽師と貴族社会』）。また近年では、晴明は賀茂家の入り婿ではなかったかという推定もある（小坂眞二「晴明公と『占事略決』」）。

さらに史料のうえから、晴明と保憲との関係を探ってみよう。

「保憲の弟子晴明、殊に口入せしむ」

天延二年（九七四）五月、保憲は、比叡山に御願寺の大乗院《だいじょういん》を建立するための「点地《てんち》」（卜占で土地を選ぶ）を命ぜられて比叡山に登った。そのとき、晴明が「随身《ずいじん》」の一人として従ったという（『親信《ちかのぶ》卿記』）。

このとき保憲は陰陽寮を辞して「主計頭《かずえのかみ》」に任じられている。一方、晴明は保憲の後を受けて「天文博士」となっている。つまり陰陽寮内部の公的な師弟関係を離れたあとも、両者は、まさしく「陰

比叡山

陽道」という技能・知識世界における師弟の関係にあったことがわかる。それは晴明が、陰陽寮に所属する以前から「賀茂」という家に弟子入りしていたことも示唆しよう。

　さらに興味深いのは、先ほど紹介した天徳四年の霊剣再鋳造に関する史料、『左大史小槻季継記』に記された次の注記である。

　晴明は保憲朝臣の弟子なり。その器量を見て、天文の事を以て晴明に授く。暦道の事を以て賀茂家に伝ふと云々《しかしか》。実説尋ぬべきなり。保憲の弟子晴明、殊《こと》に口入《くにゅう》せしむかと云々。

　保憲が霊剣鋳造の責任者であるのは『天徳御記』などから明らかなのに、晴明がそれを担当したと世間で言われているのはなぜか。その問いにたいする左大史季継の見解である。

　晴明は保憲から才能を高く評価されていた、だから師匠にたいしても「口入」したのだろう、と。

「口入」とは仲介・仲裁の意だが、「口をはさむ、干渉する」という意味もある（林睦郎監修『古文書古記録難解用例大辞典』）。自分の才能を評価してくれる師匠の保憲の仕事にたいして、晴明がいろいろと口を挟んだ様子が浮かんでこよう。それは両者の関係に、たんなる陰陽寮内部の公的な師弟関係を超えるものがあったからだろう。また二人が師弟の関係でありつつ、年齢的には近い（保憲は延喜十七年〈九一七〉生まれ。晴明の四歳年上）ことも考慮していいかもしれない。

晴明が師の功績を横取りするかのような答申書を提出する背景に、こうした晴明と保憲との「特別な」関係があったことは、一つの大きな理由といっていいだろう。

しかし問題は、ただたんに二人の人間的な関係だけでは説明しきれないところにあった。答申書の深層からは、「陰陽道」の技と知の世界が浮き上がってくるからだ。

晴明が上奏した答申書は、その後、かなりの信憑性をもって流通していたようだ。『左大史小槻季継記』の注記からもそれがうかがえる。

晴明の答申書の深層

その背景について、山下克明氏は、「長徳年間における（晴明の）陰陽家としての地位の確立」（山下、前出書）を指摘している。答申書提出までの晴明の履歴を振り返ると、二年前の長徳元年（九九五）に、賀茂光栄《みつよし》とともに「蔵人所陰陽師」として、一条天皇直属の陰陽師となっている。それは「陰陽道」界のナンバー1、2に命じられる名誉ある職であった。「蔵人信経」に直接答えているのも、そうした晴明の地位と繋がっていよう。ちなみにこのとき、晴明の子息吉平《よしひら》は「陰陽助《すけ》」、吉昌《よしまさ》は「天文博士」に任ぜられている。晴明が答申書を上奏した時代、安倍の親子が「陰陽道」界を制覇しているのである。

ここに、一条朝の陰陽道界に君臨する〈翁・晴明〉の像が浮かんでこよう。古い時代のことを知っている老翁の知恵者のイメージだ。そうした晴明が語ったものだからこそ、この答申書は、絶大な信頼を人々に与えた。と同時に、賀茂氏とちがう自分の「陰陽道」の権威をさらに高めるために、師匠を押し退けてまで自分の若い時代の功績を過大に語った老獪《ろうかい》な人物の姿も見えてこようか。

たしかに晴明は、「官人」として平安宮廷社会を生きる一員である。だが同時に、彼はたんなる官人ではなく、陰陽道の「技」や「術」「知」の世界に生きる陰陽師でもあった。自分の過去の功績を過大に語るのは、職能者としての技や知の優位性を強調するためのものであったことを忘れてはなるまい。たんに世俗的な権威や栄誉だけではないのだ。

「陰陽道」という「道」の世界に生きるものの内側へと視点を向けたとき、師匠である保憲との関係も、伝授する者とされる者という固定的・親和的な上下関係に留まらなかったことが想像される。陰陽道という特殊な技や術、知の習得・修練をめぐって、両者のあいだに尊敬と従順だけではない、互いの立場が逆転する場合もあっただろう。陰陽道の技と知の習得・実践をめぐって競合するような師弟関係である。「保憲の弟子晴明、殊に口入せしむ」とは、そうした二人の師弟関係を示唆していよう（この点、さらに第四章で触れる）。陰陽寮という役所の官人としての上下関係をもちつつ、彼らはまさしく「術法《ずっぽう》の者」としての現場を生きていた。晴明の答申書の背後から、「陰陽道」という技と知の世界を生きる者の姿が見いだされるのである。

「霊剣」の文様と陰陽道

それにしても、天皇家の霊剣の再鋳造に、どうして天文博士や天文得業生という陰陽寮官人が関与するのだろうか。もちろん、晴明の答申にもあったように、実際に剣の鋳造をするのは備前国の「白根安生」という鍛冶師であった。ならば、陰陽寮官人の役割とは何か。

晴明の答申書によれば、彼が直接、関与したのは霊剣に鏤刻《るこく》されていた文様についてであった。その文様は「十二神・日月・五星等之体也」とある。文様が焼けて不明になったので、晴明が「勘文」を奉って、図柄を指し示したのである。後にその文様については「天徳晴明鋳候図《ちゅうこうず》」「霊剣二柄図《にへいず》」として、安倍家に伝わることになる（詳しくは第4節参照）。

天皇守護の霊剣に刻まれた「十二神・日月・五星等之体」。天界の星の神々――。それが「陰陽道」の思想と繋がることは理解できよう。霊剣鋳造に、陰陽寮官人、とくに天文部署の官人が必要とされたのは、この霊剣に鏤刻された文様の来歴にあったのだ。晴明が、師匠の保憲にたいして「口入」してまで、霊剣鋳造にこだわるのは、二振りの「霊剣」が、この時代に勢力を拡大しつつある「陰陽道」という新興の呪術・宗教の技や知に深く関わっていたからであった。そのとき、「官人」という社会的な存在を超えて、「陰陽道」の技や知の現場を生きていく、宗教的職能者としての「陰陽師」の立場を押し出すことになるだろう。

焼失した天皇家の霊剣。それに刻まれた陰陽道の星神たちの素性。そして晴明の役割……。さらにその謎を解くべく、天徳四年（九六〇）九月二十三日の内裏火災の現場へと赴くことにしよう。

2　霊剣と陰陽道神話

村上天皇の治世にあたる天徳四年は、どのような時代であったのだろうか。まずその時代の様子を簡単に見ておこう。

「天徳四年」という年

そもそも十世紀中頃の村上天皇の治世は、村上天皇の父・醍醐天皇の時代とともに、摂政・関白を設置せずに天皇親政《しんせい》を行なったことで、後世「延喜《えんぎ》・天暦《てんりゃく》の治〔聖代〕」と呼ばれる時代だ。また宮廷文化がもっとも盛んになった時代とされている。

たしかに、村上天皇の天徳四年は、「宮廷文化」形成の一つのエポックになった年であった。すなわち歌合《うたあわせ》史上、一つの頂点であり、その規範となる「天徳内裏歌合」が、この年の三月三十日に開催されたのである。それは十世紀以降展開する「宮廷文化」の始発点ともいえよう。

歌合とは、参加者たちが左方・右方にわかれて、同題のもとに和歌を披露し、その出来ばえの優劣を競う「遊び」である。公卿、女房たちが参加した、文字どおり華やかな宮廷行事である。だが、歌合は同時に、春から夏への季節の移行という「暦」の運行を寿《ことほ》ぐ行事でもあった。歌合が始まるのは三月三十日の夕方。終わるのは四月一日の朝方。それは暦のうえでは春が夏に移る暦の運行と対応していたのである。

ところが、四月一日の夜明け、暦のうえでの「夏」に霜が降り、人々は「時」の順序がそむき異なることを怪しんだという（『天徳御記《てんとくぎょき》』）。それは「天」が示す何か不吉なメッセージと受け取られたようだ（猪股ときわ「音のワザの世界――技術者・技芸者たちと陰陽道」）。

はたして、夏になると「炎旱《さいかん》」（日照り）、「天下疾病」が続く。五月十三日には天皇の「息災」を祈って大僧都寛空《かんくう》が内裏仁寿殿《じじゅうでん》で「孔雀経法《くじゃくきょうほう》」を修した。続いて六月十四日には、同じく寛空が「不動供《ふどうく》」を修した。また七月十九日には請雨《しょうう》のために「龍穴読経《りゅうけつどきょう》」を行ない、二十五日には陰陽寮にたいして神泉苑《しんせんえん》で「雩祭《あまごいのまつり》」を執行させている（『日本紀略』）。日照りによる水不足は相当深刻であったようだ。

さらに天変消除《てんぺんしょうじょ》・玉体安穏《ぎょくたいあんのん》のための密教修法「熾盛光法《しじょうこうほう》」が一月、二月、七月、九月と執行されている。四月四日、月と太白《たいはく》（金星）が「合」し、五日には太白が昼間見え、七日には鎮星《ちんせい》（土星）が牽牛《けんぎゅう》を「犯《はん》」する（見かけ上、星と星とが接近すること）という天変が相ついだためだ。

そして、九月二十二日。仁寿殿で僧正延《しょうえん》が熾盛光法を執行した、その翌日、内裏で火災が発生したのだ。

「平安内裏のアマテラス」とともに

天徳四年九月二十三日の夜半、左兵衛門《さひょうえもん》付近から出火した火は、またたくまに内裏全体を火の海に包んだ。桓武天皇の平安遷都から百七十年、はじめて起きた内裏大火災である。このとき、朝廷人たちに衝撃を与えたのは、宜陽殿《ぎようでん》に納められた累代の宝物、内記所《ないきどころ》の文書、仁寿殿の太一式盤《たいいつしきばん》などとともに、温明殿《うんめいでん》という殿舎が焼けたことにあった。

「温明殿」――。内裏の一角、綾綺《りょうき》殿《でん》の東側にあって、内侍所《ないしどころ》、または畏所《かしこどころ》とも呼ばれる殿舎である。内侍司《ないしのつかさ》の女官たちが詰めている場所でもあるが、そこには天皇家累代の宝物「神霊鏡《しんれいきょう》・太刀・節刀・契《けい》・印」(『小右記』所引「村上天皇御記」)などが納められていた。その宝物が建物ごと焼けてしまったのだ。

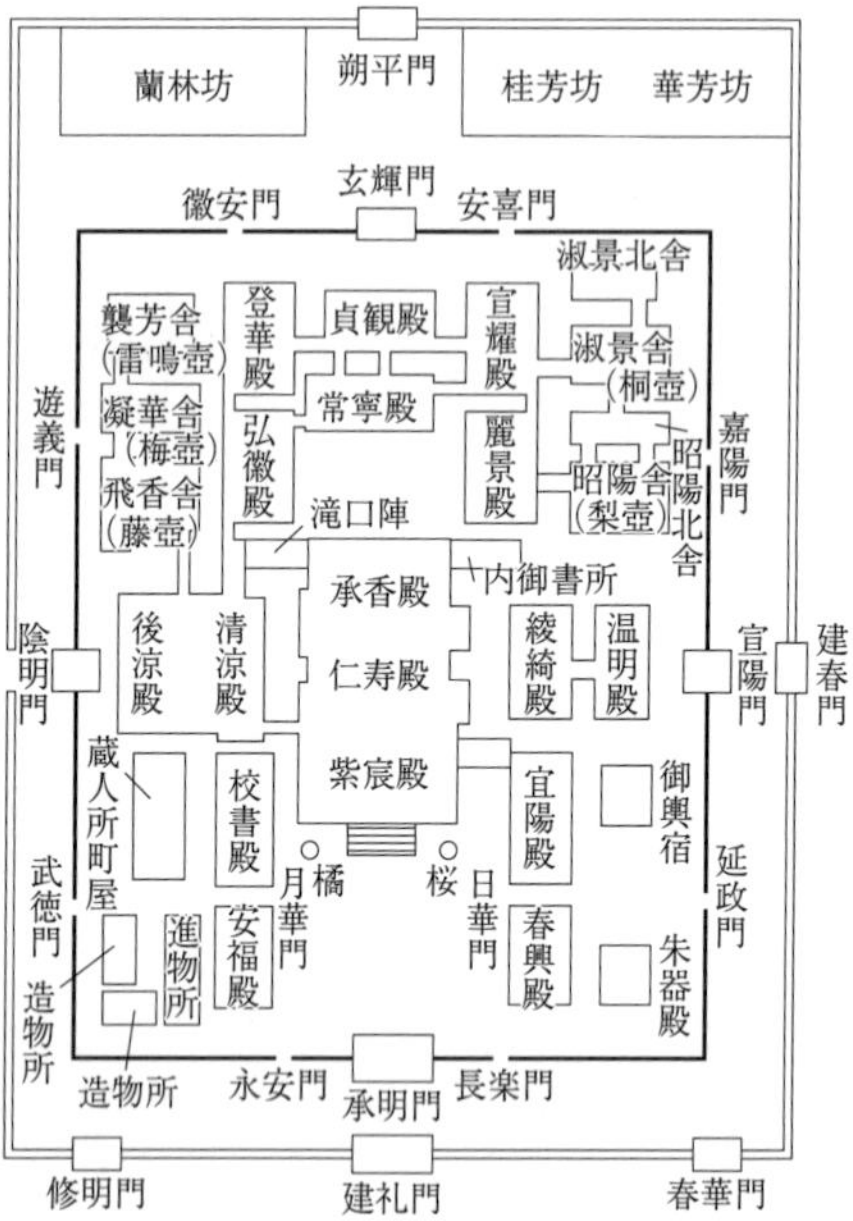

内裏略図

そのなかに、いわゆる「三種の神器」の一つとされる神霊鏡があった。すなわち「八咫《やた》の鏡」=天皇家の祖神・アマテラスの分霊という由来をもつ鏡だ。当時の貴族たちがもっとも憂慮したのは、この神霊鏡の行方であった。

しかし記録によれば、この鏡は、建物全体が炎に包まれたにもかかわらず、焼失することはなかったらしい。さすが、アマテラスの霊を宿す鏡と、人々はその「神異」に驚愕したことだろう。後には、鏡は炎のなかから自分で飛び出し、南殿《なでん》のまえの桜の梢に飛び移り、小野宮大臣=藤原実頼《さねより》が鏡を木から袖に迎え取ったとか(『源平盛衰記』など)、あるいは実頼の弟・師輔《もろすけ》が「わらは病(マラリヤの一種)」に罹《かか》ったとき、その枕もとにくだんの袖を置いたら、たちどころに病いが癒えた(『撰集抄』巻九)などといったエピソードが伝えられている。

あらためていうまでもなく、温明殿の神霊鏡をめぐる「神異」の言説は、この鏡がアマテラスの分霊として認識されていたことと関わる。

『日本書紀』によれば、神代にアマテラスの「魂」を移した鏡は、崇神《すじん》天皇のときに宮殿から外に遷《うつ》され、垂仁《すいにん》天皇の時代に伊勢に鎮まり、これ以降は伊勢神宮で祭祀されていく。アマテラスは伊勢の地で祭られていたのだ。だが、十世紀前半あたりから、アマテラスを伊勢に遷したときに模造の鏡が別に鋳造され、代々の天皇の居所に据え置かれ、これが「内侍所《ないしどころ》 神鏡《しんきょう》」=「伊勢大神之身分《いせのおおかみのしんぶん》」(『本朝世紀』)となったという言説が生み出されていった。それは『日本書紀』以降に、平安王朝社会が新しく創り出した、平安内裏のアマテラス神話といえよう(斎藤英喜『アマテラスの深みへ』)。神話は「神代」から変わることなく伝わるのではなく、ある地点において再創造されていくのである。内侍所のアマテラスは、そうした平安京で創られた神話なのだ。

伊勢神宮(三重県伊勢市)

さて、晴明の答申書に出てくる四十四柄の御剣とは、この

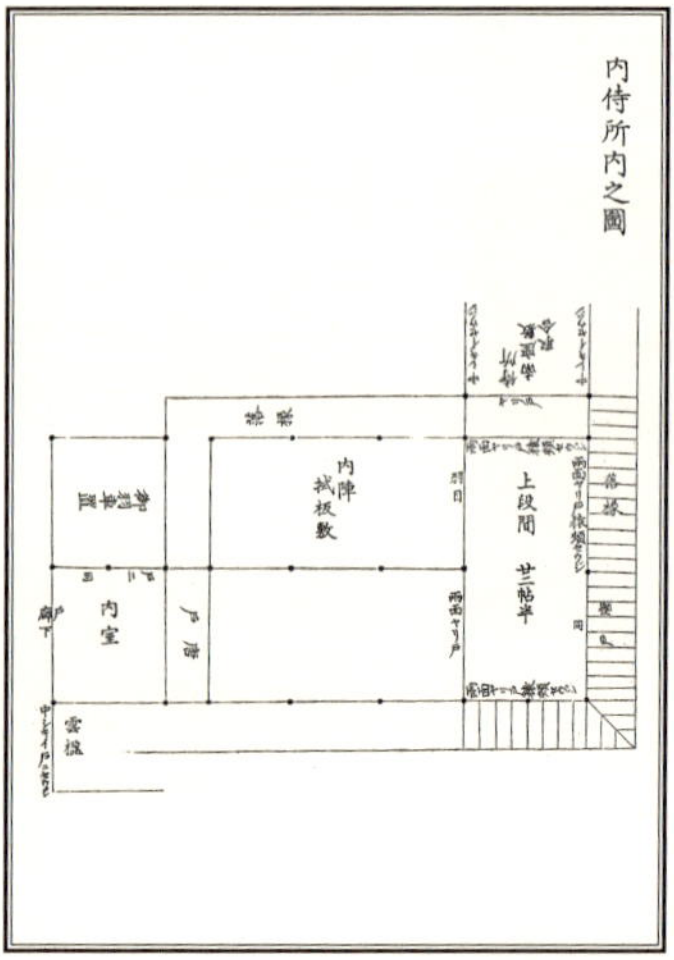

内侍所　『古事類苑』帝王部より

「内侍所神鏡」＝平安内裏のアマテラスと同じ温明殿のなかに安置されていた宝物であった。御剣のうち重要なのは「大刀契《だいとけい》」と呼ばれる二柄。これこそ、晴明が語った「十二神・日月・五星の体」が刻まれた霊剣である。

　それにしても、「大刀契」が、アマテラスの分霊＝神鏡と同じ殿舎に納められていたことは意味深長だ。天皇家の御物を保管してあった温明殿は、それら宝物に関する由来＝神話を作り出す聖なる空間でもあったからだ。内裏火災という災いを契機にして、神霊鏡が、新しい平安内裏のアマテラス神話を身にまとっていくように、もう一方の霊剣もまた、それを神秘化する由来＝神話が創られたのではないか。

　注目されるのは、霊剣に「十二神・日月・五星の体」が刻まれていたという、晴明の語りである。それは、この時代最新の「陰陽道」の星宿《せいしゅく》信仰と繋がっていくからだ。

長徳三年（九九七）、老翁・晴明が語った霊剣鋳造の経緯。それは何よりも、天文をめぐる陰陽道の新しい神話創りというコンテクストのなかで再検証される必要があるようだ。

霊剣に宿る日月、北斗七星

刀身に刻まれた「十二神・日月・五星の体」――。それら鏤刻《るこく》された文様は、たんなる図形ではなく、陰陽道の神々の霊威を宿すものであった。

鎌倉時代の辞書『塵袋《ちりぶくろ》』巻八には、以下のような来歴が記されている。

> 大刀中ニ霊剣二アリ、百済国ヨリタテマツル所也、一ヲバ三公《さんこう》戦闘剣ト名《なづ》ク、又将軍剣トモ、破敵剣トモ云、護身剣ハ疾病邪気ヲ除く、剣ノ左ニハ日形、南斗六星《なんとろくせい》、朱雀《すざく》ノ形、青龍《せいりゅう》ノ形ヲ図ス、右ニハ月形、北斗七星、玄武《げんぶ》ノ形、白虎《びゃっこ》ノ形を図ス、破敵剣ニハ左ニハ三皇五帝《さんこうごてい》形、南斗六星、青龍ノ形、西王母《せいおうぼ》ガ兵刃符《ひょうじんふ》を図ス、右ニハ北極五星、北斗七星、白虎ノ形、老子破敵符《ろうしはてきふ》ヲ図ス、又護身剣アリ、カノ銘ニ曰ク、
>
> 歳在庚申歳正月、百済所造、三七練刀、南斗北斗、左青龍右白虎、前朱雀後玄武、避深不祥、百福会就、年齢延長、万歳無極。

焼けた霊剣の一つは疾病や邪気を取り祓う「護身剣」（晴明の上申書では「守護」）、もう一つは「破敵剣」（三公戦闘剣、将軍剣とも）と呼ばれるものであった。刀身に刻まれた図様を整理すると次のよ

うになる。

護身剣　左側　日形・南斗六星・朱雀・青龍
　　　　右側　月形・北斗七星・玄武・白虎
　　　　　　　さらに「歳在庚申歳正月……」以下の銘文あり
破敵剣　左側　三皇五帝形・南斗六星・青龍・西王母の兵刃符
　　　　右側　北極五星・北斗七星・白虎・老子破敵符

刀身の両面に刻まれた日や月、三皇五帝、南斗・北斗の星神、そして二十八宿の星座群に配当される朱雀・青龍・玄武・白虎の四神の霊獣《れいじゅう》、あるいは西王母や老子に由来するマジカルな護符……。銘文の由来によれば、この霊刀は、「庚申正月《こうしん》」に百済において鋳造されたものという。天皇が他所に行幸《ぎょうこう》（外出）するときに、天皇を守護するためつねに伴われる剣とも、また派遣される大将軍に節刀として賜るものともいう（ちなみに「三種の神器」にも「草薙《くさなぎ》の剣」があり行幸に伴われる。これと大刀契は別物）。

こうした素性は、長徳三年（九九七）に、晴明自身が語ったところとほぼ対応しよう。彼が剣の鋳造日を「庚申」とこだわったのも、「歳在庚申歳正月、百済所造」という霊剣の由来にもとづくものであった。なお、岸俊男《きしとしお》氏の説によれば、「庚申」の干支《かんし》は、道教において刀を鋳造するときに吉日とされていたという。さらに道教の庚申信仰は、北極星や北斗七星など天象《てんしょう》と結びつくことから、古代刀剣における星辰《しょうしん》の重視と結合することが指摘されている（岸「「庚申」と刀剣」）。

「霊剣」の文様の系譜

それにしても天皇家に伝来し、温明殿に安置されていた「大刀契」＝霊剣に関する情報・知識を、安倍晴明たち陰陽寮の官人たちは、どこまで詳細に知っていたのだろうか。王権の秘物たる霊剣に刻まれた天体の図様を、彼らは認知するような立場にあったのだろうか。陰陽寮に伝わる古文書類に霊剣の来歴や文様のことが書かれていて、それを彼らが

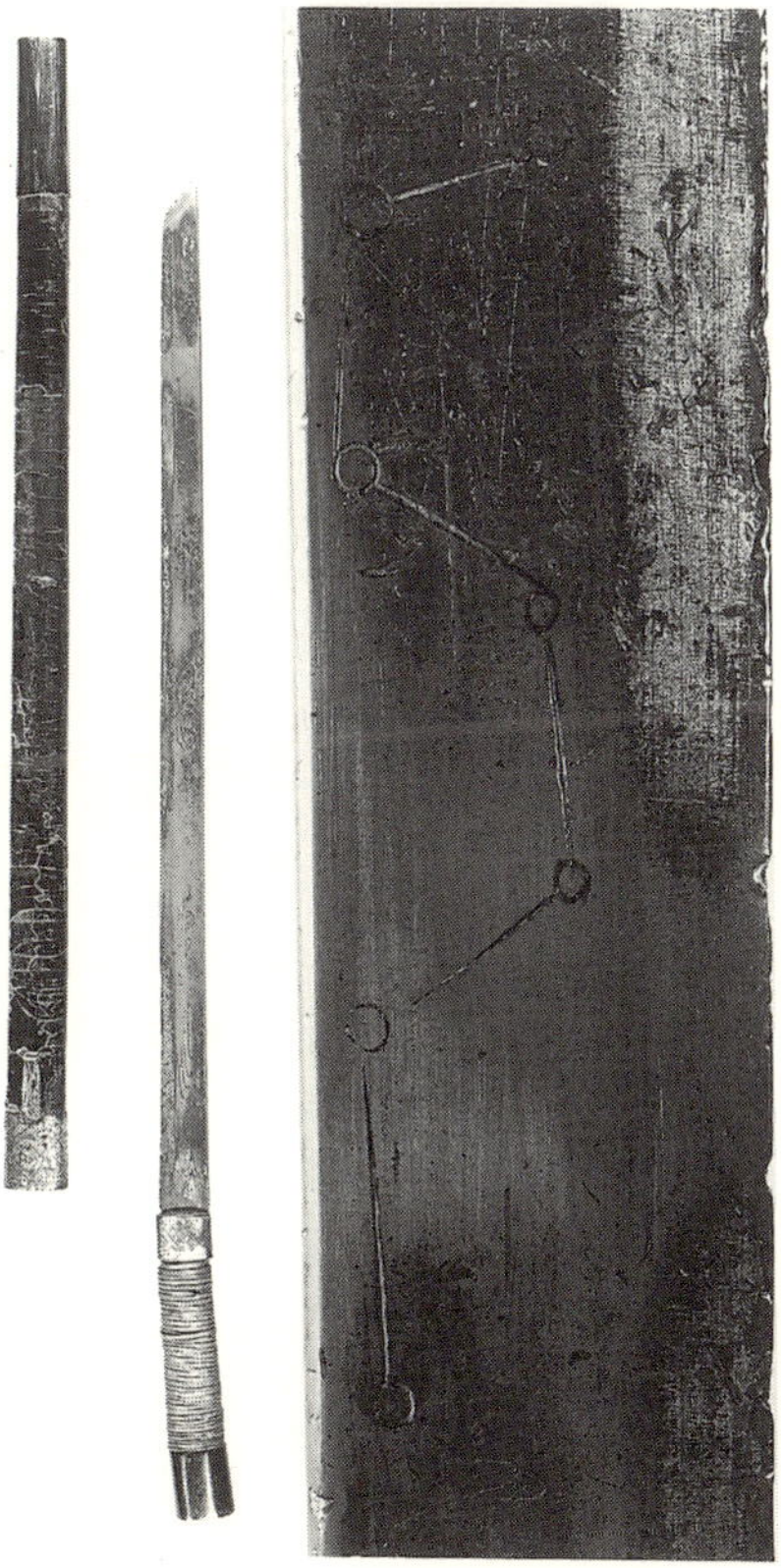

「持国天指物七星文銅大刀」
右は部分拡大（法隆寺蔵）

調べた、ということなのだろうか。だとすれば、晴明の答申書は、まったくのでっち上げではなく、なんらかの典拠があったはずだ。

たとえば、刀剣に北斗七星、四神、日月形などの文様を刻むことは、すでに古くから行なわれていた。有名なところでは、法隆寺金堂四天王像中の持国天《じこくてん》がもつ剣。また聖徳太子所用ともいう四天王寺の「七星剣」。刀身に七星・三星・雲形《うんぎょう》・龍頭《りゅうとう》などが金象嵌《きんしょうがん》で略筆風に表されている。あるいは正倉院北倉に納められた「呉竹鞘杖刀《ごちくしょうじょうとう》」には、刻まれた複数の星座中に北斗七星の星形があるという（林温「妙見菩薩と星曼荼羅」）。それらは道教の思想にもとづくものであった。

晋の時代に編述された道教テキスト・葛洪《かっこう》の『抱朴子《ほうぼくし》』道意篇に、「身を防ぎ害を却《しりぞ》けんと欲せば、（中略）天文の符剣を帯ぶれば可なり」という記述がある。同じく雑応篇には、「刀を大房と名づけて、虚星《きょせい》これを主《つかさど》る。（中略）剣をば大傷と名づけて、角星《かくせい》これを主る」といった記述も見える。「虚星」「角星」とは、天体の黄道上に定められた二十八宿という星座の名称。古代中国の天文学・占星術の基本的な知識である（詳しくは第八章参照）。福永光司《ふくながこうじ》氏によれば、道教の道士は「占星術的天文学」に精通していることは明らかで、剣の霊威を天体の星々に根拠づけることも、そうした道教の思想によっていたのである（福永『道教思想史研究』）。温明殿の霊剣は、その系譜にあったといえよう。

「大刀契」は、天皇を守護する働きをもっていたが、天皇の身の災厄を除く祓儀礼に刀剣の呪法が取り入れられていたことが注目される。

六月・十二月晦日《みそか》、朝廷の人々、人民全体の罪穢れを祓う儀礼＝「大祓」のときに、天皇・皇后・

皇太子たちは別個に「御贖儀《みあかのぎ》」（後には「節折《よおり》」とも）という秘儀が執行される。このとき東西《やまとかわち》の文忌寸部《ふみのいみきべ》という陰陽寮とも関係をもつ渡来系の職業者が、天皇に「金刀」を捧げて、次のような祭《さい》文《もん》を誦んだ。

謹《つつし》みて請《こ》ふ　皇天上帝《こうてんじょうてい》、三極大君《さんごくだいくん》、日月星辰《じつげつしょうしん》、八方諸神《はっぽうしょじん》、司命司籍《しめいしじゃく》、左は東王父《とうおうぼ》、右は西王母《せいおうぼ》、五方五帝、四時四気《しじしけ》、捧ぐるに銀人をもちてし、禍災《かさい》を除かむことを請ふ。捧ぐるに金刀《こんとう》をもちてし、帝祚《たいそ》を延べむことを請ふ。呪《しゅ》に曰はく、東は扶桑《ふそう》に至り、西は虞淵《ぐえん》に至り、南は炎光《えんこう》に至り、北は溺水《にゃくすい》に至り、千城百国、精治万歳《しょうじばんぜい》々々。

（『延喜式』巻八）

中国の最高神、天体を支配する星、日月、冥府《めいふ》の神、東王父、西王母、五帝、四時四気など道教系の神々を勧請し、天皇に「銀人」＝金銀で作ったヒトカタを奉り、さらに金刀を捧げて、天皇への災いを除き、その長命なることを祈る……。呪詞に登場する神々の多くが、大刀契に刻まれた霊格たちと多くの類時点があるのも興味深い。祭文というコトバの呪術を駆使し、天体の星辰や異国の神々とコンタクトをとることで、天皇の息災延命を祈願したのである。

「呪禁解忤持禁之法」という呪法

どうやら、刀剣をもちいたマジックは、陰陽師の呪法の一つのルーツであったらしい。注目されるのは、道教系の大刀・杖刀をもちいた「呪禁解忤持禁之法《じゅごんげごじきんのほう》」という呪法である。以下のようなものだ。

持禁《じきん》とは、杖刀《じょうとう》を持ちて呪文を読み、法を作して気を禁ず。猛獣・虎狼・毒虫・精魅《しょうみ》盗賊・五兵のために侵害せられず。又、呪禁《じゅごん》を以て身体を固めば、湯火刀刃に傷せられず。故に持禁と曰ふなり。解忤《げご》とは、呪禁法を以て、衆邪《しゅうじゃ》驚忤《きょうご》を解く。故に解忤と曰ふなり。
（『政事要略』巻九十五）

身体を固めて災いを防ぐ「持禁」と、鬼神などを退散させる「解忤」の二つの方法。この呪法は、奈良時代の「典薬寮《てんやくりょう》」に所属した呪禁師《じゅごんし》が執行した、マジカルな延命治病の医療法として使われた。だが、それは厭魅《えんみ》・蠱毒《こどく》などのブラック・マジック（呪詛）にも転じる危険性があるために、八世紀末には、呪禁師（呪禁博士）の職掌が廃止されたようだ（下出積與《しもいでせきよ》『日本古代の神祇と道教』）。鈴木一馨《すずきいっけい》氏は、公的には禁断された呪禁の術の多くは陰陽師のなかに継承されたと指摘している。「私」にかかる邪気を祓う呪禁師の役割を、天皇や貴族の求めに応じて陰陽師が担当したのである（鈴木『陰陽道』）。

「陰陽道神話」の創生

以上のような歴史的経過は、天徳四年、焼失した霊剣再鋳造に、陰陽寮の官人たちが関与したことの思想的な背景を説明してくれよう。霊剣に刻まれた天体の星辰《しょうしんしん》神たちのことにもっとも詳しいのが天文博士であり、その学生たちであったのはたしかであろう。晴明が「御剣」に刻まれた星辰の神々の来歴について上奏し、さらに霊剣の鋳造を自らの功績として語ることの背景には、彼が持つ陰陽道の技や知との不可分な関係が考えられるのである。

天皇守護の霊験に鏤刻された天体の星辰。それは天上の星々の運行が地上の国家や天皇の命運と不可分にあるという思想とクロスする。星宿は威力をもち、つねに天空を行き、吉凶の相を示す、そして人々の寿命は北斗七星のそれぞれの星と結びつく。星辰が刻まれた霊剣は、マクロコスモスとミクロコスモスとの照応関係を仲介する魔術的な知の所産であったのだ（「天文」については第八章参照）。

二振りの霊剣には、道教や天文、すなわち「陰陽道」に関わる神々や護符が刻まれていた。それら鏤刻された文様は、たんなる図形ではない。天体と繋がる陰陽道の神々の霊威を宿すものであったのだ。それはアマテラスに象徴される「古代神話」とは性質が異なる、「陰陽道」の新しい神話といっていいだろう。長徳三年の晴明の答申書とは、そうした「陰陽道神話」を、晴明自らが創り出したテキストといえよう。

星を観る人《スターゲイザー》・晴明

天徳四年（九六〇）の安倍晴明は、天文得業生である。その職務は、博士から「天文」を学びつつ、博士に報告するため天体に異変がないかどうか、つねに夜空を見上げて星を観測することにあった。星を観る人《スターゲイザー》としての晴明。霊剣に鏤刻された星神たちへのこだわりも、そんな彼の存在と不可分にあっただろう。

ここであらためて知ることになる。天皇守護の霊剣に宿る日・月、三皇五帝、南斗七星・北斗七星、あるいは二十八宿の星座に配当される朱雀・青龍・玄武・白虎の霊獣たち――。彼らこそ、われわれがこれから立ち会う、陰陽師・晴明の儀礼現場に召喚されてくる神々であったことを。陰陽師・晴明の生涯とは、これらの星々の神とのコンタクトのなかにあったともいえよう。

それにしても、霊剣をめぐる「陰陽道神話」は、たんに机上で創り出されたものではなかった。御剣のうえに日・月、三皇五帝、南斗六星・北斗七星などの天界の星辰神を宿らせるための、陰陽道儀礼の現場と呼応していたのである。その儀礼を「五帝祭《ごていさい》」という。

次に、その現場に立ち会ってみよう。晴明はそこで、いかなる役割を担っていたのだろうか。

3 「五帝祭」の現場から——召喚される星辰神たち

五帝祭という祭祀が執行されるのは、内裏焼亡の翌年、応和元年（九六一）六月二十八日である。まずは、それが行なわれるまでの宮廷の動向を見てみよう。

反閇作法と霊剣

天徳四年九月二十三日の内裏火災以降、ようやく十一月四日に、村上天皇は避難場所であった職曹司《しきのぞうし》から仮御所（後院）の「冷泉院」へと遷御《せんぎょ》した。このとき、天文博士・賀茂保憲が「反閇《へんばい》」という陰陽道の呪術を奉仕する。

十一月四日、庚子《かのえね》、天皇、職曹司より冷泉院に遷御あらせらる。ただし警蹕《けいひつ》（先払いの声のこと）せず。天文博士賀茂保憲、反閇、陰陽頭《おんみょうのかみ》秦具瞻《はたのともみ》、院内鎮法《いんないちんほう》を勤む。（『日本紀略』天徳四年十一月四日）

「反閇」とは、天皇、貴族が外出するときに、土地の邪霊などを押さえ鎮めるための呪法である（詳しくは第六章参照）。村上天皇が冷泉院に遷るので、その「道中」を守護するために保憲が反閇を行なったのだ。なお陰陽頭の秦具瞻が行なった「院内鎮法」とは、転居する先の冷泉院の殿舎を、入居してもいいように浄化するための呪法のこと。移渉法《わたましほう》ともいう（第六章参照）。

さて、天皇が内裏の外へ行幸する場合に大刀・鈴《れい》・契が必ず伴われるが、そのとき陰陽師の反閇が並行して行なわれるようになった。この陰陽師の反閇と「大刀」の供奉《ぐぶ》とが一緒に行なわれるのは平安中期以降とされる。そこで反閇と大刀との対応関係が成り立った背景には、天徳四年の霊剣焼失とその再鋳造に保憲・晴明が関与したこととの関係が推定されている（小坂眞二「陰陽道の反閇について」）。

さらに山下克明氏は、火災によって天皇を守護すべき霊剣が焼失したために、損なわれた霊剣の呪力を補う意味で、保憲による「刀禁呪《とうきんじゅ》」を含む反閇が公式に行なわれたと推測している（山下、前掲書）。応和元年（九六一）に「霊剣」が再鋳造されるまで、その失われた霊剣の呪力を補塡《ほてん》するために、保憲が反閇を行なったということだ。

ここには、翌年行なわれる霊剣の再鋳造に陰陽寮が深く関与すること、さらにいえば保憲・晴明がそれをリードしていくことの伏線が読み取れよう。

応和元年、五帝祭執行

一方、九月二十八日には修理職《しゅりしき》・木工寮《もくりょう》、さらに諸国にたいして新しい内裏を造営すべき命令が下される。実際に新造内裏の「木作《もくさく》」が十一月二十八日から始まり、翌年の二月十六日に内裏殿舎、諸門の「柱立《ちゅうりつ》」が始まった。そしてこの日、「天徳」は、「応和《おうわ》」と改元される。「天徳」は「これ火神の号なり、それ忌みあるべし」（『西宮記《せいきゅうき》』）という理由からである。また今年は「辛酉《しんゆう》革命」の年に当たるのも改元の理由とされた。

神護寺（京都市右京区梅ヶ畑高雄町）

なお、柱立の日、新造内裏の柱に虫食いの三十一文字《みそひともじ》が発見され、その文字は「作るともまたも焼けなん　菅原や棟の板間のあはぬ限りは」の歌であったという噂が流れる（『扶桑略記《ふそうりゃっき》』）。このときに至っても、菅原道真《すがわらのみちざね》の怨霊の恐怖が続いていたのだ。

さて、こうした新しい内裏の建築が進むなか、応和元年（九六一）六月二十八日、愛護山《あたごさん》（高雄山《たかおやま》）の神護寺《じんごじ》で「五帝祭」（三方五帝祭、三皇五帝祭、三公五帝祭とも）が執行されたのである。失われた霊剣の再鋳造のための陰陽道による祭祀儀礼である。

『塵袋』にはこうある。

応和元年七月五日、高雄山ニテ剣ヲツクル、天文博士保憲、六月二十八日、於神護寺、三方五帝ノ祭ヲツトム、剣ヲツクル祈禱ト云々。備前国鍛冶白根安生剣ヲ造リ進《しん》スル由、旧記ニ見エタリ、ヤケウセタルカハリニ、新造セラレケルニヤ。

「剣ヲツクル祈禱」――。神護寺で行なわれた五帝祭とは、霊剣を新しく鋳造するにあたって、不可欠な祈禱であったのだ。祭祀は三日間籠り、鏡などの祭具を必要とした大がかりなものである（『文肝抄《ぶんかんしょう》』）。

いったい、霊剣を作ることと「五帝祭」とはいかなる関係があるのか。当然、霊剣のうちの一つ「破敵剣」の刀身に刻まれた「三皇五帝」との繋がりが、想像されよう。

降臨する星辰神、聖帝たち

そもそも「五帝」とは何か。一つの説には、歳星《さいせい》（木星）・熒惑星《けいわくせい》（火星）・鎮星《ちんせい》（土星）・太白星《たいはくせい》（金星）・辰星《しんせい》（水星）の五星を神格化した、蒼帝霊威仰・赤帝赤熛怒・黄帝含枢紐・白帝白招拒・黒帝叶光紀を指すという。まさに「五星の体」に照応しよう（東方蒼帝東海君・南方赤帝南海君・西方白帝西海君・北方黒帝北海君・中央黄帝君などを比定する説もある）。

「三方（三皇）」は、「天皇《てんこう》・地皇《ちこう》・秦皇《しんこう》」、または「伏義《ふくぎ》・神農《しんのう》・女媧《じょか》」など中国の伝説的な聖帝ともいう。また「三公」ならば紫微星《しびせい》のまわりにあって補佐する三つの星という説になる。

今、晴明の時代の「三皇五帝」の素性を明確に確定することはできない。だが、高雄山で行なわれた「三皇五帝祭」が、こうした天体の星辰神と古代中国の神話的王・聖帝を祭る祭祀であるのはまちがいないだろう。

霊剣を鋳造するために、なにゆえそうした祭祀が必要なのか。いうまでもない、焼失した霊剣に鏤刻されていた三皇五帝、北極・南斗・北斗、四神霊獣神との関係からだ。すなわち「五帝祭を行うことにより五帝や星辰等の天の神々に降臨を願い、その精気を剣に付着させること」（山下、前出書）が目的なのである。焼失してしまった霊剣のうえに、これら神々のスピリットをふたたび取り戻すための祭祀なのだ。

霊剣に刻まれた三皇五帝、北極・南斗・北斗、四神霊獣神の文様は、たんに図様が刀身に刻まれているという物理的意味ではない。そこにはそれぞれの神霊のスピリットが宿っている。五帝祭の執行は、失われてしまった天上の星辰神を召喚し、その霊力を刀剣のうえに付着させるための呪術的作法の一つであった。だからこそ、陰陽寮の天文部署の専門家たちによる祭祀が行なわれねばならなかったのである。

ちなみに、霊剣が鋳造される「六月二十八日」は庚申の日にあたる。先に紹介した『塵袋』にも、「庚申」に剣が作られたことが護身の剣の銘文に記されていた。霊剣の由緒をその来歴どおりに再現するのが、この五帝祭であった。

二振りの霊剣の刀身に、天上の神々のスピリットを召喚させること。それによって霊剣は、平安の世の天皇を守護する力を宿すことになる。それを実現するのが、五帝祭という陰陽道祭祀であった。天体の星辰神の呪力を宿す霊剣の神話は、高雄山で繰り広げられた五帝祭の祭祀現場において実現されていく。ここで神話は現実のものとして力を得ていくのである。

なお、これ以降「五帝祭」は、神器・重器、とくに節刀鋳造のときに行なわれることが定まったようだ（『文肝抄』）。

では、この祭儀の場で晴明はどんな役割をしているのだろうか。
近年、若杉家文書中の「大刀契事《だいとけいのこと》」というタイトルをもつ陰陽道関連史料（『反閇作法並事例』という反閇記録の末尾に貼り継がれていた）が山下克明氏によって翻刻・紹介された。そのなかに晴明の役割が次のように記されていた。

「奉礼　天文得業生・安倍晴明」

祝《はふり》　天文博士・賀茂保憲
奉礼《ほうらい》　天文得業生・安倍晴明
祭郎《さいろう》　暦得業生・味部好相《あじべのよしみ》

「祝」は祭文などを誦む儀礼の主催者。天文博士保憲が、その任にあたる。晴明が務めた「奉礼」とは、祭場の準備、進行役である。そして「祭郎」は、供物を差配する役である。この記録からは、五帝祭の祭司者は、あくまでも天文博士保憲である。「当時天文得業生の晴明は天文博士保憲の下で具官の奉礼を勤めたにすぎない」（山下、前出書）ということになろう。晴明が霊剣の図様を勘申したのも、師の保憲のもとでの関与が実情であっただろう。
しかし、その祭祀こそが、霊剣に日・月、三皇五帝、南斗六星・北斗七星などの天界の星辰神を宿らせる現場であった。晴明の咨申書に語られた霊剣の「神話」にリアリティを生み出すとすれば、彼がその祭祀に携わっていたことは重要だ。その祭祀の現場で、晴明ははじめて天体の星神たちとのコンタクトを可能としたのだから。

さらに、山下克明氏によれば、晴明の役割を「奉礼」（補佐）と明記した「大刀契事」なる文書は、安倍家において累代の重要文書として伝えられていたらしい。保憲が「祝」で、晴明は「奉礼」、つまり補佐役と書かれているにもかかわらず、この文書は、晴明流の安倍家に家宝として伝来していた。それは晴明が天徳四年に霊剣再鋳造に深く関与したという安倍家の「家祖神話」として機能し、同時にそれを継承することで賀茂家の門下に発した安倍家の「陰陽師」としての地位を高めることを志向したのであった（山下、前出書）。

ここには、五帝祭の祭祀現場に深く関わった晴明の姿が刻み込まれている。儀礼との相関のなかで、はじめてこの文書は権威を持つからだ。

それにしても、『左大史小槻季継記』に注記された「保憲の弟子晴明、殊に口入せしむ」という晴明と保憲の関係の確執は、この五帝祭の祭祀現場にも見いだすことができるかもしれない。

4　競合する「霊剣神話」

天徳四年、内裏焼亡によって失われた、天体の日月神、星神たち、四神獣たちを宿す霊剣。それを今、晴明たちがふたたび召喚せんとした。その陰陽道儀礼の現場は、霊剣をめぐる晴明、保憲という陰陽師たちの「霊剣神話」を生み出すトポスでもあった。

さて、ここでしばらく晴明の時代を離れて、後に繰り広げられた「霊剣神話」の諸相を見てみよう。天徳四年に焼失した霊剣鋳造の功績をめぐっては、鎌倉時代に「陰陽道」を家業とする安倍・賀茂両氏のあいだではげしい対立があったようだ。それは天皇守護の二振りの霊剣鋳造が、安倍・賀茂という「陰陽師」の職能のアイデンティティにいかに深く関わるものであったかを教えてくれる。霊剣の刀身に刻まれたのは、彼らが奉祭する陰陽道の神々であったからだ。

賀茂氏サイドの主張

鎌倉時代後期に、賀茂在材《かものあきよし》（保憲から十二代あと）によって編纂された『文肝《ぶんかん》抄《しょう》』（村山修一編『陰陽道基礎史料集成』所収）という書物がある。陰陽道の祭祀、作法儀礼に関する口伝《くでん》・先例《せんれい》を集めたものだが、そのなかに霊剣鋳造と関わる「五帝祭」のことが出

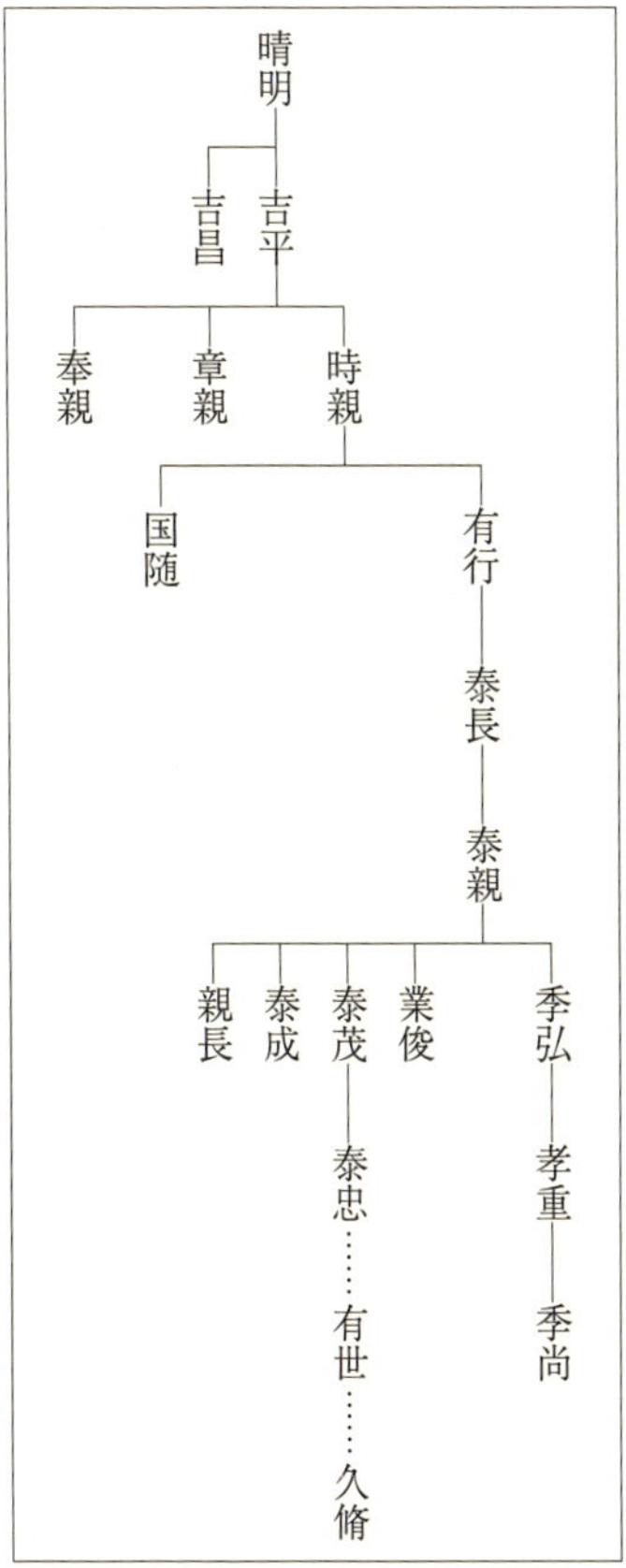

安倍氏系図

てくる。以下のような内容だ（村山氏の史料解題を参照）。

仁治元年（一二四〇）八月二十八日、五帝祭を勤仕したが、これは賀茂氏先祖の保憲・在憲《あきのり》等が勤仕《ごんし》して以来のものである。安倍《あべの》季尚《すえなお》は先祖の晴明が勤仕したものと主張したが、それはまったくの「虚誕（譚）」である。

すでに見たように、応和元年（九六一）の五帝祭執行時に、祭祀を主催する「祝」は保憲であり、晴明は「奉礼」（補佐）であった。その記録にもとづけば、賀茂氏サイドの主張のとおりといえる。

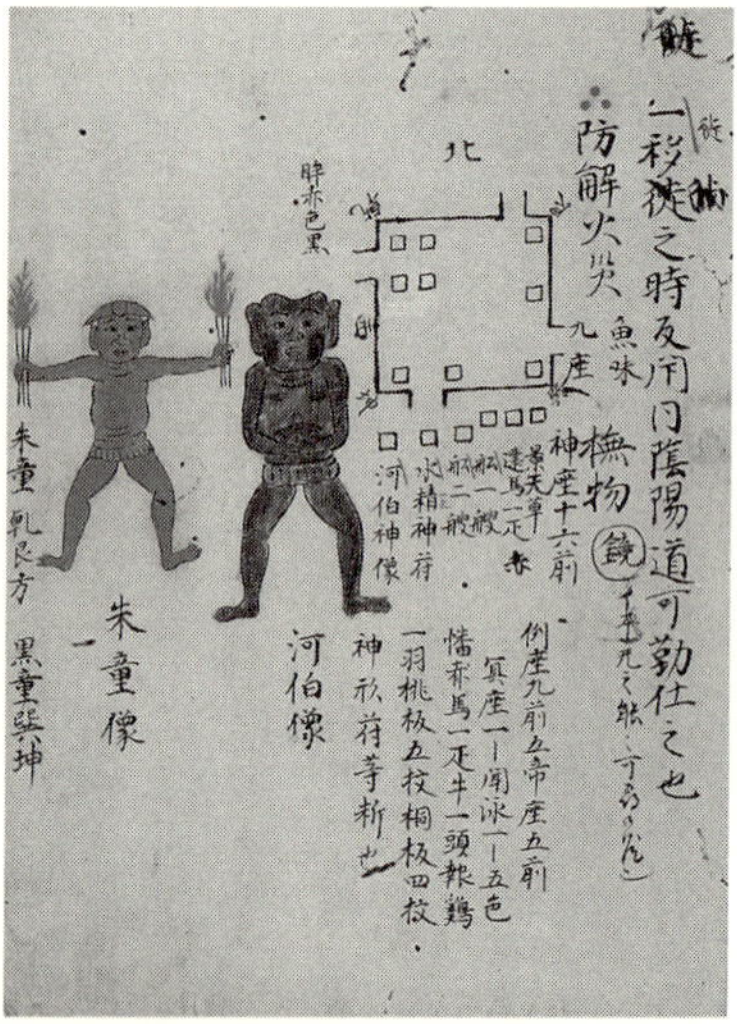

『文肝抄』（京都府立総合資料館蔵）

だが注目したいのは、賀茂氏側が、わざわざ「安倍季尚は先祖の晴明が勤仕した」と安倍氏側の主張を引くところだ。当時、霊剣鋳造の立役者は晴明であったとする認識が広く行き渡っていたことを、この一節は教えてくれよう。それほど、「晴明神話」は強固であったということだろう。

ここで彼らが対抗する相手は、十三世紀初期の安倍季尚（泰親《やすちか》の曾孫）による主張であった。それは、先ほどからたびたび登場する『左大史小槻季継記』のなかに引用されている。

前右京亮《さきのうきょうのすけ》安倍季尚朝臣（故主計頭孝重《たかしげ》朝臣の子、晴明の末流云々）、天徳晴明鋳剣候図、並に雑事文書等、相伝ふる旨、これを語りて云々。
（安貞二年〈一二二八〉一月十一日）

これは「大刀契紛失事」とタイトルされた一連の記録を集めたなかに出てくるものだが、そのなかに、「晴明の末流」という安倍季尚が「天徳晴明鋳剣候図」と「雑事文書」などを伝えていたことが明記されている。つまり賀茂氏の『文肝抄』の記事は、「天徳晴明鋳剣候図並雑事文書」の向こうを張って、霊剣鋳造の主体は晴明ではなく保憲であることを主張したわけだ。

では「天徳晴明鋳剣候図並雑事文書」とは、はたしてどのようなものなのか。

「天徳晴明鋳剣候図並雑事文書」

晴明の時代と、後の時代の言説とを繋ぐ鍵となるのが、十三世紀初期の安倍季尚が伝えたという「天徳晴明鋳剣候図」である。「図」とあることから、二振りの霊剣に刻まれた日月、南斗七星、北斗七星、四神の図様などが具体的に書き記された書物であったことが想像されよう。

それに関わることが藤原宗忠の『中右記』裏書に出てくる。

件《くだん》の霊剣二柄図、権中将顕実《あきざね》朝臣、持たるところなり。彼の家に相伝ふなり。明経《みょうぎょう》博士（引用者注、明法《みょうほう》博士の誤り）充亮《ただすけ》所抄、政事要略（百三十巻云々）中に、詳見するなり。（中略）件の書中に、天徳内裏焼亡の時に、陰陽師晴明、勅命を奉り作営の由、見ゆるところなり。

（嘉保元年〈一〇九四〉十一月二日裏書）

右近衛権中将藤原顕実が所持している「霊剣二柄図」が、惟宗允亮《これむねのただすけ》の著書『政事要略《せいじようりやく》』にも載っているというのだ。また『政事要略』には、天徳四年の火災時に、晴明が勅命を受けて霊剣鋳造に携わったという記述もあるという。

『政事要略』の該当巻は「節刀沙汰《さた》之巻」または「九十七将帥巻」であるが、残念ながら、現在は失われた巻である。失われたその巻には、二柄の「霊剣図」が掲げられていたようだ。それが「天徳晴明鋳剣候図並雑事文書」とほぼ同じものだったらしい。

なお山下氏は、この「天徳晴明鋳剣候図並雑事文書」とは、晴明自筆の文書の代表として安倍家に累代の重書として継承された「大刀契五帝神祭」（若杉家文書）なる文書で、その写しが五帝祭の祭祀のことを詳述した「大刀契事」ではないかと推定している（山下、前出書）。霊剣鋳造に関する功績がいかに安倍氏という陰陽道の家にとって重要であったかがわかろう。まさに陰陽師としてのアイデンティティに関わるからだ。

式神に教えられた文様

さらに「霊剣鋳造」をめぐって、安倍家に伝わった『陰陽道旧記抄』（鎌倉時代前期に成立、『陰陽道関係史料』所収）という書物のなかに、次のような面白い記述があるので紹介しておこう。

天徳四年内裏焼亡す。其の度、切刀（ママ）四十二柄、火災のために灰燼《かいじん》と成る。後に案ずるに、元の如く四十柄を鋳造了《おわり》し後、今二柄は、皆 悉《ことごと》く覚えあらざるによりて造らず。しかるに晴明朝臣、式神《しきがみ》に語りて云はく、若《なんじ》は神通《じんづ》を廻らして二柄を造るやと。式神云はく、頗《すこぶ》る覚ゆるところなり。造るべしと。仍《より》て形を造るを以て進上せし処、勅して宣《のたま》はく、忽ちに以て必定すること難し、若しくは焼失以前の御刀を見たりや、将に本様有りやと。その時申して云はく、晴明只今造形するにあらず、式神の神通を廻らし造るところなり。敢えて狐疑《こぎ》すべからず。仍て紙形を遣して、愛宕護山において七日七夜、鋳造せらるるの間、大夫殿《だいふ》（安倍晴明）行事す。此の賞によりて、上﨟《じょうろう》三人を超越し、寮（陰陽寮）の属《さかん》に任ぜらる（元陰陽師なり）。主計頭保憲朝臣、二柄を鎮むと云々。

文様が不明だった二柄の霊剣は、なんと晴明が式神に問うて、式神の神通力によって神秘の形を教えてもらい、そのとおりに造らせたというのだ。晴明はその時の功績で上役三人を飛び越えて陰陽寮の属《さかん》の官職に任命されたという。

陰陽師が駆使する式神の霊異は、『今昔物語集』などに数多く語られるが、歴史的な事件である天徳四年（九六〇）の霊剣鋳造に関わっても、式神が姿を見せるのは興味深い。ここで霊剣に刻まれた「十二神・日月・五星」の文様を、式神が認知していたというのは注目される。陰陽師が使役する式神が「式占《しきせん》」の十二神に由来するという説があるからだ。式占を行なう式盤には、北斗七星や二十八宿といった星辰の名前が刻まれているように、星と密接なつながりがあったからである（第四章）。

式神を駆使する晴明の相貌。それは天徳四年の「護身剣・破敵剣」鋳造をめぐる言説からも生成していったことが見てとれる。焼失した霊剣をめぐって晴明が語った功績譚は、後の「晴明説話」へと展開していく、文字どおりのターニングポイントであったともいえよう。

『政事要略』「九十七将帥巻」に記されていたこと

晴明の時代を離れて、霊剣鋳造をめぐる後世の伝承・言説を見てきたが、ここでふたたび、安倍晴明が生きた時代に戻ろう。

問題の「天徳晴明鋳剣候図並雑事文書」のことが記された『中右記』には、それは明法家・惟宗允亮の著書『政事要略』「九十七将帥巻」に出ている内容と同じであったという。ただし、その巻は今失われてしまったが、そこには「天徳内裏焼亡の時に、陰陽師晴明勅命を奉り作営の由」と、晴明が勅命を受けて霊剣を鋳造したという、まったく晴明よりの発言も書き記されていたらしい。それは、じつに晴明自身が長徳三年（九九七）に、蔵人信経に問われて語った、例の上申書の内容と重なっていたのである。

ちなみに、先に取り上げた『塵袋』の記事は、今は散逸した『政事要略』巻九十七に拠ったものという（山下、前出書）。

惟宗允亮の『政事要略』という書物――。ここで思い出してほしい。第一章で見てきた長保三年（一〇〇一）の追儺事件の経緯である。追儺の一件も、惟宗允亮が、老年の晴明から聞いたことをそのまま書き記した『政事要略』によるものであったことを。

それにしても、晴明と『政事要略』の著者・惟宗允亮とは、どんな関係があったのだろうか。長保の追儺の一件では、晴明がわざわざ允亮にもとに訪ねて語っている。どうやら、この二人のあいだには、かなり近しいものがあったようだ。二人の接点は何か。

晴明と允亮の関係は

『政事要略』を著した惟宗允亮は、歴代の明法の名門出身で、その系譜には、惟宗公方《きみかた》（平安中期に活躍した明法家。允亮の父、または祖父）とか、直本《なおもと》（允亮の曾祖父）など、著名な法律家を輩出している。惟宗氏（本姓は秦《はた》氏）というのは、讃岐国の渡来系氏族で、讃岐国は法律文化の栄えた土地という。允亮自身は、長保元年（九九九）頃に、自らの姓を「律令の宗師」の意味を寓する「令宗」と改めた。このように惟宗允亮は明法家として、その学識が称えられたのである（虎尾俊哉《とらおとしや》「政事要略について」）。

こうした允亮の系譜や経歴からは、直接、陰陽師・安倍晴明との接点は見えない。しかし、あらためて注意されるのは、惟宗氏の一族は明法家だけではなく、「陰陽寮」にも所属し、陰陽博士・陰陽頭・陰陽助・天文博士、そして陰陽師となっている者もかなり出ていたことだ。惟宗の一族は、平安時代にかけて、賀茂・安倍とともに「陰陽寮」に関わる氏族であったのだ（繁田信一『陰陽師と貴族社会』）。山下氏や繁田氏も示唆するように、どうやら晴明と允亮とのあいだには交友関係があったことはたしかであろう。それは、「陰陽寮」を基盤とした交友であったことが推定できるのである。

いや、もっと突っ込んで考えてみると、二人のあいだにはたんなる「交友」というよりも、允亮自身が、晴明を「陰陽の達者なり」と呼ぶように、陰陽道界の翁として君臨する安倍晴明の「神話化」を推し進めた共犯関係さえも想像できそうだ。

天徳四年の内裏焼亡。その燃え盛る炎によって失われた、天皇守護の二振りの霊剣。そこに宿る天体の星々を召喚する陰陽道の儀礼と言説。平安王権のレガリア＝霊剣こそ、陰陽師・晴明の生涯を決定する、重要な呪物であったのだ。

断章1　岡野玲子『陰陽師』の作品世界

ブームを産み出したもの

近年の晴明ブームを産み出し、それをリードしたのが、夢枕獏《ゆめまくらばく》の小説『陰陽師』を筆頭とした、多くの小説・コミック・テレビ・映画・演劇、さらにインターネットなどのメディア世界であったことは、あらためていうまでもない。それらは多く「サブカルチャー」と呼ばれる表現・文化領域に属する。

メディアやサブカルチャー主導の「晴明ブーム」にたいしては、陰陽道や陰陽師の歴史研究の成果を無視した表層的なものとする批判がある一方、平安時代末期の『今昔物語集』にはじまり、近世の仮名草紙や浄瑠璃、歌舞伎、そして平成の世の小説・コミック・映画へと至った「安倍晴明」に、そこに映し出された各時代の人々の「期待の地平」を解読しようとする試みもある（田中貴子『安倍晴明の一千年』）。

それにしても「ポストモダン」と呼ばれる現代において、サブカルチャーという文化形態が果たす役割は無視できない（東浩紀《あずまひろき》『動物化するポストモダン』）。ならば、平成の世の安倍晴明が、サブカルチャーの一角に登場してきたことの意味は大きいだろう。さらに、表層的なブームということで一まとめに括ってしまうのではなく、そのなかで産み出された作品の、一つひとつにきちんとした批評を試みることも必要であろう。

突出する岡野玲子『陰陽師』

そこで注目したいのは、岡野玲子《おかのれいこ》のコミック版『陰陽師』である。いうまでもなく岡野版『陰陽師』は、夢枕獏の小説『陰陽師』を原作としているが、単行本第七巻以降は、原作からは大きく離れ、〈岡野ワールド〉と呼ばれる独自な作品世界を創り出している。その世界の内側には、もはや原作者自身も立ち入ることができないようだ（夢枕獏・岡野玲子対談「安倍晴明の世界」）。現在も雑誌『メロディ』で連載が続く物語はついに最終章をむかえ、晴明の永遠のライバル・蘆屋道満《あしやどうまん》が、読者のまったく意表をつく形で登場し（ただしその伏線は張られていた）、この作品世界がどこに向かっていくのか、まったく予断をゆるさない。

岡野版『陰陽師』が多くの評価を獲得しえたのは、時代の動向が「安倍晴明」に求めたもの、まさにその「期待の地平」とフィットしたからだろう。その象徴的な例として、臨床心理士・岩宮恵子《いわみやけいこ》氏の批評（「思春期のイニシエーション」）をあげることができる。学校という「異界」で魔に襲われてしまう子供たちと向き合う臨床心理士にとって、「魔」や「鬼」と対峙していく陰陽師・晴明から大いに学ぶべきことがあると、岡野版『陰陽師』の作品世界を解読していく。学校や会社、家庭という他者との関係世界のなかで出会ってしまう「魔」や「鬼」にたいして、それを暴力的に押さえつけるのでもなく、また馴れ合うのでもない、適度な距離を持ちつつ付き合っていく作法を岡野版『陰陽師』

図1　第七巻，68〜69頁。　『陰陽師』©岡野玲子／白泉社（メロディ）

が教えてくれるというのである。現代における「癒《いや》し」といったテーマのなかで、この作品は受け入れられていったといえよう。

このように岡野版『陰陽師』は、現代の「期待の地平」を見事に表象してきた。けれども、ブームを主導した岡野版『陰陽師』は、今、「ブーム」のさらにその向こう側へと突出しつつあるようだ。第九巻あたりから、もう付いていけないという読者の声もあるという。いったい、岡野版『陰陽師』の作品世界は、今、どこに向かいつつあるのだろうか。

「歴史」への接近

原作から離れていった第七巻以降は、じつは歴史記録上の安倍晴明に接近していく過程でもあった。それは夢枕の小説『陰陽師』が、『今昔物語集』や『宇治拾遺物語』などを典拠《てんきょ》とした説話内の安倍晴明であったこととも関わ

図２　第九巻，226～227頁。　　『陰陽師』©岡野玲子／白泉社（メロディ）

るだろう。夢枕の原作小説と離れることは、説話のなかの晴明から離れていくことでもあったからだ。

第七巻「菅公　女房歌合わせを賭けて囲碁に敵《あた》らむ」は、天徳四年（九六〇）三月三十日の内裏《だいり》歌合《うたあわせ》を題材としている。その世界は、歌合の史料、たとえば『天徳御記』や『殿上日記』、『仮名日記』などの公的な記録をふまえて描かれているようだ（今井俊哉・斎藤英喜「メディアのなかの晴明――岡野玲子『陰陽師』を読む」）（図１）。続く第八巻「安倍晴明　天の川に行きて雨を祈ること」は、同年の夏以降からの旱魃に際して行なわれた神泉苑での「雨乞」、陰陽道の五龍祭《ごりゅうさい》、密教の請雨《しょうう》経法《きょうほう》・龍穴《りゅうけつ》読経《どきょう》による御修法《みしほ》を踏まえている。さらに第九巻の「内裏、炎上ス」は、いうまでもなく天徳四年（九六〇）九月の内裏火災を描く（図2）。そして第十巻「天文博士　賀茂保憲　冷泉院遷御《れいぜいいんせんぎょ》に於て　反閇をつとめること」、そして第十一巻「安倍晴明　温明殿の霊剣を修理すること」「賀茂保憲　高雄山にて霊剣を修理すること」へと、歴史のなかの晴明に即した展開となっている。

その物語展開は、天徳四年（九六〇）に晴明が「史料」のうえにはじめて登場してきた地点に絞られている。すなわち、われわれが第三章で見てきた、歴史のなかの安倍晴明と対応する世界である。とくに天徳四年の内裏火災の燃え上がる御所、逃げ惑う禁裏《きんり》の人々、そしてなすすべもない帝や朝廷人たちなど、その場面は圧倒的な迫力をもって描かれている。また応和元年（九六一）の霊剣再鋳造をめぐる三皇五帝祭《さんこうごていさい》も、「太清金闕玉華仙書八極神章三皇内秘文」という道教経典をふまえた岡野氏独自な解釈や高雄山・神護寺《じんごじ》と鍛冶の聖地とを結びつける視点など、「史料」からは見えてこない祭祀の現場が生々しく復元されている（図3）。

あるいは冷泉院への遷御、霊剣再鋳造など歴史的な事件の背後にある安倍晴明と賀茂保憲との確執、陰陽寮内部における安倍家と賀茂家の問題、さらに陰陽師たちの後ろで彼らを利用せんとする藤原兼家《かねいえ》や兼通《かねみち》たちの姿な

図3　第十一巻，392頁。
『陰陽師』©岡野玲子／白泉社（メロディ）

ど、きわめてリアルな歴史ドラマぶりを見せてくれる。それはもはや魑魅魍魎《ちみもうりょう》がうごめき、鬼や死霊と対峙していく「説話」的な世界とは大きく離れたといえよう。ここに岡野版『陰陽師』が夢枕獏の原作から飛躍していった一つのメルクマールが見てとれる。

しかし岡野版『陰陽師』は、けっしてたんなる歴史ドラマではなかった。

浄化とイニシエーションの物語

作品世界のなかで天徳四年の内裏火災は、平安遷都以来、最初の内裏焼亡、累代《るいだい》の天皇家の宝物の焼失といった大事件として描かれている。だがその一方で、作品内の晴明はこの大火災を「終わるということはよいことなのだ。炎をくぐって新しく生まれかわるのさ」（第九巻）と源博雅《みなもとのひろまさ》に語って聞かせる。内裏炎上は、「火」による世界の死と再生のイニシエーションと認識されていくのである。

たとえば内裏火災の原因の一つに菅原道真《すがわらのみちざね》の怨霊ということが話題になるが、怨霊としての道真は、その上の次元に存在する「さらにその奥に計り知れぬ深淵」（第七巻）（図4）から延びてきた「神」（菊理比売《きくりひめ》）なるものの手によって捕捉され、「天神」の社に鎮座させられてしまう（第九巻）（図5）。また都の周辺に棲息する「怨念」「亡霊」たちも、愛護の山にある冥界に通じる穴から「引き取られて行った」のである。これは『陰陽師』の作品世界が、悪霊や鬼、亡霊といった低次な領域のものたちを相手どることから、さらにその上の次元の存在とのコンタクトへと転回していったことを意味する。この点について、作者自身の声を聞いておこう。

図4　第七巻，218頁。

図5　第九巻，271頁。

『陰陽師』©岡野玲子／白泉社（メロディ）

> 見えない世界イコール鬼の世界・悪霊の世界というのではなく、もっとそちらのほう〔高次な世界・引用者注〕が幅が広くて、本当に上から下まであって、そこには神もいるということを掴んでもらえたら……。
>
> （「日本の異界探訪」）

このように、第七巻以降の作品世界はたんなる「歴史ドラマ」ではなく、その歴史の根底にある〈見えない世界〉を鬼や悪霊といった次元から、さらに高い次元へと転回させるものであった。内裏火災は、朝廷への怨みをいだく怨霊の仕業といったレベルを超えて、世界のあらたな再生・浄化のイニシエーションとして意味づけられていくのである。

「都」＝地上世界のイニシエーションは、

図6　第十巻，288～289頁。　　『陰陽師』©岡野玲子／白泉社（メロディ）

「龍」が晴明の身体を導管にして地と結びつく、といったきわめてメタフィジカルな場面へと展開していく。晴明自身が、自分の身体を介して、内裏再建にむけての「天」と「地」のあらたな結びなおしを行なうというように語られていくのだ。その「結びなおし」の実践過程において、作中の晴明は、それまでの「ニュートラル」な立場を投げ捨て、烏帽子を脱ぎ、髪の毛を逆立て、宮廷の人々から狂人扱いされながら「陰陽地鎮の舞」である「安摩《あま》の舞」を舞っていくのである（第十巻「安倍晴明　建禮門の前にて　安摩を舞ふこと」）（図6）。

「魔術師」としての晴明

「歴史」のなかの安倍晴明へと接近していく岡野版『陰陽師』は、「天」（宇宙）と「地」との関係の新しい「結びなおし」をテーマとした、きわめてスピリチュアルな物語と変貌していく。注目されるのは、そうした「世界」の再生のドラマは、同時に主人公・晴明の霊的な進化＝イニシエーションとしても描かれていくところだ。そのキーワードとなるのが「魔術師」である。晴明は言う。

おれは魔術師だ。魔術師とは常に真理の探究者であり、未知への冒険者であり、神への挑戦者なのだ。（第十巻）

いうまでもなくここでいう「魔術師」とは、マジシャン・魔法使いといった意味ではない。たとえばそれはルネッサンス期における「魔術師」の概念に近い。すなわち「大宇宙《マクロコスモス》の力」＝「大いなる力」を自由に操ること、その力を用いて小宇宙《ミクロコスモス》たる人間や自然界に効果を与えるものとしての「魔術師」である（澤井繁男《さわいしげお》『魔術との出会い』）。

作中の晴明は、「体内に潜在していて通常は眠っている霊的な力《クンダリニ》があってな……」（第十巻）といったインドヨーガのクンダリニ（身体のチャクラから螺旋状に噴出するエネルギー。蛇の力ともいう）の技法を説明したり、「塔《タワー》か…／破滅の淵から蘇る…／今の都に…／なんとまあ象徴的な」（同前）といったタロットカードの占術（タロットでは「搭」は、「突然の変化、古い考えや過去の関係を捨てる」という意味をもつ）を語ったりして、その展開はもはや古代日本・平安時代の思想から逸脱していると見える。作品世界は歴史へと接近しつつ、じつは歴史から離れた世界的な〈魔術〉の知と技の領域へと踏み込

図7　第十一巻，268～269頁。　『陰陽師』©岡野玲子／白泉社（メロディ）

んでいるのである。ちなみに天と地との「結びなおし」という思想も、ヨーガにもとづいていよう（M・エリアーデ『ヨーガ』）。

けれどもそれらはすべて、内裏炎上から世界の浄化・再創造へと展開することを、晴明の内的な進化として描くことから導かれたものと思われる。解かれた天と地とをあらたに結びなおすためには、晴明自身をも新しい「存在」＝魔術師へと変成していく必要があるからだ。それは「歴史」を内側（霊性）から描き出す方法、といってもよい。

なお、岡野玲子氏自身の作品履歴を振り返ると、『消え去りしもの』（一九八四年）、『コーリング』（一九九三年）といったように、「魔術師」の成長をテーマとした一連の作品がある。『陰陽師』は、それらに続く「魔術師・三部作」の一つとでもいえよう。

「真の闇」へ降りていく

さて、第十一巻は、晴明による温明殿《うんめいでん》の霊剣・再鋳造をめぐる物語である。史料に記された晴明が、どのように作品化されていくか興味深いところだろう。

作品世界では、温明殿で焼失した霊剣は、じつは晴明自身が秘かに持ち運びだしていたと語られる（図7）。そのことで逆に、帝さえもその存在を忘れていた霊剣の力を浮上させていくのだ。そして「三皇五帝祭」の執行によって、新しい内裏にふさわしい力を霊験に宿らせるのである。また霊剣再鋳造をリードしたのは晴明か保憲かという「史料」上からも問題となったことについては、晴明が最初に霊剣鋳造のことを提案し、それを保憲に譲ったと描かれていく。そしてその条件として安倍家に天文博士の地位を未来永劫、約束させるというエピソードが挿入されるのである。とくにこの巻では、保憲の晴明にたいするジェラシーや歪んだ愛情が、二人の過去にまで遡って語られ（その伏線は第八巻にあった）、史料からは見えない、両者の関係の襞が描写されていく。物語としてもクライマックスとなる場面だ（図8）。

図8　第十一巻，328頁。
『陰陽師』©岡野玲子／白泉社（メロディ）

けれどもここでも物語は、〈見えない世

界〉のさらなる高い次元への探究をメインテーマとしていく。二柄の霊剣の再鋳造は、錬金術の思想のなかで語られる。

この鋼は天降りの鉄／地の底の底に同じ鉄がある。大地の内部を訪れよ。秘密の石《くすり》を手に入れよ。ともに星の崩壊する瞬間のエネルギーを受けて誕生した／重たい鉄。剣と地の底の核を結ぶ。

（第十一巻）

「剣」という物質がその表面的存在を超えて、宇宙創成のエネルギーと交感していく。まさしく「霊剣」へと変成するのだ。そこに晴明は「真《ソリッド》の闇」を感受する。いやその「闇」へと降りていこうとする。作品中の晴明は語る。

人の心にあるなどと言う闇や鬼の棲むなどと言う闇は、闇のうちにも入らぬ間《ギャップ》のようなもので、とても浅い層にある。情が重すぎて上へ登れず行き場を失った罔両《もうりょう》たちなどは恐ろしいものではない。それらは強烈な霊性の光を浴びると消滅してしまうからさ。真の闇の中に存在できるのは、粋美《すいび》だ。

（第十一巻）

「闇」というテーマは、鬼や怨霊などがうごめく闇の領域といったレベルから完全に離れ、「霊性の光」と一体となった「真の闇」へと深化していく。あるいはそれは宇宙の「闇」そのものでもあるのかもしれない。晴明の高次な世界への探究は、「真の闇」へと至りつくのだ。それは「物質」にたいする認識の転換を導く。あらたに作り出された「霊剣」と接合するところである。

岡野版『陰陽師』の到達世界とは

それにしても、こうした哲理が延々と語られる作品世界は、たしかに多くの読者にとって「理解不能」となったのかもしれない。この物語が、そう簡単には理解できないのは事実だ。しかしその一方で、たとえば第八巻で描かれた晴明のイニシエーションには、ファンのあいだでも「涙が止まらなかった」という感想も多い（岩宮、前掲論文）。また第十巻にたいする読者の「こころの震え」が特集として編まれたりする（『ダ・ヴィンチ』二〇〇一年十月号）。哲理はけっして抽象的なレベルではなく、晴明の身体を通した言葉となっていく。そこに読者の身体が共鳴する。それはまた、作者自身の身体による体験ともシンクロしているのであろう。晴明の変成のイニシエーションに、読者もまた体ごと巻き込まれていくのである。

岡野玲子『陰陽師』の作品世界。それは悪霊や鬼が跋扈《ばっこ》する闇＝人のこころの「闇」の癒しというテーマから、大きく転回していった。作品世界の「歴史」への接近は、同時に「癒し」という主題をも超えて、「魔術師」へと変成していく霊的成長の物語へと深化する。物語はブームのさらなる先の先を歩んでいくようだ。もはやそれは読者をも選ぶ孤高の世界なのかもしれない。いや、理解不能と頭で判断する読者の、身体の奥深くへとチャネリングし、その意識しえない魂の波動を呼び起こそうとしているのかもしれない。

岡野版『陰陽師』のなかの安倍晴明は、今、「魔術師」としての究極の地点をめざし、最後のイニシエーションのただ中にある。

第四章　『占事略決』という書物

1　安倍晴明の著作

世間一般で安倍晴明の著作として知られている書物に、『三国相伝陰陽管轄簠簋内伝金烏玉兎集《さんごくそうでんいんようかんかつほきないでんきんうぎょくとしゅう》』五巻、略して『簠簋内伝《ほきないでん》』というのがある。巻頭に「〈天文司郎《てんもんしろう》〉安部《(ママ)》博士〈吉備後胤《きびのこういん》〉清明朝臣撰《せいめいあそんせん》」とあるが、この本は晴明の著作ではなく、後世に安倍晴明に仮託されて編まれたというのが、現在では定説である。いわゆる「偽書《ぎしょ》」である。だが『簠簋内伝』の成立年代や実際の編者については、まだ確定されていない。鎌倉末期から南北朝期までの間に作られたらしいこと、編者は「真言僧」（江戸時代中期の学者・谷重造《たにじゅうぞう》『奏山集《じんざんしゅう》』の説）という説があるが（中村璋八『日本陰陽道書の研究』）、近年では村山修一氏によって、祇園社社務の血筋である「晴朝《せいちょう》」という人物が推定されている（村山『日本陰陽道史総説』）。

しかし結局、編者についての決め手はないようだ。漠然と中世後期の「法師陰陽師《ほっしおんみょうじ》」（非宮廷系の陰陽師）が安倍晴明に仮託して作ったとみるのが、一般的な理解である。ともあれ、安倍晴明の著作でないことはたしかだ。

ただし、近世初期になると『簠簋内伝』を注釈・解説した諸書がたくさん作られたが、その代表が『簠簋抄《ほきしょう》』と呼ばれる書物である。その巻頭には、有名な安倍晴明の出生譚——信太《しのだ》の森の妖狐を母とする伝承が記されるなど、『簠簋』という名前の書物は、〈安倍晴明〉というテーマにとっては、不可欠な存在であることもたしかである。

『占事略決』とはいかなる書物か

では晴明が実際に書いた著作は何か。安倍晴明が執筆した著作として、現在確認されているものが一つある。

天元二年（九七九）五月二十六日の奥書がある、『占事略決《せんじりゃっけつ》』という書物である。晴明、五十九歳のときの著作。このとき、彼は天文博士の官職にあった。平安時代中期に活動した晴明が書いた著作として確定しているのは、この『占事略決』のみということになる。

残念ながら晴明自筆本は残っていないが、現在、以下の四つの写本が伝わっている。

(1) 京都大学図書館所蔵清家文庫本
(2) 前田家尊経閣文庫所蔵本
(3) 宮内庁書陵部所蔵土御門家本

(4) 京都府立総合資料館所蔵若杉家本

小坂眞二氏の研究によれば、(1)と(2)は、平安末期の安倍泰親《やすちか》が、それぞれ子息の泰茂《やすしげ》もしくは泰忠《やすただ》と、親長《ちかなが》とに授けた本の転写で、(2)は鎌倉時代の写本という。そして(2)の本が近世初頭まで土御門家《つちみかどけ》(室町時代以降の安倍氏の家名)に伝えられ、それが(3)として転写され、さらにそれが土御門の家司《けいし》の職にあった若杉家で再転写されたのが(4)の本とされる(小坂「晴明公と『占事略决』」)。

では『占事略决』とはどういう内容の書物か。

一言でいえば「六壬式《りくじんしき》という、当時の陰陽道で実用されていた占法を簡単に解説した六壬式占書」(小坂、前出論文)ということになる。ようするに、「六壬式盤」という占いの道具を使って行なう陰陽道の占術のハンドブック、マニュアル本である。晴明は、実際にこの本にもとづいて、数々の占事を行なったようだ。

さて、この章では、占術師としての晴明の活動に焦点をしぼりつつ、『占事略决』という晴明著作の世界を探索してみたい。

陰陽道の「式占」の系譜

陰陽道の「式占」という占術法は、いうまでもなく古代中国に発したもの。以下、小坂眞二氏の研究(小坂「古代、中世の占い」)を参照しつつ、式占の歴史をたどっておこう。

古代中国では、後漢以降南北朝頃までに「三式」と呼ばれる「太一《たいいつ》・遁甲《とんこう》・六壬《りくじん》」の三つの式占が大成された。この三つの式占の違いは、式盤の形態によるものとされる。日本には、六世紀末に、六朝《りくちょう》期の「三式の法」が伝わったという。

七世紀後半の天武天皇は「天文・遁甲」に長けていたとされるが（『日本書紀』）、その「遁甲」は、遁甲式の式占法を指すようだ。実際、『日本書紀』には、壬申の乱の最中に、大海人皇子《おおあまのみこ》（天武）が「親《みずか》ら式を秉《と》りて占ふ」という場面が記されている。

さらに九世紀中頃、「陰陽道」成立に重要な働きをした陰陽博士・滋丘川人《しげおかのかわひと》は、太一式盤を所持し、遁甲式占書『新術遁甲式』二巻、六壬式占書『六甲《りっこう》』六帖、『金匱《きんき》新注』三巻などを執筆したことが知られている。川人は、初めて日本独自の陰陽道書を著した人物とされ、彼が陰陽道史のなかで画期をなすことはたしかなようだ（中村璋八「日本に伝来した陰陽道書と『簠簋内伝』」）。

このように九世紀頃まで陰陽寮では三つの式占を使っていたが、晴明が活動した十世紀後半以降からは「六壬式占」が専用されるようになった。「この間にどういう歴史的経緯があったのか、わが国の陰陽道史上最も重要な問題の一つ」（小坂、前出論文）とされるところである。なお「六壬」の「壬」は十干《じっかん》の一つで、五行説《ごぎょうせつ》の「五行」に配当すると「水《すい》」の義。『尚書《しょうしょ》』によると五行は水にはじまること、また「六」は地の成数で「天一、水を生じ、地六、これを成す」（『五行大義』）ということから「六壬」と呼ばれたという（中村璋八『五行大義』語釈）。

かくして陰陽道の「六壬式占」は、十六世紀中頃まで、陰陽師の占法として君臨していくのだが、十七世紀前半には断絶してしまったようだ。文禄四年（一五九五）に、豊臣秀吉による関白秀次《ひでつぐ》事件に連座した土御門久脩《ひさなが》が中央政界から追放されたことで、陰陽道が中絶したことが大きな理由とされる。十七世紀以降に再興された陰陽道では、すでに六壬式占の知識や技術は失われていたのである。

それ以降、六壬式占の占法は、長く闇に葬られていたのだが、近年になって小坂眞二氏、鈴木一馨氏、西岡芳文氏の研究で、ようやくその知識・技術がどのようなものであったが復元されつつある。

次に、三氏の研究成果にもとづいて、六壬式占の占術法を紹介していこう。

六壬式盤の仕組みと世界観

そもそも「六壬式占」という占術は、「式盤」という道具を使って占うものだ。六壬式盤の現物は失われてしまったが、後漢初め頃と推定される朝鮮楽浪《らくろう》の王盱墓から発見された式盤の復元図から、ほぼ以下のような形状が明らかにされている。

まず上が円形の「天盤」、下が四角形の「地盤」で、天盤が回転する仕組みになっている。これは「天円・地方」、すなわち「天」は円形で大地は碁盤《ごばん》のような方形をしているという古代中国の天地観に即している。式盤の「天盤」は楓《かえで》、「地盤」は棗《なつめ》の心材（木の幹の内側で一番堅い部分）で作ったという。基本的には天盤を回転させながら、天盤・地盤に刻された十二支・二十八宿などの組み合わせから、変異の吉凶や日時の選択などを占いだしていくのである。

式盤は次のような図様・文字が刻されている（京都文化博物館『安倍晴明と陰陽道展・図録』小坂眞二氏作成の六壬式占復元図による）。

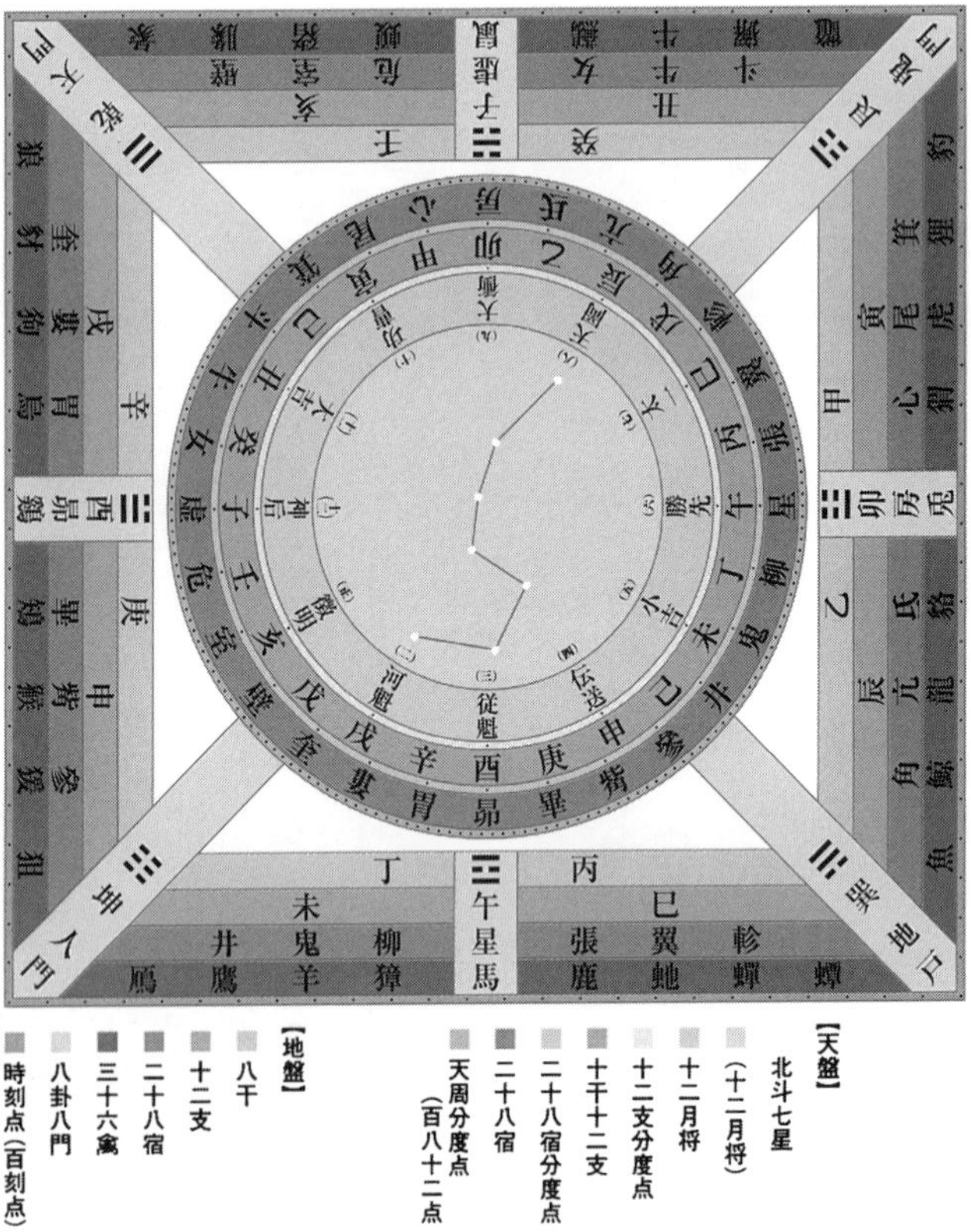

「六壬式盤」復元図（小坂眞二作成）

右図のように、六壬式盤とは古代中国における天文観・時節観・方位観などの多様な世界観が凝縮されたものといえよう。いうまでもなく、それは「陰陽道」の世界観と密接に繋がっていたのである。

六壬式占の占術法

ではどのように六壬式盤の占いは行なわれるのか。まず占うべき怪異や変異が起きた時刻、もしくはこれから占いを開始すると決めた時刻の干支《かんし》を基本データにして、天・地の式盤を組み合わせる。地盤に時刻の支を求め、それにあわせて天盤の月の支がくるように天盤を回転させる。この式盤の状態を「局《きょく》」という。このとき、夜間ならば北を向き、昼間なら南をむき、左手で地盤の鬼門《きもん》の辺りを持ち、右手で天盤を回すという。

次に「四課《しか》」という四種類の干支の配合を計算していき、四つの「課」のそれぞれに五行（木《もく》・火《か》・土《ど》・金《ごん》・水《すい》）を求め、その相生《そうしょう》・相剋《そうこく》の関係を見いだしていく。そして天盤上の十二月将（徴《ちょう》明《めい》・河魁《かかい》・従魁《じゅかい》・伝送《でんそう》・小吉《しょうきち》・勝先《しょうせん》・太一《たいいつ》・天岡《てんこう》・大衝《たいしょう》・功曹《こうそう》・大吉《だいきち》・神后《しんこう》）にあわせたデータを三種類にまとめる。ここで求められた天盤の月将と地盤の十二支との三種類の組み合わせを「三伝《さんでん》」といい、総称して「四課三伝《しかさんでん》」の法という。これが六壬式占の基本である。

さらに、天盤の十二月将の上に、天を作っている気の神である十二天将《じゅうにてんしょう》、すなわち、

青龍《せいりゅう》・勾陳《こうちん》・六合《りくごう》・朱雀《すざく》・騰蛇《とうだ》・貴人《きじん》・天后《てんこう》・太陰《たいいん》・玄武《げんぶ》・太裳《たいそう》・白虎《びゃっこ》・天一《てんいつ》

を求め、また易卦《えきか》や占いを求める人の行年（年齢）を加えて、推断《すいだん》していくのである。六壬式占から

得られる占例の総数は、なんと二九八五万九八四〇通りになるという。きわめて複雑で、細微にわたる占術法といえよう。

なお、六壬式占には式盤という占具が不可欠であるが、古代中国では筆算やさらに暗算で占う者もいたという。式盤は、一種の計算機のような仕組みをもつことがわかるだろう。

以上、六壬式占の占い方の手順を紹介したが、その理念は天盤に「天」の状態を見て、それがどのように地盤の「地」に感応《かんのう》しているかを測定することと理解すればいいだろう。理念としては、天（マクロコスモス）と地（ミクロコスモス）とがいかに照応しているかを測定・計量化することにあった。天上なるものと下なるものとの照応関係を解読していく、まさに〈魔術的な知〉の実践であった。

晴明が執筆した『占事略決』は、この六壬式盤を使った占術法を解説したものである。

2　占術師としての安倍晴明

六壬式占とは、どのようなときに行なわれたのか。次に歴史記録に記された安倍晴明の占事の実例を見てみよう。

晴明の占事の事例

嵯峨井健氏「安倍晴明公の史料」を参照すると、以下のような占事例が見いだされる。

・天延元年（九七三）六月十一日〈五十三歳〉

「物忌《ものいみ》」について、「覆推勘申《ふくすいかんじん》」（再度占うこと）させた　（『親信卿記』）

・寛和元年（九八五）五月二十九日〈六十五歳〉
花山天皇の「錫紵《しゃくじょ》」（薄墨色の天皇の喪服）を除く日時について　（『小右記』）

・寛和二年（九八六）二月十六日〈六十六歳〉
太政官《だじょうかん》の正庁に蛇が出現したことにたいして　（『本朝世紀』）

・同年二月二十七日
ふたたび政庁の母屋《おもや》に鵁《こう》（鳩）が入ったことにたいして　（『本朝世紀』）

・永祚元年（九八九）一月六日〈六十九歳〉
一条天皇の御悩（病気）の原因について　（『小右記』）

・長保元年（九九九）七月十六日〈七十九歳〉
一条天皇の御歯痛について　（『小右記』）

・同年十月十四日
晴明の御占の評判がよいこと　（『小右記』）

・長保二年（一〇〇〇）八月十九日〈八十歳〉
藤原行成《ゆきなり》の宿所で鼠が宿所を齧った痕が見つかったことにたいして　（『権記』）

・長保三年（一〇〇一）閏十二月十七日〈八十一歳〉
一条天皇の行成邸への渡御《とぎょ》の可否について、賀茂光栄《みつよし》・県 泰平《あがたのやすひら》とともに占う

・長保五年（一〇〇三）八月二十一日〈八十三歳〉
一宮《いちのみや》敦康親王《あつやすしんのう》の御悩にたいして（『権記』）
・寛弘元年（一〇〇四）二月十九日〈八十四歳〉
藤原道長に従い、木幡《こはた》に三昧堂《さんまいどう》を建てる地を、光栄とともに占う（『権記』）
・同年六月十八日
道長の息子、頼通《よりみち》の乳母死去により、道長の賀茂詣の可否を光栄とともに占う（『御堂関白記』）
・同年八月二十二日
中宮の大原野行啓《ぎょうけい》の可否について、光栄とともに占う（『御堂関白記』）
・同年九月二十五日
多武峯《とうのみね》の鳴動にたいして（『御堂関白記』）

晴明は、「陰陽師」としての活動期間のほぼすべてにわたり、占事に携わっていることがわかる。そこではすべて六壬式占が用いられたと推定される。

占事の内容は、朝廷の官衙《かんが》に蛇や鳩、鼠などの動物が侵入したことや、山鳴りという怪異現象の吉凶、天皇や親王の病気、天皇や中宮などの行幸・行啓、渡御の可否、神社詣での可否などと分類できる。また八十歳のときまでは一人で占っているが、それ以降は光栄や泰平などの他の陰陽師との共同占事が多くなる。とくに光栄とのコンビは二人が一条朝の「蔵人所陰陽師」であったことと関わろう。

なお、晴明が携わった「占事」は、これ以外には天文の異変を占うこと（天文密奏）や御祭や仏事、政務開始などの日時、また方角などを選ぶ（日時・方角の勘申《かんじん》）などもある。天文異変については、天文生が観測した星の動きから、天文占書（『日月五星占図一巻』『五星廿八宿占一巻』『天文要録《てんもんようろく》』など）を使用して、天皇や国家の運命に災い事がないかどうかを占い（詳しくは第八章参照）、日時や方角の勘申には暦注書、『大唐陰陽書《だいとういんようしょ》』などを手本として決めていったようだ。ただ暦注の「吉時・凶事」には、六壬式占法との関係もあったという（小坂眞二「具注暦に注記される吉時・凶事注について」）。

ともあれ、陰陽師・晴明の仕事の多くが「占事」にあったことがわかるだろう。それら占事との相関のなかで、祭祀の執行や呪術の行使があったのである。

では、史料のうえの占事現場において、どのように六壬式占が用いられ、占われたかを見てみよう。

太政官の怪異を占う

史上有名な、花山天皇の退位事件（第八章参照）が起きた寛和二年（九八六）。その年の二月十六日に、晴明は次のような占事に携わっている。

今日、未点《ひつじのてん》、恠《け》立つ、官正庁東第二間の庇《ひさし》内に蛇有り。天文博士正五位下安倍朝臣晴明、占じて云ふ、盗兵事に非ず。官事に就きて、遠行《えんこう》者有りや。期、恠日以後、三十日内、及び来《きた》る四月、七月、明年四月節中、並びに庚《かのえ》・辛《かのと》の日なり。恠所において、攘法《じょうほう》を修せば、その咎《とが》なきや。

丑未辰年人。

（『本朝世紀』）

ここでの出来事は、太政官の正庁の庇間に蛇が出現したということだ。それが「恠」（怪異）と認定されたために、晴明に占なうことが命じられたのである。

占断《せんだん》の文面（占文）には、「官事遠行」という凶事の起きることが推断されている。それを防ぐ方法が以下の「物忌」である。「恠」が発見された日から三十日以内、また来る四月、七月、さらに来年の四月節切れの日と「庚・辛の日」がその期日となる。さらに、恠異が起きた場所＝太政官正庁で「攘法」という祓えの呪法を修すれば咎はないだろうというのが結論である。最後の「丑未辰年人」は、物忌を必要とする「人」の行年である。

この占文は、平安時代中期の「怪異吉凶」を占ったときの基本的なスタイルであるが、残された史料には怪異の内容と推断の結果しか記されていない。六壬式占がどのような手順で行なわれ、この推断が下されたのかが、ここには書いていないのである。陰陽寮の占文の体裁としては不備なのだ。

小坂眞二氏が、この占事例をもとに六壬式占法の推断の手順や推断理由を記す、陰陽寮の占文の体裁に直して再現してくれているので（小坂「晴明公と『占事略決』」）、それを紹介しておこう。

陰陽寮

占、怪異吉凶　二月十六日甲寅《きのえとら》、未点、恠立つ、官正庁東第二間の庇内に蛇有り今月十六日甲寅、時、未《ひつじ》にあり。〔怪を見し時〕伝送《でんそう》、巳《み》に臨み、用を為す。将青龍、中徴明《ちょうめい》・将朱雀、終功曹《こうそう》・将天后《てんごう》、卦遇《かぐう》、重審《じゅうしん》・玄胎四牝《げんたいしひん》、推之、盗兵事に非ず。官事に就きて、遠行者《えんこう》有りや。期恠日以後、三十日内、及び来る四月、七月、明年四月節中並庚辛の日なり。恠所において、攘法を修せば、その咎なきや。

寛和二年二月十六日　天文博士正五位下　安倍朝臣晴明

詞を以て云はく、丑未辰年人　慎乎

点線で囲んだ部分が復元されたところ。「恠」が確認された時刻「未」に合わせて天地式盤が組み合わされ、その結果、天盤の十二月将の「伝送」が地盤の「巳」に臨む状態（課用）になる。そこから初伝（申）・中伝（亥）・終伝（寅）の「三伝」を求め、天盤に「十二天将」を乗せると、それぞれ伝送に「青龍」、徴明に「朱雀」、功曹に「天后」が乗った状態が完成する。その結果「卦遇」を求めると、三伝が申・亥・寅のときは「玄胎四牝卦」に当たると導かれる。

そして「推之……」以下の推断の内容は、晴明自身の『占事略决』にもとづいて、初伝・伝送・青龍の卦から「主遠行商事」（官事に就き遠行）が導かれたらしい。この占事の推断が、自身の著作の作法にもとづいていることが確認できるわけだ。なお、「期」以下の物忌の期日を求める方法は「指期法」と呼ばれるもので（小坂眞二「物忌と陰陽道の六壬式占」）、ちなみに小坂氏は、「三十日」は「四十

式神　「不動利益縁起絵巻」(東京国立博物館蔵)より

日」の誤りであろうと指摘している。

「怪異」とは何か

それにしても、太政官の正庁の一室に蛇が入ったということが、なぜ吉凶を占うべきことになるのだろうか。

晴明は、同じ月の二十七日にも、やはり正庁に「鴿」(鳩)が入ってきたために「恠」として吉凶を占じている。

今日、未二剋《ひつじのにこく》、鴿、正庁の母屋《おもや》に入る。右大臣の倚子《いし》の前の机前に集まり、西を指して歩行し、同屋第二戸より飛行す。天文博士安倍晴明占じて云ふ。

二十七日乙丑、時未を加ふ。〔恠を見し時〕、伝送、午に臨み、用を為す。将勾陳(陳)、中河魁《かかい》・朱雀、終神后《じんごう》・天一《てんいつ》、卦遇、重審。

推之、午《うま》・申《さる》の方より闘争の事は、奏せず。恠所、辰午亥年の人に口舌《くぜち》の事有りや。期、恠日以後、二十五日内、及び来る四月五月七月節中、並びに庚辛日なり。恠所に於いて攘法を致せばその咎なきや。

(『本朝世紀』)

このときも、六壬式占による占法が行われた。ここでは「口舌の事」すなわち争いごとがあると占われて、それを防ぐ方法としての物忌、攘法が指示されているのである。なお、こちらは推断の手順が記されており、占文の体裁が整っている。

晴明の占事例では、長保二年（一〇〇〇）八月十九日にも藤原行成《ゆきなり》の宿所に鼠が齧ったあとが発見され、それについて占っている。これも「恠」（物恠《もっけ》）なのだ。

しかし、こうした動物の出現や行動がなぜ「恠」（物恠）なのだろうか。

たとえば『宇治拾遺物語』巻二に載る、有名な安倍晴明説話にこんな場面がある。

この少将のうへに、烏のとびて通りけるが、ゑどをしかけけるを、晴明、きと見て、あはれ、世にもあひ、年などもわかくて、みめもよき人にこそあんめれ、式にうてにけるか、この烏は式神にこそありけれ……。

烏が飛んできて糞を落とした、というこの現象も怪異の一つである。重要なのは、説話では烏が「式神」と認定されているところだ。その式神は、晴明が察知したとおり、少将を殺害しようとする蔵人の五位が陰陽師を雇って送りつけたものと後半で明らかにされる。まさに呪詛に関わる式神である（第五章参照）。

この説話エピソードから鈴木一馨氏は、「怪異」とされる動物の出現、行動の背景には、「（動物に）

式神が憑着《ひょうちゃく》していて、それらが（建物に）接触することによって式神がそれら建物に移り、その建物を利用する人に呪詛がかかる」ことが意識されていたと推定している（鈴木「怪異と災厄との関係から見た物忌の意味」）。平安中期の記録類に見える動物の出現、行動を「怪異」（物恠）とする背後には、そうした呪詛の意識があった、というのである。

さらに、怪異を推断する「六壬式占」の不可思議な力が神格化されて、「式神」となったことも鈴木氏は想定している（鈴木「式神の起源について」）。陰陽師の式占による怪異の判断が、怪異を起こす存在を見抜くことができる能力と受けとめられ、その能力を逆に利用して呪詛・調伏を行なう「式神」が認識された、というわけだ（鈴木「怨霊・調伏・式神」）。平安中期の貴族社会に広がる「怪異」とは、陰陽師の式占が作り出し、その怪異の災いを防ぐ方法も陰陽師が編み出した、いわばマッチポンプ的な働きを見いだすこともできよう。

晴明の著作『占事略決』は、そうした陰陽師の「式占」の理論・実践書であったわけだ。

3　『占事略決』の構成、執筆の背景

構成、依拠した書物

次に、『占事略決』の内容・構成を見て、その成立の背景について検討してみよう。『占事略決』は、次のような三十六項目からなっている。

(1)四課三伝法　(2)課用九法　(3)天一治法　(4)十二将所主法　(5)十二月将所主法　(6)十干剛柔法　(7)十二支陰陽法　(8)課支干法　(9)五行王相等法　(10)所勝王法　(11)五行相生相剋法　(12)五行相刑法　(13)五行相破法　(14)日徳法　(15)日財法　(16)日鬼法　(17)干支数法　(18)五行数法　(19)五行干支色法　(20)十二客法　(21)十二籌法　(22)一人問五事法　(23)知男女行年法　(24)空亡法　(25)知吉凶期法　(26)三十六卦所主大例法　(27)占病祟法　(28)占病死生法　(29)占産期法　(30)占産男女法　(31)占待人法　(32)占盗失物得否法　(33)占六畜逃亡法　(34)占聞事信否法　(35)占有雨否法　(36)占晴法

本書の構成は、(1)から(10)までは、六壬式占の実際の占い方、つまり課式の作成、推断に関連する法、(11)以降は、干支・陰陽・五行説に関連する理論的な各論、(20)から(22)は、同時に複数の占いの依頼を受けたときの方法、(23)から(25)は行年などを知る方法、(26)は三十六卦の事例（卦遇）、そして(27)から(36)までの後段は「雑事占」と呼ばれるもの。病気がなんの祟りか、死にいたる病か、生まれる子供は男か女か、待ち人は来るか、失せ物は出てくるか、逃亡した六畜の行方、噂は信用できるか、行事予定の日は雨か晴れかなど、きわめて具体的な占いの各論となっている。

中村璋八氏によれば、本書の前半は主に『五行大義《ごぎょうたいぎ》』に依拠し、また当時日本に伝来していた『六《りく》壬雑占《じんざっせん》』『六壬経《りくじんきょう》』『六壬樞機経《りくじんすうききょう》』『釈六壬式六十四卦法《しゃくりくじんしきろくじゅうしかほう》』などにもとづくという（中村、前出書）。

また小坂眞二氏は、前半の大部分が『黄帝金匱経《こうていきんききょう》』を基本に撰述されていると推定している（小坂、前出論文）。『黄帝金匱経』は、中国の六朝期から唐代にかけて発達した占術書で、『五行大義』や

『周易《しゅうえき》』とともに陰陽寮の「陰陽生《おんようしょう》」の基本的な教科書とされている本である。さらに最後の「雑事占」の部分は、やはり六朝期の占書である『神枢霊轄経《しんすうれいかつきょう》』のなかの初歩的な方法が採られているようだ。

晴明の『占事略決』は、当時の陰陽寮のなかで読まれていた基本的な占術書をベースにして、そこに実際の占断の場にあわせた「私案」などが組み込まれた実践的な書物といえよう。記録に記された晴明の占事例が本書にもとづいていたことは、先に見たとおりである。

「六壬の意を粗抽するのみ」

平安末期の『長秋記《ちょうしゅうき》』などにも「世間流布《るふ》の本なり」（大治四年〈一一二九〉五月十八日）とあるように、本書がかなり広く読まれていたことはたしかなようだ。それは「陰陽師」にかぎらず、多少は占術に心得のある一般貴族たちにも読まれていたらしい。それは安倍晴明の高名とも関わるだろう。

しかし、小坂眞二氏の緻密な研究成果によれば、本書には初歩的なまちがいや説明不足の箇所、また逆に蛇足と思われる記述などがあるという。小坂氏は、晴明の能力の「限界」も指摘している。

そこで興味深いのは、本書の末尾で、晴明自身が執筆動機を述べているところだ。

それ占事の趣、まさに精微《せいび》を窮《きわ》むべし。これを毫毛《ごうもう》に失すれば、実に千里を差《たが》ふ。晴明、楓萊《ふうらい》の枝疎《うと》くして、老後において核実に攀《よ》じるといへども、吉凶の道異、将来においても聖跡を逐《お》ひがたし。ただ一端の詞を挙げて、六壬の意を粗抽《そちゅう》するのみ。（『占事略決』）

占事の理論は精密さを窮めねばならない。はじめはわずかのまちがいでも、終わりは大きなまちがいになる。私は「楓萊《（棗）》の枝」（六壬式盤のこと、天（楓）地（棗）部の材質からの命名）に疎いので、老後になってその核心に辿り着きたいと願ったが、将来においても遂げることはできそうもない。それで知っていることの一部分だけでも抜き出してみた……。

本書執筆のとき、晴明は五十九歳。後年、自分の能力を過剰に喧伝し、人々から「道の傑出者」「陰陽の達者」と称えられる自信家からすると、ずいぶん弱気な言い分だ。このとき、彼は陰陽寮の天文博士の要職に就き、陰陽寮官人としては出世を遂げたのだが、晴明の「陰陽師」としての本格的な活動は、まだまだこれから先にはじまる。「老後」などといっても、陰陽師・晴明の活動のまだ初期段階といえる時期に、本書は書かれているのである。

晴明は「六壬式占」があまり得意でないという。たしかに晴明は「天文生」（得業生）として賀茂保憲などについて「天文」を学んできたので、「陰陽生」が勉強する『五行大義』や『黄帝金匱経』などにはそれほど精通していなかったのだろう。もっとも、この時代の「陰陽師」は、天文道、暦道出身に関わりなく、陰陽師としての占事の任務に就くのだから、式占の知識・技術の習得は最低条件としてあった。実際、本書執筆以前の天延元年（九七三）六月十一日にも、「覆推」の占断に携わっていた（『親信卿記』）。

だとしても晴明は、「式占」がそれほど得意ではなかったのだろう。それゆえに『占事略決』をまとめることで、自分の不足している「式占」の知識や技能をステージアップさせようとしたのであろう。史料のうえからも、本書執筆以降、晴明の占事の任務が増大していることが見てとれるからだ。

執筆の背景に秘められたもの

さらに本書成立の背景を考えるにあたり、小坂眞二氏は、執筆の時期が賀茂保憲の死去二年後であることに注目する。小坂氏は次のような推理をしている。

晴明は、賀茂氏の忠行、もしくは保憲の「門下生的な立場」からスタートした。賀茂氏の勢力内の序列は保憲の弟の保遠《やすとお》の下で、それほど厚遇されていなかった。晴明は天禄二年（九七一）に保憲の後任として天文博士の職に就くが、天延二年（九七四）に一期四年で解任される。それは保憲の息子の光国と交代させるためだったらしい。だが、保憲が貞元二年（九七七）に死去すると、父の庇後を失った光国は、一期四年で天文博士を解任され、晴明が天文博士に復任した。だから『占事略決』執筆時、晴明は天文博士であったのだ。

晴明にとって賀茂保憲という「師匠」が、大きな存在であったのはたしかだ。陰陽寮内の関係はいうまでもなく、「陰陽道」の知識においても、晴明の所持している陰陽道関係図書は、ほとんど保憲所持本を転写したものだったようだ。この時代、書籍はその家の財産でもあったわけだから、賀茂氏の「門下生」といえども晴明は、賀茂氏に伝わる最善本の閲覧はそう簡単には許されなかったらしい。ましてや、保憲の存命中は、どれほど自由に閲覧できたかは、大いに疑問だろうと小坂氏は推測している。

かくして、保憲死去の後、晴明は師匠の「軛《くびき》」から解放され、賀茂氏が所持する多くの陰陽道書、天文書の書写に勤《いそ》しんだ。その段階で、ともかく「手始め」として式占関係の知識や技術をまとめたのが、本書ではないか。「その裏には、自身の現段階での知識水準を確認し直すとともに保憲を凌駕するような新しい陰陽道の創出に役立てたいという意図もあったのであろう」（小坂、前出論文）。晴明が「道の傑出者」「陰陽の達者」として自らの能力を喧伝するのも、賀茂氏の「陰陽道」を超え、あらたな陰陽道の「道」を究めようとする姿勢に繋がるといえよう。晴明と保憲とのあいだに、かなり複雑なものがあったらしいことは、前章で見たとおりだ。

それにしても、師匠が死んだあとに、師匠から習ったことをあたかもすべて自分が創り出したかのように語ることは、「術法」の世界に生きる者にとって、ごく当たり前のことであったようだ。さらに彼らの世界では、たとえ弟子といっても、自分の「奥の手」となるような術や知に関する書物は、そうたやすく見せることはない。また弟子の側も、師匠から借り受けた書物を書写しながら、そこに自分流の独自な解釈や創造を加えていく。書物は、自分の術や知の源泉であり、力そのものといえるからだ。晴明の『占事略決』の執筆背景には、このような「陰陽道」の知と技の世界を生きる者のリアルな現場が秘められていたのである。

『占事略決』執筆以降の安倍晴明は、「師」の保憲を凌駕するあらたな「陰陽道」をどのように創り出していったか――、さらにその活動の現場を探索していこう。

第五章　すそのはらへしたる

1　呪詛事件と安倍晴明

安倍晴明のスーパースターぶりを語る、平安末期から鎌倉時代に編纂された説話集のエピソードは、「呪詛《じゅそ》」に関わるものが少なくない。有名なのは、藤原道長に仕掛けられた呪詛を晴明が察知して、道長の命を救った話（『宇治拾遺物語』『古事談』『十訓抄』）だろう。また実名不明の「蔵人少将《くろうどしょうしょう》」という人物に掛けられた呪詛を晴明が打ち返して、助ける話（『宇治拾遺物語』）もある。どちらも呪詛を仕掛けるのは「陰陽師」となっていて、説話世界では陰陽師どうしが呪詛合戦していたといえよう。そこから、陰陽師といえば式神を駆使し呪詛を仕掛け、また仕掛けられた呪詛を打ち返すといったイメージが創られたのである。

ではこれら説話世界にたいして、晴明の同時代史料のなかで、仕掛けられた呪詛を打ち返すといった実例があるのだろうか。とくに道長と晴明との関係が、かなり濃密なものであったことは史料のうえからも確認できるのだが、そこには「呪詛」にまつわるものはあるのだろうか。

本章では「呪詛」をテーマに、安倍晴明の活動の現場を見てみよう。

晴明の時代に起きた呪詛事件

安倍晴明が、一条朝の「蔵人所陰陽師」となって、師の賀茂保憲以降の「陰陽道」の第一人者たる地位を得たのは、長徳元年（九九五）である（『朝野群載《ちょうやぐんさい》』「蔵人所月奏《げっそう》」）。晴明、七十五歳の時だ。このとき、保憲の子息の光栄《みつよし》（六十歳）が第二位の地位になり、晴明とともに「蔵人所陰陽師」として活動している。これ以降、晴明と光栄とが一緒に占事や祭祀に携わることが多くなるのは、前章で紹介したところだ。ふたりは共に保憲を師とする、いわば「兄弟弟子」の関係でもあったが、両者のあいだに生じる微妙な関係については、この後触れることになるだろう。

さて、安倍晴明が蔵人所陰陽師として活躍していく時代は、藤原道長が一条天皇を擁《よう》して、朝廷権力を掌握していく時代でもある。晴明は、まさしく一条朝・道長の権力圏の一角にいたわけだ。

晴明が蔵人所陰陽師となった年、道長は「内覧《ないらん》」という職に任命された。内覧とは、国家運営の中枢たる太政官政務を掌握する役職である。だが、道長の権力を脅かす存在があった。長兄の中関白《なかのかんぱく》家《け》・道隆《みちたか》の子息・伊周《これちか》、隆家《たかいえ》であり、その外祖父にあたる高階盛忠《たかしなのもりただ》である。また道隆の娘・定子《ていし》は一条天皇の中宮でもあった。このとき、まだ道長の娘彰子は一条天皇の中宮となっていない。

ところが、長徳二年（九九六）四月、伊周と隆家が花山院への狼藉ならびに一条天皇の生母・東三《ひがしさん》条院詮子《じょういんせんし》への呪詛容疑などの罪で、一気に失脚してしまう事件が起きた。伊周は大宰権帥《だざいのごんのそち》、道隆は出雲権守《いずものごんのかみ》に左遷、配流されたのである。世に「長徳の変」と呼ばれる事件だ。

『小右記』によれば、この年、東三条院詮子は病気がちであったが、その原因は呪詛によるもので、なんと詮子の寝殿の板敷の下より「厭物《えんもつ》」が掘り出されたという。厭物とは、呪詛を仕掛けるときの式人形《しきにんぎょう》の一種。東三条院詮子は、一条天皇の生母だが、道長の姉でもあり、さらに道長を内覧に就けたのは、この姉の働きかけが大きかったという（大津透『道長と宮廷社会』）。伊周・隆家にとって、道長をバックアップする詮子は呪詛の対象となったのだ。

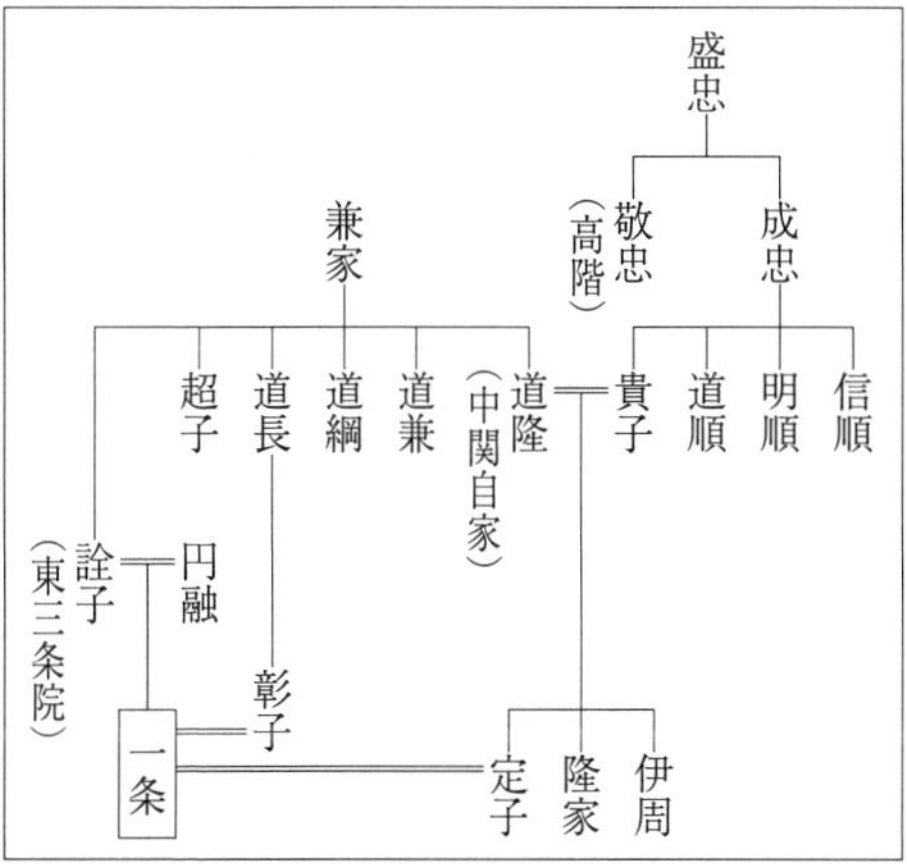

藤原兼家関連系図

このときの呪詛に「陰陽師」が関与したかどうかは記録にないのだが、近年、藤本孝一氏が翻刻・紹介した『平崇上人行業記《へいすうしょうにんぎょうぎょうき》』（『禅定寺文書』）によれば、長徳二年、大宰権帥に左遷させられた伊周と連坐した「利原《りげん》」という僧侶がいる。この僧侶が呪詛に関与したらしい（藤本「藤原伊周呪詛事件について」）。さらに藤本氏は、利原は「宿曜師《すくようじ》」（仏教系の占星術師）であった可能性があり、個人の運命を占うホロスコープによる「宿曜道《すくようどう》」（第八章参照）で道長たちの運命を占ったところ、彼らの運命が開けると出たので、道長一派にたいして「大元帥法《だいげんほう》」などの調伏法《ちょうぶくほう》を行なわせたのではないかと推定している。

なお、伊周左遷の前年五月にも、伊周が祖父の成忠《なりただ》邸で「陰陽法師《おんみょうほっし》」を使って道長を呪詛したという噂がたった（『百錬抄《ひゃくれんしょう》』）。もしかしたら、この「陰陽法師」も宿曜師の利原であったかもしれない。

ともあれ、長徳二年の伊周・隆家配流事件は、帝の生母への呪詛という大事件であったが、この出来事に晴明が関与したかどうかは、残念ながら記録はない。

晴明は呪詛事件には関与せず

またこれ以降も、道長関連の呪詛事件は、頻発している（繁田信一「呪詛と陰陽師」の「王朝呪詛年表」を参照）。

・長徳二年（九九六）十二月十五日　（『小記目録』）
　法師陰陽師が道長を呪詛する

・長保二年（一〇〇〇）五月八日　（『小記目録』）
　道長の病気が式神の所為と疑われる

・同年五月九日　（『小記目録』）
　道長の自宅で厭物が発見される

・同年五月十一日　（『小記目録』）
　陰陽法師 安正《あんしょう》が呪詛の容疑で尋問される

・長保四年（一〇〇二）十一月九日
　賀茂社の境内で厭物が発見される　（『小記目録』）
・寛弘五年（一〇〇八）十二月中旬
　藤原伊周の身内の源方理《かたまさ》が陰陽法師の円能《えんのう》に呪符作成を依頼した　（『政事要略』）
・同年十二月下旬
　藤原伊周の伯母の高階光子《たかしなのこうし》が円能に呪符作成を依頼した　（『政事要略』）
・寛弘六年（一〇〇九）正月三十日
　中宮彰子・敦成親王《あつひらしんのう》を呪詛する厭物が内裏で発見される　（『権記』『日本紀略』）
・同年二月四日
　中宮彰子、敦成親王、道長を呪詛した罪で円能が逮捕される。その供述によって、藤原伊周の関係者（源方理、源為文《ためふみ》、高階光子ら）が首謀者として判明する　（『権記』）
・同年二月二十日
　道長たちへの呪詛で、関係者の罪状が決定される　（『権記』『百錬抄』『日本紀略』）
・長和元年（一〇一二）四月十日
　道長の娘・中宮妍子《いし》の邸宅で厭物が発見される　（『小右記』『御堂関白記』）
・同年六月十七日
　藤原為任《ためとう》が五人の陰陽師を使って道長を呪詛しているという噂が流れる　（『小右記』）

・寛仁二年（一〇一八）六月二十四日
藤原顕光《あきみつ》の娘・延子《えんし》が貴布禰《きふね》明神《みょうじん》に祈って、道長を呪詛したという噂が流れる（『小右記』）

晴明の死後である寛弘五年以降はいうまでもないが、晴明が陰陽師として活動していた時代に起きた道長呪詛事件の史料に、晴明の名前が出てくることはない。どうやら、晴明が呪詛を察知してそれを打ち返したというエピソードは、説話のなかだけのようだ。史料に登場する晴明が道長呪詛事件に関与することは、表面上なかった。それにしても、この時代、呪詛事件がまるで日常茶飯事のように繰り広げられていたのは驚きだ。晴明にとって主人筋である道長を狙った呪詛を、彼はどのような思いを抱いて見ていたか……。

さて、説話に語られる安倍晴明が関わる呪詛事件は、まったくのフィクションなのだろうか。以下、著名な晴明説話を取り上げて、それが「史実」と関わりそうなところを検証してみよう。

道長に仕掛けられた呪詛

十二世紀末から十三世紀中ごろまでに作られた説話集『宇治拾遺物語』に、晴明が道長に仕掛けられた呪詛を察知し、救うという有名なエピソードが伝わる。概要を紹介しよう。

道長が法成寺《ほっしょうじ》を建立した後、つねに白い犬を連れてお堂に参っていたが、ある日、道長が門のなかに入ろうとすると犬が吠えて、中に入れさせないようにした。不審に思って道長は晴明を呼んで占わせたところ、「殿を呪詛する物が道に埋めてあります。犬は不思議な力を持っているので、それを察知したのです」と占い判じた。

その場所を掘ってみると、土器《かわらけ》を二つあわせ、黄色の紙縒《こより》で十文字に括ったものが出てきた。中を開けると、朱の砂で何やら一文字だけが書かれていた。晴明は「この呪法は私以外に知るものはいないはず。もしかすると道摩《どうま》法師が仕掛けたのかもしれない。たしかめてみましょう」と、懐から紙を取り出し鳥の形に折って、呪文を掛けてから空に投げると、たちまちに白鷺に変わり飛んでいった。その白鷺の飛んだ方向を探索すると、六条坊門と万里小路《まりのこうじ》辺りの古びた家があり、そこに住んでいた老法師＝道摩が捕らえられた。尋問すると、堀川左大臣藤原顕光《あきみつ》に依頼されて道長に呪詛を仕掛けたことを白状した。道摩法師は故郷の播磨国《はりまのくに》に追い帰された。

（『宇治拾遺物語』巻十四ノ十「御堂関白御犬、晴明等、奇特事」）

同様の話が『古事談《こじだん》』（十三世紀初頭）や『十訓抄《じっきんしょう》』（十三世紀中頃）にも伝わっているように、中世前期にかなり流布した著名な話であったようだ。だが話の舞台となる「法成寺」の建立は寛仁三年（一〇一九）で、晴明の死後であるから、このエピソードは「史実」でない。ちなみに呪詛を仕掛けた「堀川左大臣藤原顕光」は、「悪霊左府《さふ》」（『大鏡』）の異名をもつように、その死後においても道長への底知れぬ憎悪を抱いた人物である。左大臣の地位にあったが、いつも道長から愚弄《ぐろう》され、また世間の人たちからも無能扱いされるなど恨みが鬱積していたらしい。また顕光の次女の延子も、一条天皇の東宮《とうぐう》・敦良《あつよし》親王の妃の座を道長の娘・寛子《かんし》に奪われたために、道長への恨みを抱いていた。寛仁二年（一〇一八）六月、病いがちであった道長にたいして、延子が「貴布禰明神」に呪詛を祈願したという噂がたったのは、そうした背景があったからだ。

こうした歴史的な背景を考えると、つねに政敵からの呪詛の標的になる道長を、希代の陰陽師・晴明が「陰陽の術」を駆使して救ったという話は、人々にとってきわめて説得力のあるエピソードであったに違いない。そこには、晴明を、道長の危機を救った当代随一の陰陽師と語り伝える人々の欲望があるのだが、その点は晴明の生涯を語り終えた後に、あらためて触れることにしよう（終章参照）。

ともあれ、この説話には、「陰陽師・晴明」と呪詛事件をめぐる、重要な情報が満載されている。以下、それを見ていこう。

「晴明がほかには、知たる者候はず」

まず道摩法師が仕掛けた呪詛法は、土中に重ねあわせた土器《かわらけ》を埋めて、そこに呪いの呪文を記すといったもの。もともとは土中に器などを埋める呪法は、地霊を鎮める作法としてあったもので、土地鎮めをする陰陽師にとってよく知られたものであった。ここでは、それを逆利用して呪詛に使ったのだろう（武田比呂男「〈安倍晴明〉説話の生成」）。

記録中にも長保二年（一〇〇〇）五月九日「左府《さふ》（＝左大臣道長）家中に厭物出づる事」（『小右記目録』）といった形で「厭物」が地中に埋められる呪詛法が確認できる。またこのときの道長の病いについては、「左府所悩は式神の致す所云々事」（『小右記目録』）といった具合に「厭物」を「式神」の仕業とする記事もある。陰陽師が式神を使役して呪詛を仕掛けたというのは、たんに説話の世界だけではなかったことが判明するわけだ（鈴木一馨「式神の起源について」）。

また道摩法師の呪法を見破った晴明が、「晴明がほかには、知たる者候はず」と語っているように、地中に埋める厭法（呪詛法）は、じつは晴明自身も実行可能であったと自ら明かしている。歴史記録はもとより、説話世界においても、晴明が呪詛を仕掛けたという話は伝わっていないが、「術法の者」としての晴明は、当然呪詛法も心得ていたのである。だからこそ、仕掛けられた呪詛に対処するための方法も認知していた。それは、陰陽師の術や技というものが、善悪どちらにも融通可能な、そして術の使い手にとっては、社会的な善悪の価値観とは異なる「呪術」の価値体系のなかにあったことを示唆しよう。

実在した「道摩法師」

道長に呪詛を仕掛けた「道摩法師」は、後に「蘆屋道満《あしやどうまん》」の名前で、晴明のライバルとして、『簠簋抄《ほきしょう》』を筆頭に、仮名草紙、古浄瑠璃《こじょうるり》や歌舞伎などの文芸、芸能に登場してくる有名な人物だ。晴明との術競べに負け弟子になりながら、晴明の妻と密通し、晴明を謀殺してしまう悪なる人物として語られている。それゆえ、これまで「道摩法師」（蘆屋道満）は説話上の人物とされてきたが、じつは、この人物が記録のうえにも登場していることが確認されている（繁田信一『陰陽師と貴族社会』他）。

一四七頁に触れたように、晴明の死後の寛弘六年（一〇〇九）の二月、一条帝の中宮《ちゅうぐう》彰子《しょうし》・第二皇子の敦成《あつひら》親王・そして道長本人にたいする呪詛の陰謀が発覚する事件が起きた。その経緯は、『日本紀略』や『百錬抄《ひゃくれんしょう》』といった後に編纂された歴史書にも記され、円能、源念といった法師陰陽師が関与していたことがわかっている。さらに『政事要略』巻七十「糾弾《きゅうだん》雑事《ぞうじ》蠱毒《こどく》厭魅《えんみ》及巫覡《ふげき》」のなかに収録された、寛弘六年の呪詛事件に関する「罪名勘文」（裁判記録）には、呪詛を企んだ「陰陽法師」のグループのなかに、なんと「道満」の名前も出てくるのである。「蘆屋道満」は、後に作り出された虚構の人物ではなかったわけだ。

もちろん、晴明の存命中に二人が出会ったかどうかは不明だが、道長への呪詛をめぐって道摩法師と晴明が対決する説話には、なんらかの現実的な背景があったことも推定できよう。

「陰陽法師」という存在

このように呪詛の仕掛けを請け負うのは、官人系の陰陽師とは違う、「陰陽法師」「法師陰陽師」と呼ばれるグループであった。道摩法師が播磨国出身であったように、播磨国には多くの法師陰陽師たちが活動していたらしい。

たとえば、『今昔物語集』巻二十四には、播磨国の「老いたる僧」が、晴明に弟子入りと偽って術競べに来る話が載るが、この法師は「この道（陰陽道）に賢き」者と呼ばれている。また別の話では、この法師は「陰陽師を為《す》る法師」で、名前は智徳《ちとく》といったこと、「陰陽の術」を使って住民に災いをもたらす海賊どもを成敗した、というエピソードが伝わっている。

また『今昔物語集』巻第十九には、寂心《じゃくしん》という僧侶が播磨国に寄進《きしん》を募りに行ったときに、河原で僧体の陰陽師（法師陰陽師）が紙の冠をかぶって祓えをする場面に遭遇する話がある。寂心はそれを見咎めて注意するが、生活のためにしかたなく行なっていると反論されると、哀れんだ寂心は、寄進で集めた品々を彼に与えてしまったという。同じ話は『宇治拾遺物語』にも載る。

ちなみに「寂心」は、出家前の名前を慶滋保胤《よししげのやすたね》という。天台浄土教《てんだいじょうどきょう》の中心人物で『往生要集《おうじょうようしゅう》』の著者である源信《げんしん》とともに行動し、念仏結社「二十五《にじゅうご》三昧会《ざんまいえ》」にも参加している（平林盛得『慶滋保胤と浄土思想』）。『池亭記《ちていき》』『日本往生極楽記』などの著作もある。

さらに彼の素性を調べると、寂心（保胤）は、説話などで安倍晴明の師匠とされる賀茂忠行の息子で、晴明の上司・師である保憲の弟であったことが判明する。寂心は「塁葉《るいよう》陰陽の家」（『続本朝往生伝』）の出身者であったわけだ。ここから、代々の陰陽道の家に生まれたのに、それを嫌って出家遁世したというイメージができたようである。そうした寂心が「法師陰陽師」を軽蔑するというエピソードは興味深い。ただし賀茂氏が「陰陽道」の家系として固まってくるのは保憲以降なので、保胤が「陰陽道」を嫌って出家したとは、簡単に「史実」としてはいえないようだ（平林、前出書）。

法師陰陽師
『春日権現験記絵』（陽明文庫蔵）より

寂心が法師陰陽師にたいして悪感情をもったように、清少納言の『枕草子』第百九十段「見苦しきもの」のリストアップのなかにも、「法師陰陽師の、紙冠をして祓したる」ことがあげられ、また紫式部の歌集『紫式部集』

には「弥生のついたち、河原に出でたるに、かたはらなる車に、法師の紙冠にて、博士だちをるを憎みて」という題詞がついた歌が載せられている。平安王朝の女性たちにも、法師陰陽師は「見苦しきもの」「憎みて」という嫌悪の対象であったようだ。

それは歴史記録のなかでの法師陰陽師（記録では「陰陽法師」と呼ばれる）の存在が、ほぼ呪詛事件の当事者であったことと関連しようか。記録にでてくる道満、円能、源念などの陰陽法師のほかにも、晴明の生存中の事件として、長徳元年（九九五）、隆家・伊周・中宮定子たちの外祖父にあたる高階《たかしなの》成忠《なりただ》宅で、「陰陽法師」が右大臣道長を呪詛するとの噂が伝わっている。また「陰陽法師」とは明記されていないが、長和元年（一〇一二）六月、三条天皇の皇后の兄にあたる藤原為任が、「陰陽師五人」を雇って、道長に呪詛を仕掛けたという「落書《らくしょ》」があったという（『小右記』）。それも法師陰陽師の類であろう。

彼らはたしかに「陰陽寮」出身の官人陰陽師とは異なる、「僧形」の陰陽師であった。だが、そうした在野の陰陽師たちが出現してくるのは、平安時代中期の陰陽師が、律令官制としての「陰陽寮」から独立し、呪術職能者として活動したという時代の動向ともクロスしている。法師陰陽師とは、じつは晴明たち職能的陰陽師のもう一つの姿だったともいえよう。道摩法師が仕掛けた呪詛の法にたいする「晴明がほかには、知たる者候はず」（『宇治拾遺物語』）という晴明の言葉は、そのあたりのことを暗示していよう。

なお、中世以降に民間社会に多数輩出してくる在野の「陰陽師」たちも、こうした法師陰陽師の系譜から考えられる。

式神に打たれた少将

もう一つ、呪詛に関わる晴明説話がある。第四章（一三五頁）でも取り上げた、式神をめぐる有名なエピソードである。内容のあらすじを紹介しよう。

まだ若く出世を約束されている蔵人少将という人物がいた。彼が参内した折、その少将のうえを烏が飛んできて糞を落としたのを見た晴明は、少将に「あなた様はどうやら式を打たれたようです。あの烏は式神に違いありません。このままでは、あなた様は今夜かぎりのお命と見受けられます。わたしには特殊な力があってそれが見えるのです」と申し上げたところ、恐怖にわななく少将は、助けを求めてきたので、晴明は少将とともにその家に赴いた。晴明は「身固め」の呪法を行ない、一晩中、少将を抱いて守った。

暁がた、人が訪ねてきていうことには、「少将様の奥方の姉妹を妻とする蔵人の五位という男がおります。同じ屋敷に住んでいるのですが、舅《しゅうと》殿がこちらの少将様ばかり、よい婿と可愛がり、自分が軽く扱われていることを怨んで、陰陽師に依頼して式を打たせたのです」ということであった。

やがて式を仕掛けた陰陽師のもとから人がやってきて「守りの強い人に式を打ったところ、式神が返ってきて、自分が死ぬはめになった。しなければよかった」と伝言を申し述べた。晴明は、それを少将に聞かせ「わたしが発見してさしあげなかったら、あなた様がこうなっておられたんですよ」と申し上げた。使いを遣わすとたしかに式神を送った陰陽師はそのまま死んだということがわかった。その後、陰陽師を使って式神を仕掛けた蔵人の五位の婿を、舅は即座に追い出した。少将は晴明に泣きながら喜んで、たくさんの謝礼をした。その少将の名前は不明だが、後に大納言にまでなったとか。

（『宇治拾遺物語』巻二ノ八「晴明、蔵人少将を封ずる事」）

仕掛けられた呪詛が、陰陽師の使う「式神」によることを語るエピソードだ。相手の陰陽師の素性は明かされていないが、この場合もやはり法師陰陽師の類だろう。

烏が糞を落としたことから、晴明はそれを式神による呪詛と判断したのだが、飛んでいた烏から糞を落とされたという現象は、平安時代の人々には、不吉な「怪異」として一般的に認識されていた。陰陽師たちは、そうした現象があると、式盤を使った占いを立てて、それがいかなる意味をもつかを占い判じたのである。

この説話では、占いの場面が省略されているが、怪異との遭遇→予兆される災厄→災厄回避のための物忌という一連の流れが見てとれよう（鈴木一馨「怪異と災厄との関係から見た物忌の意味」）。ただし説話として重要なのは、烏の怪異から呪詛を察知した理由について、「然《しか》るべくて、をのれには見えさせ給へるなり」と、晴明に語らせたところだ。式盤の占いをしなくても、呪詛を仕掛けられたことが「見える」と語るところに、安倍晴明の異能ぶりが際立たせられるのである。

「式神」をめぐって

この説話はさらに、陰陽師たちが怪異の意味を占い判じるときの「式占」の技と、彼らが使役する「式神」との連関構造を暗示する。鈴木一馨氏は、この点を次のように明確に論じている。

「しきがみ」というのは、陰陽師が怪異の際に行う六壬式占が、怪異の背景の意志を推断することから、陰陽師の使う不可思議な力と理解され、陰陽師の術の象徴として人格を持ち精霊化したものだということを示した。つまり「しきがみ」は「式占」という占いそのものの神格化であり、それゆえに「式神」という表記が初期にはされたと考えたのである。

（鈴木「「式神」と「識神」を巡る問題」）

六壬式占で占われる怪異現象は、それに出会った本人が病気になり、さらには命を落とすという災厄の場合が多い。そうした災厄を占い判じる「式占」の力が逆転して、相手に災い＝死をもたらす「式神」という存在が考えられていく。陰陽師が使う式盤に求める十二天将神などが式神のルーツだとする説もある。また『今昔物語集』では式神を「識神」と表記することから、それが仏典の「識《しき》神《しん》」、すなわち意識とか魂の機能の一つとしても考えられている（鈴木、前出論文）。

それにしても、「式神」は、陰陽師の呪術を考えるときに重要な存在であるが、残念ながら、その呪法・作法・次第などについて具体的に記した史料はほぼ皆無といってよい。それゆえ、式神の呪法は、実際に陰陽師たちが伝えていたのではなく、世間の人々のフィクショナルな認識にすぎないとも考えられる。とくに晴明説話のなかにそれが多く登場するのは、式神が安倍晴明の異能ぶりを語るための一つの道具立てとなっているのではないか、と見る説もある（山下克明「陰陽道・陰陽師の宗教的特質について」）。

一方、陰陽師が使う式神の呪法の展開とされるのが、高知県物部村《ものべそん》に伝わる「いざなぎ流」の太夫が用いる「式王子《しきおうじ》」である。それはいざなぎ流の中核をなすもので、「すそ」（呪詛を含む、さらに多様な穢れを指す）の祓え儀礼や、また霊による病気治療祈禱などにも、今も式王子の呪法は使われている。そのなかでは高田の王子、大五《だいご》の王子、五体の王子、大鷹《おおたか》・小鷹王子《こたかのおうじ》など多くの種類の式王子が産み出され、また山の神、水神《すいじん》、荒神《こうじん》、天神《てんじん》などのふだんは祭る対象である神霊たちをも「式神化」する呪法があるように、膨大な体系をなしている（髙木啓夫『いざなぎ流御祈禱の研究』、斎藤英喜『いざなぎ流　祭文と儀礼』）。

ところで、晴明は、蔵人少将を呪詛から守るために「身固め」という、一種の呪的バリヤーを張って「加持《かじ》」をしたとある。身固めの呪法は、陰陽師の行なう「反閇《へんばい》」の呪術の発展型であるが（第六章参照）、そうした防御によって、仕掛けられた式神が、陰陽師本人のもとに返ってきて、相手がそれによって命を落とすという結末になっている。いわゆる「式返し」「呪詛返し」と呼ばれるものだ。なお、打たれた式を相手に打ち返すことは、ただ返すのではなく、最初に放たれた式神の力を倍にして返すという認識が、いざなぎ流にはある（髙木、前掲書）。

では、こうした説話のなかの呪詛事件にたいして、歴史記録にあらわれる呪詛や、それに対処する方法はどのようなものだろうか。次に、記録中の呪詛祓儀礼を見てみよう。

2 「すそのはらへ」

呪詛を仕掛けるのが「陰陽師」であるならば、それに対抗するのも陰陽師であった。呪詛への対抗儀礼――、それを「すそのはらへ」という。たとえば、晴明と同時代を生きた清少納言の『枕草子』三巻本三十一段「こころゆくもの」に、

「河原にいでて、すそのはらへしたる」

ものよくいふ陰陽師して、河原にいでて、すそのはらへしたる

という有名な一節がある。「すそ」（ずそ）とは呪詛の古語。政敵などから呪詛（すそ）が仕掛けられていると占われたとき、陰陽師は賀茂川などの河原で「すそ」を祓い清める儀礼を行なった。それは清少納言なども目にするほど、平安京の日常的な風景であったようだ。「こころゆくもの」（気が晴れるもの）の一つにあげたところをみると、彼女自身も「すそのはらへ」を体験したことがあるのかもしれない。

注意すべきは、こうした「すそのはらへ」が、仕掛けられた呪詛を相手に打ち返すものではないところだ。つまり「式返し」のような報復呪術ではなかった。あくまでも、呪詛によって発生する災厄を消去するための儀礼なのである。

また『源氏物語』の作者・紫式部の『紫式部日記』には、寛弘五年(一〇〇八)、中宮彰子の出産にあたって、陰陽師が祓えをする場面がある。

陰陽師とて、世にあるかぎり召しあつめて、八百万《やおよろず》の神も耳ふりたてぬはあらじと見え聞こゆ。

「八百万の神も耳ふりたてぬ……」とは、陰陽師が祓えに際して用いる「中臣祓《なかとみのはらえ》」という祭文の一節にもとづいているようだ。ここで陰陽師が祓えをしたのは、一般に安産祈願の祈禱と解釈されている。だが、翌年に中宮彰子たちへの呪詛が発覚したように(『政事要略』巻七十「糺弾雑事蠱毒厭魅及巫覡」一四七頁参照)、陰陽師が祓えをするのは、中宮の出産にあたって仕掛けられる呪詛の災いを祓うためであっただろう。

陰陽師が行なった「すそのはらへ」は、記録・史料のなかではこう呼ばれている。

・河臨御禊《かりんぎょけい》(『親信卿記』)
・河臨解除《かりんげじょ》(『貞信公記《ていしんこうき》』)
・三元河臨禊《さんげんかりんのみそぎ》(『貞信公記』)
・七瀬祓《ななせはらえ》(『親信卿記』)

さらに鎌倉時代中期の安倍泰俊《やすとし》が編纂したという『陰陽道祭用物帳』には、「呪詛祓と云ふは河臨の祓なり」と記されている。呪詛祓＝河臨祓という認識は、じつに河原で行なう呪詛祓、すなわち「河原にいでて、すそのはらへしたる」と対応していよう。どうやら呪詛祓とは、陰陽師が創始し、開発していった「陰陽道」固有の祓儀礼であったようだ。

記録中に出てくる「すそのはらへ」（呪詛祓）は、実際に呪詛を仕掛けた相手が特定されて、その相手に打ち返すといったものではない。ここでの「すそ」は、具体的な呪詛というよりも、「呪詛の気」（『小右記』）といった、災いや穢れの一種として認識されていたようだ。陰陽師が式盤を使った占いで、「呪詛の気」が出てきたときに、こうした「すそのはらへ」（呪詛祓・河臨祓）が執行されるのである。特定の人物が仕掛けた呪詛にたいして、それを相手に打ち返すといった、いわゆる「呪詛返し」や「式返し」ではなく、あくまでも「呪詛の気」によって発生する災厄を祓い清めるための呪法であったのだ。これは罪や穢れ、咎《とが》を消去するという「はらへ」の儀礼作法の基本とも通じていよう。

それにしても、なぜ陰陽師たちが、呪詛の祓儀礼を始めることになったのか。

衰退する大祓

ところで祓儀礼といえば、本来は、神祇官の中臣《なかとみ》や卜部《うらべ》が担当するものであった。六月・十二月の晦日《みそか》の「大祓《おおはらえ》」である。朱雀門のまえに文武百官、女官たちが参集し、中臣が誦み上げる「大祓」の祝詞を厳粛に聞き、卜部が配る御麻《みぬさ》に、自らの罪・穢れを移し、流してもらうことで罪穢が消去していくという儀礼だ。宮廷全体で行なう公的な祓行事であった。ちなみに、天皇・皇后・皇太子たちは、臣下とは別枠で「御贖儀《みあかのぎ》」（後に「節折《よおり》」とも呼ばれる）という独特な祓儀礼が、内裏内部で秘かに執行されている。

こうした神祇官による祓行事は、しかし十世紀後半から形式化・形骸化していったようだ。記録類には、公卿がだれも大祓に参列しなくなった（『小右記』天元五年〈九八二〉）とか、公卿や女官が遅刻したために儀式の始まりが夜になった（『左経記《さけいき》』寛仁三年〈一〇一九〉）といったことがたびたび出てくる。貴族たちは「大祓」の場に出ることに真剣ではないのだ。

その背景には、平安京という都市社会の成熟ということが考えられる。都市に生きる貴族たちの、日常生活の細部にわたって穢れ意識が拡大・細分化し、その個人単位の穢れの浄化には、もはや年中行事としての「大祓」では対応しきれなくなった、という歴史的経緯である。自分たちの個人的な生活のなかで発生する穢れは、年中行事の公的な祓えでは消去できないという意識である。

さらに祓えの専門家である神祇官の中臣や卜部たちにも問題が生じた。彼らは公的な神祇祭祀に携わるときに、極度の「清浄さ」を要求されたために、多様な穢れが発生する貴族たちの私的な生活の祓えは担当しえない、という逆転現象が起きたのである（岡田荘司「陰陽道祭祀の成立と展開」）。

かくして、貴族たちの私的な生活の場における病気・出産・死穢、そして呪詛に関わる祓えは、陰陽師たちが一手に引き受けることになった。そこに登場する陰陽師は、「陰陽寮」という律令官制の官人であることを超えて、呪術的祭祀を専門とする、特別な職能者としての陰陽師である。安倍晴明もまた、そうした「陰陽師」の一人であった。

「呪詛祓」の作法とは

では、呪詛祓はどのように行なわれるのだろうか。「河原にいでて……」とあるように、基本的に河原で行なった。そのために呪詛祓のことを別名、「河臨祓」と呼ぶ。また二条・大炊《おおい》御門・中御門・近衛《このえ》御門・土御門《つちみかど》・一条の末・川合の順で、鴨川の七つの瀬において行なうものを「七瀬祓」という。七瀬祓は、晴明の師である賀茂保憲が応和三年（九六三）に執行しているのが早い例である。

陰陽道系の祓儀礼としては、十世紀段階で「三元河臨祓（禊）」という名称のものが行なわれている（『貞信公記』『村上天皇御記』）。前漢時代の儒者・董仲舒《とうちゅうじょ》に由来する「董仲舒祭書」なるテキストにもとづいて行なわれたという。「三元」は天官・地官・水官と解釈されている。まさに陰陽道の世界観にもとづく祓呪術だ。神祇官系の祓えに対抗するために陰陽師が開発した儀礼作法といえよう。

晴明と同時代に行なわれた呪詛祓＝河臨祓の儀礼作法は、天禄三年（九七二）の記録（『親信卿記』）から確認することができる。それによると、五寸の鉄・木・錫《すず》の人形《ひとかた》、さらに等身大の人形が七枚用意され、また祓えの対象となる人の御衣を箱に入れて、陰陽師が河原に出向いて行なったことがわかる。さらに七つの車・馬・牛・鶏を用意する。これら人形や御衣に、祓えの対象となっている人物の「呪詛の気」を移し、川に流すのである。流すときに車が七つ用意されているのは、『今昔物語集』巻二十四に載る有名な保憲の少年時代のエピソードにも通じよう。祓所（河原）において、恐ろしげな鬼神たちがそれぞれ船・車・馬などに乗ってちりぢりに送り返されていくところを少年保憲が目にしたという話である。「鬼神」は、呪詛の気が視覚化されたものとみれば、これも河臨祓の場面として解釈できよう。

「中臣祓」という祭文

呪詛祓・河臨祓において、もっとも重要な働きをもつのが、陰陽師が読誦する「中臣祓」という祭文である。陰陽師は御麻《みぬさ》を持って「中臣祓」を誦み、祓えを行なう理由を記した表白《ひょうびゃく》を誦み、その間に人形で撫でて解縄《ときなわ》を解き、誦み終わると人形や解縄を流し、次に散米《さんまい》を撒くという次第が平安中期以後の基本型であった（小坂眞二「怪異祓と百怪祭」）。

「中臣祓」は「中臣ノ祓ノ祭文」とも呼ばれ、先に紹介した『紫式部日記』の寛弘五年（一〇〇八）の中宮出産に際して、陰陽師が「中臣祓」を読誦したことが推定されている。平安末期の密教系の呪詛返し儀礼である「六字河臨法《ろくじかりんぼう》」でも、陰陽師が「中臣祓」を読誦したという事例がある（『阿娑縛《あさば》抄《しょう》』）。「中臣祓」は、後世において、修験者や祈禱師、法者《ほさ》、太夫《たゆう》、地方陰陽師など、民間の宗教者たちも用いるマルチタイプのお祓いの呪詞であった。

「中臣祓」の名称は、もともとは六月・十二月晦日に、親王以下、百官の人々が朱雀門のまえに参集して執行された「大祓」において、神祇官トップである中臣氏が誦み上げた祝詞に由来している。「大祓」の祝詞は、公的な祓行事にのみ使われるものであったが、それを私的な祓えの場でも使えるように、所々の字句を変えて再構成したのが「中臣祓」であった。神祇官の手から離れ、陰陽師のものになっているにもかかわらず「中臣」の名前が付いているのは、「中臣」が祓儀礼のブランド名として認識されていたからだろう。

神祇官の中臣が誦み上げた「大祓」の祝詞と、陰陽師が使った「中臣祓」との一番大きな違いは、その文末にあった。「中臣祓」の末尾を引こう。

如此《かく》久持路失天《して》ハ、自今日以後、遺罪ト云罪咎ト云咎ハ不有《あらず》ト祓給《はらへたま》ヒ清給《きよめたまふ》事ヲ、祓戸《はらへと》乃八百万乃神達ハ、佐乎志加《さおしか》乃御耳ヲ振立テ、聞食《きこしめ》セト申。（『朝野群載』）

人々に掛かっている怪異や呪詛など災厄が一つも残りなく消去されていくことを「祓戸の八百万の神達」は、牡鹿のように耳を振りたててしっかり聞き取ってくださいという内容だ。それは祓えを実行してくれる「祓戸」の神々に祈願していること、さらに儀礼の場に即していえば、陰陽師がこの呪詞を誦み上げることで、祓戸の神々に直接働きかけて、その浄化力をここに現出させる呪法といえる。陰陽師は、祓戸の神たちを召喚し、その力を使って、人々に降り掛かっている災厄を祓い清めてもらうわけだ。なお、先に紹介した『紫式部日記』のなかで陰陽師たちが集められ「八百万の神も耳ふりたてぬはあらじ」と祓えをしたというのは（一六〇頁参照）、この「中臣祓」の一節を踏まえたものである（岡田荘司「私祈禱の成立」）。

陰陽師が自ら祭文を誦み上げ、祓戸の神に直接働きかけて、浄化の力を導き出してくること。そこには、陰陽師自身の個人的なカリスマ性が要求されたわけだ。晴明にもそれが期待されたことは、当然考えられよう。

いよいよ、安倍晴明自身の呪詛祓の現場に立ち会ってみよう。

3　寛和元年、「解除」現場へ

天延二年（九七四）六月、晴明が五十四歳のとき「河臨御禊」に携わった記録がある（『親信卿記』）。その名称からは、呪詛祓であったことが推定できる。また「御禊」としてある例では、永祚元年（九八九）、正暦四年（九九三）の記録が確認できるが、それらは呪詛祓なのかどうかははっきりしない。記録のうえでは、晴明がそれほど明確に「すそのはらへ」を執行したことは指摘できないようだ。

「解除」という呪詛祓

しかし、次の記録は大いに注目したい。寛和元年（九八五）、安倍晴明が六十五歳のときである。

晴明を以て女房の為に解除《げじょ》せしむ。産期漸《ようや》く過ぎ、去《さん》ぬる今月にあるべきに、其の気色《けしき》なし。

（『小右記』寛和元年〈九八五〉四月十九日）

藤原実資《さねすけ》の室（源惟正《これまさ》の女《むすめ》）の産期が過ぎたのに、いっこうに出産の気色がなかったので、晴明に命じて「解除」をさせたという記事である。

「解除」とは陰陽師が行なう祓えのことで、もともとは呪禁道《じゅごんどう》系の呪術を指す用語であったらしい。古代中国では刀杖《とうじょう》を使って鬼神を駆使することを「解除」と呼ぶ例もあるという。だが、記録上に出てくる「解除」は呪詛が掛かったときの祓えの場合が多い。たとえば、寛弘九年（一〇一二）、東三条院で「厭物」（呪詛に使われるまじない物）が発見され、晴明の息子・吉平《よしひら》が保憲の息子・光栄《みつよし》と共同して「解除」を行なっている（『御堂関白記』）。また万寿四年（一〇二七）、実資の夢想に「呪詛気」があらわれたので、中原恒盛《つねもり》という陰陽師が「解除」をしている（『小右記』）。

さらに、出産の遅れが呪詛によるとする事件もあった。

晴明が生まれる以前の時代、延喜三年（九〇三）のこと。醍醐天皇の女御・穏子《おんし》の出産が遅れたので原因を占ったところ、殿舎の板敷の下で白髪の老女が折れた梓弓《あずさゆみ》で「厭魅《えんみ》」していたことが発覚した（『政事要略』巻七十「糾弾雑事蠱毒厭魅及巫覡」）。梓弓とは死霊降ろしなどで使うシャーマニックな呪具。厭魅とは人形などを使う呪詛法のことだ。出産が遅れたとき晴明が行なった「解除」も、こうした呪詛への対処・祓法と見てまちがいないだろう。

光栄との競合

ところで、実資の妻にたいする「解除」儀礼の執行者は、安倍晴明だけではなかった。晴明の「解除」の前日の記事を見てみよう。

十八日。……光栄朝臣を以て、女房の為に解除せしむ。産事遅々に依る。

妻女の出産の遅れにたいする「解除」は晴明だけではなく、光栄にも依頼していたのである。光栄とは、賀茂保憲の息子。晴明より十四歳年下であるが、晴明と同じ保憲の弟子筋である。

記録中には、晴明と光栄が共同で陰陽道祭祀や占いに携わっている例はけっこう多い（第四章、一三〇頁参照）。また晴明と光栄は、ともに一条朝の「蔵人所陰陽師」（『朝野群載』長徳元年〈九九五〉）として、天皇のもとに仕えている。両者ともに、当代の第一級の「陰陽師」であったわけだ。

この場面をめぐって鈴木一馨氏は、「安倍」晴明と「賀茂」光栄の二人が実資のもとに仕えるのは、「陰陽師」としての安倍・賀茂ともにそれぞれの流儀ができはじめていたこと、そして両者に「解除」させたのは、どちらの流儀にたいしても均等に、あるいはどちらかに効き目があるといった依頼者側の判断が働いたと指摘している。また二人の陰陽師が同等に扱われていることで、当時、晴明だけが傑出した存在ではなかったことも指摘している（鈴木『陰陽道』）。

きわめて歴史的・客観的な見方であろう。ただ、光栄のあとに晴明が「解除」しているところをみると、実資の目からは、光栄の「解除」では不足だったので、晴明が駄目押しをしたという構図も推測できなくない。事実、社会的な認知としても、この時は晴明が「陰陽道」の一位の上臈、光栄は二位の上臈である。

しかし、そうした社会的な序列を超えて、この二人がライバル関係にあったことは想像できよう。そもそも「陰陽道」のなかの序列は、律令制度のなかの官位とは別だ。陰陽師としての才能、術や技、知識の力量が、つねにそこで問われるのである。とくに、二人は保憲を師とする、いわば同門の弟子どうしの関係でもあった。そんな二人の関係を推測させる説話がある。若き晴明が勢田（瀬田）の橋で「陰陽の道」の才能を見いだされ、保憲に弟子入りしたというエピソードに続く後半部分だ（七五頁）。

晴明は術法《ずっぽう》の者なり。才覚は優長ならずとぞ晴明、光栄論じける。保憲がとき、光栄をば前にいたすことなしと晴明申しければ、愛弟とにくまんこと、なをひとしからずとぞ光栄申しける。晴明が云く、百家集我につたふ。光栄につたへず。これこそ證《あかし》なりと云ければ光栄百家集我許にあり又暦道つたふとぞ。

（『続古事談』第五）

晴明が、師匠の保憲は自分を重んじていたと述べると、光栄は、いや自分こそが愛弟子であったと主張する。また晴明が「百家集」という陰陽道書（実態不明）は自分に伝わっているというと、光栄は、本当は自分のもとにある、だから「暦道」は自分に伝えられたと反論していく……。このエピソードからは、二人のあいだにつねに緊張した術者どうしの対立があったことが想像されよう。とくに晴明は「才覚」はなく、たんに「術法の者」だという光栄側の反論は興味深い。安倍晴明は、陰陽道の「才覚（学）」＝学知の人ではなく「術法《ずっぽう》」の実践者であった、とみなされていたことが知られるからである。

「解除」をめぐる、晴明と光栄の関係。それは「呪詛」を祓う術法の者にとって、まさしく術の効力を競い合う現場にほかならなかった。そうした現場のなかで、晴明はつねに自らの術と技を研鑽しただろう。儀礼の現場のただ中にこそ、晴明の「人生」があったのだ。

不動調伏法との競合

さらに晴明にとって対抗する相手は、光栄だけではなかった。晴明たちが「解除」を行なうひと月ほどまえに、次のような記事がある。

今日より七ケ日を限り、勝祚《しょうそ》を以て女房のために、不動調伏法《ふどうちょうぶくほう》を修せしむ。
（『小右記』寛和元年三月十三日）

実資の妻女の出産に際しては、晴明たち陰陽師の「解除」のまえに密教僧侶による修法が行なわれていたのである。「勝祚」なる僧侶の素性はわからないが、注目したいのは、「不動調伏法」が修されたことだ。

「不動調伏法」とは、不動明王という威力ある尊格を本尊にして、護摩《ごま》を焚《た》き、怨霊や怨敵などからの呪詛を消除するために行なわれた密教修法である。速水侑《はやみたすく》氏によれば、十世紀以降、貴族社会では、個人の安穏を祈願する密教修法として重んじられたのは「不動法」とその発展型の「五壇法《ごだん》」であったが、とくに道長の時代あたりから御産・物忌などにたいして「息災法《そくさい》」と区別する「不動調伏法」が頻繁に修されていったという。すなわち「外戚関係設定をおびやかす如き怪異の出現、貴族社会における怨霊・物怪思想の発達が、調伏法を必要とした」（速水『平安貴族社会と仏教』）のである。

不動調伏法の早い例として、寛和元年（九八五）正月に余慶《よけい》が仁寿殿で不動調伏法を修した記録（『小右記』）があるが、実資が自分の妻の出産にあたって、それを執行させたのは、かなり先見の明があったといえる。

実資が密教の「不動調伏法」と陰陽道の「解除」との両方を行なわせたのはどういう意味があるのだろうか。当時の貴族社会では、たとえば神の祟りによる災厄・疫病にたいしては密教の加持祈禱は忌避される場合が多い。「神」にたいして「仏」はタブーだからだ。そうした神祇がからむ災厄や疾病にたいしては「祭」「祓」といった陰陽師の呪術が用いられるのである（山折哲雄『日本人の霊魂観』）。災厄の原因によって、それを消去する呪術が使い分けられたわけだ。

ここでまず密教修法が行なわれ、次に陰陽師が「解除」を行なったことの背景には、妻女への呪詛が神祇系のものと占いで推断された結果ということもあるかもしれない。安倍晴明は、当時最新の密教修法でさえ対処できない、陰陽道固有の呪術をここで発揮すべく、自らの技を駆使・喧伝したということが想像されよう。貴族が自分たちの生活を災厄や呪詛から防衛しようと、密教験者や陰陽師たちに頼っていく場面は、それを担う験者や陰陽師にとっては、自分の技が他人のものよりいかに効き目があるかを売り込み、それを実践する現場でもあったわけだ。

なお、後年の正暦四年（九九三）にも、やはり実資の妻女が妊娠したおりに「少なからずの邪気の恐れ」があったので、證空阿闍梨《しょうくうあじゃり》に命じて加持祈禱させている。ただしこのときは験なく、死産であった（『小右記』）。

祓えの女神たち

では、安倍晴明が行なった「解除」という祓法は、具体的にどのようなものなのだろうか。その現場にさらに肉薄することはできないだろうか。

残念ながら、寛和元年の「史料」は、もうこれ以上のことを語ってはくれない。そこで多少、別の視点から呪詛祓の実践現場に迫ってみよう。

呪詛の祓儀礼において、陰陽師が用いたのが「中臣祓」という祭文であることはまちがいない。晴明もまたそれを誦み唱え、「祓戸の神たち」を召喚し、呪詛の気を消去させただろう。祭文を誦み唱え、祓えの神々の力によって、呪詛の災厄は流し捨てられていく。以下のようにだ。

佐久奈太理《さくなだり》仁落漏津、隼川《はやかわ》乃瀬ニ坐《ま》爪、瀬織津比咩《せおりつひめ》止云神、大海乃原ニ持出《もちいで》奈牟、如是《かく》持出奈ハ、荒塩《あらしお》乃八塩百道《やしおももじ》乃塩乃八百会《やおあい》ニ坐。隼開津比咩《はやあきつひめ》ト云神、持加々呑《もちかかのみ》天牟、如此久持加々呑天ハ、伊吹戸《いぶきと》ニ坐爪、伊吹戸主ト云神乃、根《ね》乃国乃底《そこ》乃国ュ伊吹放天ム、如是《かく》久伊吹放天ハ、根国乃底国仁坐爪、速佐須良比咩《はやさすらひめ》ト云神持路 失《もちうしなひ》天ム、如此久持路失天ハ、自今日以後、遺罪《のこるつみ》ト云罪咎《とが》ト云咎ハ不有《あらず》ト祓給ヒ清給事ヲ、祓戸乃八百万乃神達ハ、佐乎志加《さおしか》乃御耳ヲ振立テ、聞食《きこしめ》セト申。

（『朝野群載』）

高い山や低い山から流れ落ちていく、激流の川の瀬にいらっしゃる瀬織津姫《せおりつひめ》よ、もはや残っている罪穢れはないものとして、すべてを大海原へと持ち出してください。そうしたら、遠い沖合の潮の流れが集まったところにいらっしゃる速《はや》（隼）開津姫《あきつひめ》よ、持ち出された罪穢れをすべて飲み込んでください。そうしたら、海底にある根の国・底の国へ通じる伊吹戸にいらっしゃる伊《い》（気）吹戸主《ぶきどぬし》よ、飲み込んだ罪穢れをすべて根の国・底の国へと吹き放ってください。そうしたら、根の国・底の国にまします速佐須良姫《はやさすらひめ》よ、吹き放った罪穢れを受け取って、きれいに消去してください。このように消去されたならば、今日より以降は、罪という罪、咎という咎は存在しないと祓い清められることを、祓戸のすべての神々は、牡鹿のように耳を振りたてて、しっかりお聞きくださいと申し上げます……。

災厄を祓い清めてくれる「祓戸の神たち」とは、まさに浄化する「水」のイメージとしてあった。水の浄化力を象徴する女神たち（ただし、伊吹戸主は男神）といってもよい。ちなみに民俗学者の折口《おりくち》信夫《しのぶ》は、ここから穢れを祓う「水の女」の論を展開していった（折口「水の女」）。

陰陽師たちもまた「中臣祓」において、これら浄化の女神たちの力を「祓戸の神たち」として召喚し、その力を操作して穢れや罪、さらに呪詛の気の災いを祓ったのだろう。水の力による浄化だ。だからこそ陰陽師たちは、呪詛祓を「河原にいでて」行ない、それを「河臨祓」と呼んだのである。

祓戸の神々の、もう一つの素性

ここに、平安末期から鎌倉時代初期に成立した『中臣祓訓解《なかとみのはらえくんかい》』という「中臣祓」にたいする注釈書がある。安倍晴明の時代よりも後のものであるが、そのなかで祓えの女神たちと男神は、次のような神格として解釈されていった。

瀬織津姫――閻魔《えんま》（炎魔）法王＝冥府の神
速開津姫――五道大神《ごどうだいじん》＝地獄・餓鬼・畜生・人・天を司る冥神
気吹戸主――泰山府君《たいざんぶくん》＝人の寿命・栄華を支配する冥府の王
速佐須良姫――司命司録神《しめいしろくしん》＝冥府の戸籍を管理している神

『中臣祓訓解』の作り手は不明だが、真言系の僧侶によるというのがほぼ定説となっている。伊勢国度会郡棚橋《わたらいぐんたなばし》付近の、大中臣氏の氏寺「蓮花寺《れんげ》」の住侶が関与したという説（鎌田純一『中世伊勢神道の研究』）もある。『中臣祓訓解』は、中世のいわゆる「伊勢神道」という神仏習合思想に大きな影響を与えた書物であった（久保田収『中世神道の研究』）。

このなかで、祓えの女神たちにまったく新しい来歴が付加されていく。すなわち、道教系の冥府の神々としての来歴である。祓儀礼で災厄や呪詛を祓ってくれる神々は、人々の生命を支配する冥府の神々へと変貌するのだ。そこにおいて祓儀礼は、たんに呪詛などによる災いを消去するだけではなく、さらに命の長からんことを祈念する目的ももってくることが想像されよう。なお近年の研究によれば『中臣祓訓解』のルーツとなっているのは、平安時代後期に作られた『注中臣祓』なるテキストである。内容からみると、陰陽師たちが活用していたものらしい。

「祓戸の神たち」に冥府の神々の来歴を当てはめるのは、たんなる机上の解釈ではなかった。呪詛祓の現場に立つ陰陽師たちが、祓えの神々の奥に、泰山府君や司命司録神、閻魔法王といった冥府の神々を発見していったという、きわめて実践的な認識と考えるべきであろう。人を死に追いやる呪詛、調伏の呪法と対抗し、それを無化していく力は、「陰陽道」という新しい呪術の知を必要としたのである。

ただ残念ながら、安倍晴明が、冥府神とリンクする祓戸の神のあらたな素性を認識していたかどうかを確認できる史料はない。しかし、彼の時代のもう少しあとに、祓戸の神々の来歴をめぐる、陰陽師たちの解釈が広がっていったことはまちがいない。そして何よりも、泰山府君の祭祀は、晴明が得意とし、開発した新しい祭祀法であった（詳しくは第七章参照）。

さて、安倍晴明が「解除」を行なってから九日目の寛和元年（九八五）四月二十八日の寅刻（午前四時の前後）に、実資の妻は、無事女子を出産した。ただ実資は出仕していたために、女子の誕生に立ち会うことはできなかったと『小右記』に記されている。晴明に特別な報酬があったかについての記録はない。

祓えの名手として

さらに実資の妻への「解除」執行から八年後、正暦四年（九九三）二月に、こんなことが記録されている。

三日、辛酉《かのととり》、晴明朝臣来たりて、加級の由を触れる。案内《あない》を問はしむるに、答へて云ふ、主上、俄《にわか》に御悩あり、仰せにより御禊《ぎょけい》を奉仕したるところ、忽ちその験《しるし》あり。仍《よ》りて一階［正五位上］を加へらる、てへり。（『小右記』正暦四年二月三日）

一条天皇がにわかに病気になったので、晴明が「御禊」を執行したところ、験があって病がたちどころに癒えた。その手柄で正五位上に叙されたという。その経緯《いきさつ》を晴明は自慢げにわざわざ実資のもとに来て報告しているわけだ。

例によっての手柄話であるが、主人筋の実資のもとに報告に来るところには、「公や貴顕におもねり追従する小心翼翼たる相貌、もしくはそうした相貌をもった者として晴明を見る公家・貴顕の眼差し」（竹村信治「史書・日記に見る晴明」）を見て取ることもできよう。世俗に長け、出世欲をもった俗人たる晴明の姿である。

だがそれが、陰陽師としての自らの「御禊」＝祓えの技と術の効験にまつわることであったのもたしかだ。彼の生涯は、「陰陽師」としての陰陽道儀礼・祭祀の現場のなかにあった。そして祓えの技の名手たる自分を他に向けて語ることもまた、祓えの術者にとっての、もう一つの「技」なのである。それは「自己語りによる自らの神話化」（竹村、前出論文）ともいえよう。自分を「神話化」することは、陰陽師としての術や技を、さらに超越的なものへと高めていく方法でもあったのだ。

安倍晴明は貴族社会という世俗のなかの一員である。それはたしかである。だが、貴族たちの要求に応え、より効果のある術を開発していくなかで、彼自身が新しい存在へと成長していくこともたしかであろう。陰陽師という技能者から、人々を救済していく「宗教者」としての存在へ、である。

断章2　民間「陰陽師」の系譜といざなぎ流

もう一つの「陰陽師」の現場へ

「陰陽師」といえば、平安時代中期に活躍した宮廷陰陽師のことが即座に思い浮かぶ。彼らは、陰陽寮に所属する役人として、さらに陰陽寮の役職を離れた宗教的職能者として、政務の日時を取り決め、また怪異にたいして占いをたて、あるいは様々な災厄を祓い鎮める儀礼を執行する。その活動は、国家や天皇、貴族たちの命運や生活と不可分であった。

しかし、忘れてはならないのは、民間社会を活動の基盤とした「もう一つの陰陽師」たちの存在である。平安中期以降に「法師陰陽師」「陰陽法師」として登場し、中世後期あたりからその活動ぶりが顕著になってくる、唱門師《しょもんじ》（声聞師）・太夫《たゆう》・博士・万歳・院内・算置《さんおき》・暦師・算所など多様な名称をもって呼ばれる彼ら民間「陰陽師」の実像は、はたしていかなるものなのか。しばし平安の世を離れ、彼らの世界にスポットを当ててみよう。

ところで、民間社会における「陰陽師」の系譜をひく存在として、近年、あらたな注目を集めているのが、高知県物部村《ものべそん》を拠点に活動を続ける「いざなぎ流」の宗教者たちである。かつてに比べれば圧倒的に減少したとはいえ、「太夫」と呼ばれる彼らは、「すそ」の祓や、宅神祭《たくじんさい》、死霊の神楽《かぐら》、山鎮め、病人祈禱などに現役で携わっている。「生きた陰陽師の末裔《まつえい》」とも呼ばれるゆえんだ。中世後期、列島社会の各地方で活動していた民間の「陰陽師」のほとんどが歴史の彼方に消えてしまった現在にあって、「いざなぎ流太夫」は、民間社会を生きた「陰陽師」の実像を唯一垣間見せてくれる、それこそ奇跡的な存在といってもいいだろう。

ここでは現在の「いざなぎ流」の活動の一端を紹介するとともに、彼らが歴史上活躍した、民間の「陰陽師」とどのような系譜的な繋がりがあるのか、そこから「陰陽師」とはいかなる存在なのかを考えてみよう。それは、安倍晴明の「実像」を別の視点から照らし出してくれるはずだ。

いざなぎ流太夫とは

物部村では、現在、数人のいざなぎ流の「太夫」たちが、村人たちからの依頼を請け負って、村内の旧家に祭られている天の神、オンザキ、ミコ神、先祖《せんぞ》八幡、エブス（恵比寿）などの宅神の祭祀（神楽）などを執行している。そうした宅神祭は、短いときでも二、三日、長い場合は一週間、十日にわたるといった規模のものもある（近年の例では、平成八年一月二日〜八日、物部村別役《べっちゃく》・小原家）。祭りを執行する家に鎮座している神の数が多くなればなるほど祭りの日数がかかる、という理屈である。いざなぎ流では、たとえばオンザキという特定の神祭祀の場合でも、その家のなかの他の神々も同時に祭りを行なうのが原則になっている。そうしないと、他の神々が不満をもち、結局は家の神祭りが行き届かないと考えるからだ。きわめて念入りな祭祀法といえよう。

太夫たちは宅神祭以外にも、村内の氏神社の神社祭祀（近年では、平成十一年三月一日～四日、物部村市宇《いちう》十二社神社）や、大山鎮めと呼ばれる共同体祭祀（近年では、平成九年六月二十三日～二十四日、物部村市宇《いちう》土居《どい》）、地神祭祀（近年では、平成三年九月二十三日～二十五日、物部村別府《べふ》）、あるいは霊的な病にたいする病人祈禱なども行なっている。病人祈禱は、一時減少したとされたが、最近では逆に、特定の太夫が都市部へも「出張」する例が増えるなど、多くの依頼があるようだ。「いざなぎ流太夫」が、都市社会と関係をもつようになっているのが注目されよう。

宅神祭（オンザキの神楽）

以上のような太夫の活動は、村人や個人から依頼され、報酬として金銭を受け取って行なう、いわば「職業」としてあった。そこには、専門祭祀者、祈禱師、呪術師、占師といった多様な要素が指摘できる。そうしたなかで、「陰陽師」（陰陽道）との連関をもっとも色濃く見せてくれるのは、儀礼のなかで必ず誦まれる「祭文《さいもん》」という祈禱文であろう。

もともと祭文とは、中国伝来の、一種の祝詞のようなもので、安倍晴明たち陰陽師もやはり「祭文」を誦み唱えて、「追儺《ついな》」や「泰山府君祭《たいざんぶくんさい》」、「玄宮北極祭《げんぐうほっきょくさい》」などの陰陽道祭祀を行なっ

湯神楽（湯で祭場を清める）

ている。祭文とは、陰陽道儀礼にとって欠かせないものであった。だが平安時代においても、祭文は陰陽師以外に儒者官人や密教僧侶たちも誦む例があるし、さらに中世以降では修験山伏たちも祭文の読誦によって祈禱を執行している。祭文＝陰陽師とは限定できないわけだ。それは祭文を誦むいざなぎ流の太夫たちが、「陰陽道」だけに一義的に結びつけられるのではなく、熊野系修験や天台系修験、民間の巫女《みこ》信仰、あるいは中世後期の三輪流《みわりゅう》神道、御流《ごりゅう》神道、近世の吉田神道などとの交渉や影響のなかで、文字どおり複合的な信仰世界を作り上げていったこととともリンクしよう。それこそが民間社会に活動した多様な宗教者たちの実像ともいえる。

けれども、その一方で、たとえば『簠簋抄《ほきしょう》』などで流布していく安倍晴明伝説のなかの、晴明と道満の術競べの著名なエピソードが、いざなぎ流の起源を語る「いざなぎ祭文」のなかに取り込まれていることや、また家の死霊祭祀に関わるミコ神という神格のなかに「晴明のミコ神」「道満のミコ神」が登場するなど、中世後期あたりの民間「陰陽師」の伝承世界とクロスするところは、やはり無視できないだろう。

いざなぎ流の「呪詛の祭文」の世界

高知県の山深い集落に秘かに伝えられてきた「いざなぎ流」の存在を、世間に広く知らしめたのは、いうまでもなく小松和彦《こまつかずひこ》氏である。そのとき、なによりも大きな驚きを人々に与えたのは、『憑霊信仰論《ひょうれいしんこうろん》』などの著書で紹介された「呪詛《すそ》の祭文」であった。祭文には、釈尊と提婆王《だいばおう》（提婆達多《だいばだった》）との間の財産相続をめぐる争いから、提婆王の妻が、「唐土《とうど》じょもん」という人物に釈尊への呪いを依頼し、さらに唐土じょもんは、釈尊からの依頼で呪い返しを行なうといった、きわめてセンセーショナルな物語が記されている。ここに登場する「唐土じょもん」が、いざなぎ流太夫の先祖の一人と考えられ、だから太夫たちは呪いを仕掛ける技を伝えている……、と見られてきたのだ。

かくしていざなぎ流は、平安時代の陰陽師以来の「呪い」信仰を受け継ぐものとして、スリリングな話題を提供し、いつか、いざなぎ流太夫が「呪い」を仕掛ける闇の呪術師であるかのような印象がひとり歩きしていったのである。

小松氏の著書は、柳田國男以来の「常民《じょうみん》」の予定調和的な民俗社会のイメージを揺さぶる、民俗学のニューウェーブとして評価されていった。だが一方、「いざなぎ流」に関しては、小松氏の研究成果とは別に、多くの誤解や偏見が介在し、「呪い＝いざなぎ流」といった一面的なイメージが、世間に広がったのもたしかだろう。

まずは、そうした誤解を解く必要がある。たとえば、いざなぎ流の「呪詛《すそ》の祭文」は、呪いを仕掛けるための祭文ではない。それは「すその取り分け」という儀礼の時にのみ誦まれる祭文である。

すその取り分け

取り分けの祭壇

「取り分け」儀礼とは、特定の「呪い」を包括しつつ、さらに広い意味での穢れや不浄のもの（これを「すそ」と呼ぶ）を鎮め送り、封印するために行なうもので、現在の儀礼次第では、宅神祭や神社祭祀、山鎮めなどの行事の冒頭に、祭りの場を清めることを目的に必ず執行されている。いざなぎ流の祭祀は、「取り分け」を行なわねば成り立たないのだ。

さらに、祭文の物語に登場する「唐土じょもん」という人物も、依頼されて呪いを仕掛ける張本人でありつつ、最終的には、彼の力で呪いの災いは「呪詛神《すそしん》」へと祭り上げられていく。呪詛神は、「唐土じょもんの建て置いた呪詛の名所」へと送り鎮められ、封じられていくという結末になっている。したがって、唐土じょもんとは「呪い」の力を管理し、統御する呪術師であった。だから、現在の太夫たちも、唐土じょもんという「法者」によって呪いははじまったが、それを取り収めるにも法者の技を必要とするという理屈で、「唐土じょもん」を自らの「技」と「術」の始祖と崇めていくのである（詳しくは、斎藤英喜『いざなぎ流　祭文と儀礼』参照）。すその取り分けにおいては、「唐土じょもん」が太夫たちの技の後ろ神（守護神）となるわけだ。

ここには、「呪い」をめぐる近代的な善悪の価値観とは異質な、「技」の実践者たち固有の思想が読み取れる。それはまた、民間社会のなかで活動する宗教者たちの、社会のなかでの位置づけや役割ということと密接に繋がるだろう。特別な技術を所持するものは、共同体の他の人々とは選別される「エリート」であるが、それゆえに社会的には差別されていく、という社会観念である。

「呪詛の祭文」の系譜

ところで、「呪詛《すそ》の祭文」は、いざなぎ流の特徴としてしばしば強調されてきたが、じつはいざなぎ流固有のものではなかった。平安時代の『枕草子』の「ものよくいふ陰陽師して、河原に出でて、すそのはらへしたる……」といった一節をはじめ、平安貴族たちの日記類にも、陰陽師が「呪詛祓」「呪詛祭」、または「河臨祭」などの呪詛系の祓え儀礼を頻繁に行っていることが記されているのは、第五章で見てきたとおりだ。

そうした呪詛祭に読誦される祭文と思われる、土御門家《つちみかどけ》の家司《けいし》を勤めた若杉家の文書「呪詛之返祭《じゅそのかえしさい》文《もん》」「河臨之《かりんの》祭文《さいもん》」などが村山修一編『陰陽道基礎史料集成』に収録され、また林淳氏によって紹介された近世末期の地方陰陽師の関連資料（『諸国御支配方御日記　安政二年』）からも、彼らが「解返呪詛祭」に携わっていたことが確認できる（林「幕末の土御門家の陰陽師支配」）。

さらに、陰陽師以外の宗教者の側にも、修験山伏の「呪咀返之大事《じゅそがえしのだいじ》」（『修験深秘行法符呪集《しゅげんじんぴぎょうぼうふじゅしゅう》』）、「呪《じゅ》咀《そ》神祭文」（金沢文庫蔵）、地方の祈禱師系として三河「呪咀返祭文」（豊根村《とよねむら》古文書館蔵）、備後「呪咀祭文之祓」（岩田勝《いわたまさる》編『中国地方神楽祭文集』）など見いだすことができるのである。

以上のような史料（資料）から、「呪詛の祭文」はいざなぎ流の専売特許ではなく、列島各地に伝えられた、様々な呪詛系祭文の一角に位置するものであったことを、あらためて知っておく必要があるだろう（斎藤英喜「いざなぎ流の呪術宇宙　2」）。それは、いざなぎ流が「陰陽師」からの系譜を根幹に持ちつつも、修験道や天台《てんだい》系密教、神道などと複合していく信仰世界を形作っていることともクロスするのである。

では、こうした祭文を伝える「いざなぎ流太夫」は、民間で活動した「陰陽師」の系譜とどのように繋がるのだろうか。まずは、民間「陰陽師」の歴史的動向を探ってみよう。

民間「陰陽師」の歴史的動向

あらためて、「陰陽師」の歴史を振り返ってみると、すでに平安中期、安倍晴明や賀茂光栄たち宮廷陰陽師が活躍していた時代、陰陽寮系の陰陽師とは別系統の陰陽師が現れていることが注目される。彼らは「法師《ほっし》陰陽師」、あるいは「陰陽法師」と呼ばれ、おもに『今昔物語集』や『宇治拾遺物語』など平安末期から鎌倉時代前期の説話文学のうえに登場するが、十一世紀初期の『政事要略』などの史料にも、藤原道長など権力者への呪詛を請け負っていたことが見えている（一四七頁）。

中世後期になると、「法師陰陽師」「陰陽法師」の名称は直接確認できないが、『春日《かすが》権現《ごんげん》験記《げんき》絵《え》』（十四世紀）のなかに、頭に紙冠をつけた法師陰陽師らしき人物が描かれているのが指摘されている（斉藤研一「紙冠をつけた法師陰陽師」、本書一五三頁参照）。その人物は疫鬼を祓う祭祀を行なっていたらしい。また『黒谷上人《くろだにしょうにん》語燈録《ごとうろく》』（十三世紀）には、安房介《あわのすけ》という「陰陽師」が念仏を唱えるといった記述がある。

さらにクローズアップされるのが、早く柳田國男が取り上げた「唱門師《しょもんじ》」（声聞師）と呼ばれる人々である（柳田「唱門師の話」）。彼らは占い・祈禱などを行い、家々に暦を配り、正月には万歳などの芸能などにも携わっていたが、一般村落民からは賤視され、とくに結婚の禁忌は際立っていたようだ。唱門師の源流は、寺院における雑務に携わる者であったらしいが、たとえば奈良・興福寺の門跡寺院で、室町時代にその勢力を伸ばした大乗院《だいじょういん》は多数の唱門師を組織化していたことが確認されている（『大乗院寺社雑事記』）。

また近世中期には、唱門師の在所近辺に「清明《せいめい》」を祭る社があったという（『周遊奇談』）。芸能民とも混じっていく唱門師たちが、『簠簋抄《ほきしょう》』から説経《せっきょう》・古浄瑠璃《こじょうるり》『しのだづま』、歌舞伎『蘆屋道満大《あしやどうまんおお》内鏡《うちかがみ》』などに結実していく、晴明の出生伝である葛《くず》の葉《は》伝承などの語り手としてあったことは、充分想像しえよう（武田比呂男《たけだひろお》「『信太妻の話』の周辺」）。彼らの信仰対象とする安倍晴明が、「清明」と

犬神おとし　土佐国職人絵歌合「博士」（高知市民図書館蔵）

表記されるのは、あるいはキヨメ（清目）という職能との繋がりもあるのかもしれない。自分たちの職能の始祖として「清明」の来歴譚を語り伝えることで、自らの職能を聖なるものとへと反転させていく論理である。

一方、宮廷陰陽師の系譜をみると、陰陽寮の上位ポストを独占した土御門家（安倍氏）が、近世以降、唱門師をはじめとした地方在来の「陰陽師」たちを、自らの支配下に置くシステムを作り出していった。すなわち、各地方で「陰陽師」を名乗り、占いや暦売り、祓え、祈禱、雑芸などの「商売」を営む者は、土御門家から「門人」としての「許状《きょじょう》」を発行してもらい、その対価として上納金を納めるという体制である。それは、天和三年（一六八三）の霊元《れいげん》天皇の「諸国陰陽師之支配」の綸旨《りんじ》（勅許）、それを追認する五代将軍綱吉《つなよし》の朱印状、さらに寛政三年（一七九一）の「触れ流し」によって、江戸幕府の宗教統制政策の一角に組み込まれていった（木場《きば》明志《あけし》「近世日本の陰陽道」）。明治三年（一八七〇）、明治政府によって、そのシステムが解体されるまで、諸国の「陰陽師」系宗教者は、文字どおり土御門家の支配下に置かれたのである。

では、近世土佐で活動していた、いざなぎ流太夫の先祖たちも、土御門家の支配下に入った「陰陽師」なのだろうか。以下、それを検証してみよう。

いざなぎ流は「陰陽師」なのか

たとえば、現在のいざなぎ流の太夫たちは、自分たちのことを「陰陽師」と認識しているのだろうか。わたし自身、十数年間の調査のあいだに、太夫たちの口から直接「陰陽師」という言葉を聞くことは一度もなかった。彼らが自らのことを「陰陽師」と認識することは、ないといってよい。

ならば、彼らは自分たちのことを何と呼ぶのか。「太夫《たゆう》」であり、さらに「巫博士《かんなぎはかしょ》」、または「博士《はかしょ》」である。「博士」といった場合、「陰陽博士・天文博士・暦博士」など陰陽寮の上級官人を想像させるが、じつは「博士」という名称は、民間の占師を呼ぶ言葉として、中世の御伽草子《おとぎぞうし》や縁起類に頻繁に現れてくるのである。中世以降における「博士」の名称は、民間社会で活動する陰陽師の別称の一つであったようだ（梅田千尋《うめだちひろ》「陰陽師」）。

「博士」と「陰陽師」との関係について、ここに興味深い事実がある。近世初期、土御門家が諸国陰陽師を支配下に入れたとき、「陰陽師」としての活動内容を定める掟《おきて》を制定した。そのとき土御門家は、弓を叩《たた》いて祭文を読誦し、死者霊を降ろし、あるいは取り憑いた動物霊などを祓う病人祈禱を行なうことを「陰陽師」に禁止している。それらは梓神子《あずさみこ》・唱門師・博士の所行として、「陰陽師」とは区別したようなのだ。

近世土佐藩には、長岡郡本山村《もとやまむら》に土御門家の「許状」を所持する陰陽師たちの一群がいたが、一方、現在のいざなぎ流太夫たちが活動する槙山村《まきやまむら》（現・物部村《ものべそん》）には、土御門支配下の「陰陽師」とは別に、永野吉太夫《ながのよしたゆう》や芦田主馬太夫《あしだかずまたゆう》を「博士頭《はかせのかみ》」として組織された「博士」の集団がいたという。彼ら博士たちは、土御門から禁止された「梓神子」や「米占《ふまうら》」などを行ない、死霊降ろしや憑物落《つきもの》としなどを専門に担った宗教者たちであった（平尾道雄『近世社会史考』）。

現在のいざなぎ流太夫には、弓祈禱の技は廃《すた》れているが、たとえば「呪詛《すそ》の祭文・提婆流《だいばりゅう》」には弓祈禱によって呪詛神を祭る方法が語られ、また、いざなぎ流の根本祭文とされる「いざなぎ祭文」には、天竺《てんじく》のいざなぎ様から天中姫宮《てんちゅうひめみや》が「弓」の祈禱を授かることで、いざなぎ流がはじまったという起源譚を語っている。実際、つい近年まで、太夫たちが弓祈禱をしていたことは、様々な伝承や口伝として確認されている（髙木啓夫「すそ祭文とほうめんさまし」）。現在のいざなぎ流太夫たちは、この「博士」の系譜に連なる宗教者たちであったと推定されるわけだ（梅野光興《うめのみつおき》「神子・博士・陰陽師」）。

したがって、もし土御門家に認定された「陰陽師」だけを陰陽師と呼ぶならば、いざなぎ流太夫は「陰陽師」ではない、ということになるだろう。それは、現在の太夫たちに「陰陽師」という認識がないことと通底する。彼らは「博士」であり「神子《みこ》」であった。だから自らを「巫博士」と呼ぶのだ。

近世後期において、土佐長岡郡に居住する土御門系の「陰陽師」が、禁止されていた梓弓の祈禱をしていたので始末書を書かされたという事例が報告されている。それは、地域社会の末端陰陽師たちが、弓祈禱＝病人祈禱など村人たちの要求にもとづく活動をしていた事実を示唆してくれよう（木場、前出論文）。したがって、その意味では、いざなぎ流の太夫たちこそが、民間社会のなかで生きた活動を続ける宗教者であり、民間の「陰陽師」の実像に近いというべきなのかもしれない。

村人の要求にこたえるために、自らの技を磨き、あらたな知識を身に付けていく太夫たち。彼らはまさしく「術」と「技」の現場を生き抜いた「術法《ずっぽう》の者」であった。そうした視点に立ったときはじめて、いざなき流太夫は、長い歴史の闇をこえて、「術法」の現場を生きた先達《せんだつ》＝安倍晴明と相まみえることになるだろう。

第六章　「道の傑出者」

1　長保二年の反閇作法

長保元年（九九九）六月十四日、一条天皇が住まう内裏が火災に見舞われ、焼亡した。二日後の十六日、天皇は仮御所に遷御《せんぎょ》し、しばらくそこで暮らすことになる。その仮御所を「一条院」という。天皇の母后・東三条院《ひがしさんじょういん》詮子《せんし》が故太政大臣藤原為光《ためみつ》から伝領した殿邸である（橋本義彦「摂関政治論」）。

翌年、ようやく新しい内裏が完成したので、十月十一日、天皇は中宮《ちゅうぐう》彰子《しょうし》とともに新造内裏に還《かん》御《ぎょ》することになった。天皇は約一年四カ月ぶりに内裏に戻ることができたのだ。その「十月十一日」という日時は、陰陽寮、ならびに安倍晴明と賀茂光栄とが勘申《かんじん》し、天皇還御に際する儀礼が執行されることになった。

長保二年（一〇〇〇）十月十一日、一条院御所からの出御と新造内裏への還御に際して、安倍晴明が奉仕した呪術儀礼が「反閇《へんばい》」であった。

晴明、反閇を奉仕す

「反閇」――。貴人が外出するときに、陰陽師が「禹歩《うふ》」という独特なマジカル・ステップを踏み、貴人が歩行する場の邪気を祓う呪術という。陰陽道のもっとも重要な呪術の一つとされる。晴明は、一条天皇が仮御所から出て、新築された内裏に戻ってくるとき、天皇のまえに立って、反閇の呪法で奉仕したのである。

晴明はこのとき、八十歳。従四位下という高位についている。その日のことは、藤原行成《ゆきなり》の日記『権記《ごんき》』に記録がある。『権記』はこのとき晴明が反閇に仕えたのは、彼が「（陰陽）道の傑出者《けっしゅつしゃ》」であったからとわざわざ記している。晴明は、貴族たちに「道の傑出者」と称えられていたのだ。

あらためて史料を見ると、晴明がもっとも数多く行なっている陰陽道の呪術は、この反閇であった。長保二年以外に、以下のような例がある。

・永延元年（九八七）二月十九日〈六七歳〉
　一条天皇が凝華舎《ぎょうかしゃ》から清涼殿《せいりょうでん》に遷御したとき　（『小右記』）
・同年三月二十一日
　実資が二条邸へ渡るとき　（『小右記』）
・長徳三年（九九七）六月二十二日〈七七歳〉
　一条天皇が紫宸殿《ししいでん》を出御したとき　（『権記』）

・長保元年（九九九）七月八日〈七九歳〉
　一条天皇が内裏北対《きたのたい》に渡御するとき　（『権記』）
・寛弘二年（一〇〇五）三月八日〈八五歳〉
　中宮が大原野神社に行啓《ぎょうけい》するとき　（『小右記』）

晴明が高齢になってから「反閇」に仕えていることがわかる。それは晴明が「陰陽道」界において、「上﨟」（第一人者）と呼ばれる高いポジションについた頃である。貴人のまえに立って反閇を行なうことは、陰陽師にとって名誉ある行為であったわけだ。

それにしても、長保二年、新造内裏への還御のときに反閇を奉仕した晴明が、「（陰陽）道の傑出者」と賞賛されたのは、なにか理由があるのだろうか。彼の行なった反閇作法には、今までと違う特別な特徴でもあったのだろうか。

本章では、この長保二年（一〇〇〇）十月十一日の現場にスポットをあてて、晴明の「反閇」作法の内実に迫ってみたい。

二回行なわれた反閇

『権記』の関連記事を検討してみよう。新造された御所に移るために、一条天皇はまず一条院御所から出御する。この「行幸」に際して晴明が反閇を行なった。

戌《いぬ》二剋（午後七時半〜八時）、主上、南殿《なでん》から出御す。内侍《ないし》など、御剣・璽《じ》、候する事例の如し。晴明朝臣、御返閇《（ママ）》を奉仕す。

（藤原行成『権記』長保二年十月十一日）

夜の八時頃に、天皇は、一条院御所から出た。そのあとに、内侍の女官が御剣・璽（勾玉《まがたま》）などの宝器（いわゆる「三種の神器」のうちの二つ）を持って続く。それは天皇行幸の恒例のスタイルである。そのとき、晴明が反閇（御返閇）を奉仕し、道中の邪気を払い除いたというのである。このあと、いよいよ一条天皇は、新しく造営された御所に入る。問題は、この場面だ。

御輿《みこし》、西門より出で、陽明門より入る。□□□門、入御の間、神祇官の中臣の官人、建礼門《けんれいもん》の下において御麻《みぬさ》を供奉《ぐぶ》す。□□□左右馬寮《さゆうのまりょう》史生、各《おのおの》一人、東西に相分かち、黄牛《あめうし》牽《ひ》きて進む。□□□供奉す。御輿のいまだ南階《みなみのはし》の前に到らざるとき、晴明朝臣、御返閇（＝反閇）を奉仕す。〔応和の例、陰陽寮は散供《さんぐ》を供奉す。この度は、晴明、道の傑出者、以てこの事供奉す。〕次に御輿、南階に寄す。主上、紫宸殿におはします。

（同）

一条天皇の御輿は、陽明門から大内裏に入った。そして南の建礼門から内裏へと入御する。そのときに、神祇官の長官である中臣が門のもとで「御麻」の儀を執行する。それは一種の祓禊《ふっけい》儀礼で、天皇は中臣から渡された御麻で身を撫でて、穢れを祓う。このあと、左右の馬寮官人が、東西に分かれて二匹の黄牛を牽いてくる。続いて、天皇の御輿が紫宸殿の南階に到着するまえに、晴明が反閇を行なった。ただし先例では、陰陽寮官人が「散供」（米や銭、酒などを撒いて神に供し奉ること）をすることになっている。晴明が「道の傑出者」なので、今回は反閇を奉仕したのである。この後、御輿は紫宸殿の南階に寄せられ、ようやく天皇は紫宸殿にあがる……。

以上が、天皇が新造された内裏に入ったときの記録である。晴明は、仮御所の出御とともに、新造内裏に入る際にも反閇を行なった。長保二年十月十一日、晴明は二回にわたって反閇を奉仕したのだ。問題は、「入御」に際しての反閇が、「応和の例」とは異なるという注記である。「応和の例」とは、天徳四年（九六〇）九月の内裏火災の翌年、応和元年十一月二十日の新造内裏への還御に際しての例である（第三章参照）。そこでの陰陽師の作法は、反閇ではなく「散供」であったが、今回は、晴明がそれを「反閇」に変えてしまったというのである。

なぜ彼は先例と異なる作法を行なったのだろうか。

移徙法とは何か

ところで、旧宅から新築された殿舎に公式に移るときには、新宅で行なわれる作法が決まっていた。それを「移徙法《わたましほう》」（新宅移徙）という。晴明の反閇は、この移徙法の作法にとって異例であったらしい。

移徙法とは、どのような作法なのか。その概要は『類聚雑要抄《るいじゅうぞうようしょう》』（十二世紀）、『二中歴《にちゅうれき》』（十二世紀末）に次第がみえる。以下、小坂眞二氏の研究（「陰陽道の反閇について」）、繁田信一氏の研究（『陰陽師と貴族社会』）を参照しつつ、その次第（これは基本的には、一般貴族も天皇も同じ次第）を紹介しよう。

(1) 数日前に陰陽寮が勘申した日時に従い、新築された殿舎にたいして、神祇官の「大殿祭《おおとのほがい》」、仏教儀礼の「安鎮法《あんちんほう》」、陰陽道の「宅鎮祭《たくちんさい》」などを行なう。
(2) 家の主人が旧宅を出るときに、通常の出行儀礼としての反閇を行なう。
(3) 新宅の大門（内裏では建礼門）、中門（承明門《しょうめいもん》）、堂前（紫宸殿前庭）、堂上に、陰陽寮官人が、五穀・酒・生牛乳などを散供する。
(4) 新宅到着以前に、水桶・松明《たいまつ》を持った二人の童女《わらわ》（水火童女）と左右馬寮官人の供奉する二人の童女が黄牛《あめうし》二頭を牽《ひ》き、大門・中門などの所定の位置に整列する。
(5) 大門の外で、神祇官の官人が、入御する主人に大麻を手渡す。主人は、それで身を撫でて穢れを移す。
(6) 中門において、陰陽寮官人が、御輿・水火・黄牛のまえで散供する。
(7) 陰陽師・黄牛・水火童女・家の主人の順で西中門をくぐる。
(8) 主人たちが到着するまえに、陰陽師による前庭、堂前、堂上の呪《しゅ》の作法（散供）が行なわれる。
(9) 主人たちが寝殿《しんでん》に到着すると、「五菓嘗《ごかしょう》」（季節の果実を五種類嘗める）の作法を行なう。

狭い意味での「移徙法」は(3)以降の作法で、ここに記されたのはほぼ十世紀以降のものである。新築された殿舎のなかの神霊や精霊、およびその建物が建つ地面に潜む地霊などを鎮め祭る呪法といえよう。これを行なってはじめて家の主人は、新宅に入ることができるのだ。この呪法に陰陽師が深く関わることは見てのとおりである。

とくに(4)の「水火童女」「黄牛」の次第は、すでに九世紀段階において、「陰陽家」によって開発された呪法であった

天皇、東宮より遷《せん》し、仁寿殿におはします。童女四人、一人は、燎火を秉《と》り、一人は盥手器《かんずき》を持つ。二人は、黄牛二頭を牽き、御輿の前に在り。陰陽家、新居を鎮むるの法を用ゆ。

（『日本三代実録』元慶元年〈八七七〉二月二十九日）


「水火童女」は、まさに五行の水・火に対応する呪法である。このときの水と火は、後に「門・戸・井・竈《かまど》・堂・庭・厠《かわや》」（『類聚雑要抄』巻第二）などの「宅神」を祭祀する五穀の煮炊きに使われた（繁田、前出書）。

一方、「黄牛」については、「黄牛を牽くは、土公《どくう》を厭《えん》ずるの意」（『左経記』長元五年四月四日。賀茂保憲の説）とある。土公神《どくうじん》とは、季節ごとに特定の方角・場所を遊行する陰陽道系の神。新宅に入るにあたって、まずこの土公神の鎮めを重視したのだ。「黄牛」とは、赤色を帯びた黄色の牛。土公神が、五行によって中央の黄に配されるために、「黄牛」による鎮めが行なわれたのである。長保二年の移徙にも、その呪法が使われている。移徙法で、土公神の鎮め（厭法）がもっとも重視されたことがわかるだろう。なお、黄牛は、新宅移徙の当夜から三夜のあいだ、南庭に繋いでおく。

また(5)の神祇官による大麻（御麻）の次第も、建礼門のもとで執行されているのがわかる。長保二年の天皇入御の儀は、移徙法の作法に従って進められていたのである。

問題は、(8)の次第である。それに該当するところで、晴明は、天皇が紫宸殿の南階に到着するまえに、「御返閇」（反閇）を執行したとなっている。

「陰陽寮は散供を供奉す」

本来は「応和の例、陰陽寮は散供を供奉す」とあるように、陰陽寮の官人が「散供」（米、酒などを撒き散らす）するのが通例であった。陰陽家が創案した「移徙法」の作法には、本来、反閇の作法はセットされていなかったのである。だが長保二年において、晴明は、あえて先例を無視して、反閇を執り行なったのだ。

当時の宮廷社会は先例主義といわれるように、何事も「先例」が重視された。とくに重要な宮廷儀式については、担当した貴族たちが、その作法について「日記」に逐一書き記しておいた。貴族たちの日記は、一つの知的財産とされ、子孫はそれを受け継いだのである（松薗斉《まつぞのひとし》『日記の家』）。

そうした時代にあって、晴明は「先例」にはなかった反閇を移徙法に追加した。それを可能としたのは、「この度は、晴明、（陰陽）道の傑出者、以てこの事供奉す」という認識が、人々のなかにあったからだろう。長保二年、晴明、八十歳。陰陽道界に君臨する「老翁」の権威が、その文面から読み取れよう。

なお十世紀末以降になると移徙法のなかに反閇作法が組み込まれ、安倍氏のみならず、賀茂氏系の陰陽師たちもそれを行なったようだ。晴明の作法が「先例」として定着していったのであろう。ただし、新宅移徙を指揮する陰陽師が安倍氏以外の場合だと、長元元年（一〇二八）に至っても反閇がなかった例もあったという（繁田、前出書）。

それにしても、なぜ晴明は先例を無視してまでも、移徙法に「反閇」を追加したのだろうか。なぜ「散供」の作法では駄目だと判断したのだろうか。

長保二年、新築された御所の現場で何が起きたのか——。それを明らかにするためには、「反閇」という呪法そのものをさらに究明する必要がある。「反閇」の呪法のなかに、先例と異なる晴明の作法を解き明かす鍵があるからだ。

2　反閇と禹歩

「反閇」呪法の系譜

まずは反閇の系譜をたどっておこう。

反閇のルーツはいうまでもなく中国。春秋・戦国時代以前から、病気の際などの祓えの術として行なわれていたという。「反閇」といった場合、即座に「禹歩《うふ》」という独特な歩行法が連想されるが、そもそも両者はどういう関係にあるのだろうか。

従来、両者は一体のものとして認識されることが多かったが、近年の研究では、それは元来、別々のものであったことがわかってきた。以下、それを確認していこう。

「禹歩」は、その名前から想像されるように、夏《か》の王・禹王《うおう》の伝承にもとづく。後漢の『法語』という書物によると、禹王が水土を治めるために山川を渉《わた》ったときに、足に病を得て足を引きずって歩いたのを、俗巫（シャーマン）がその歩き方をまねて、特殊な歩き方の呪法になったという（酒井忠夫「反閉《ママ》について」）。古代中国では、聖なる王は、その身が「不具畸形者」であり、巫がそれをまねるのは、わが身に聖王の力を具現化すると信じたからであった（八木意知男《やぎいちお》「特殊歩行の儀」）。禹王と結びつくように、それは道教系の呪術として発展するわけだ。

「禹歩」のステップについては、道教方術のマニュアル本・晋の葛洪《かっこう》が編纂した『抱朴子《ほうぼくし》』のなかに、次のように示されている。

また禹歩の法は、まさに右足を立てて前に在らしめ、左足を後に在らしむ。次に復《また》、左足を前にし、次に右足を前にして、左足を以つて右足に従はしめて併《あわ》すべし、是れ一歩なり。……凡《すべ》て天下の百術を作《な》すには、皆宜しく禹歩を知るべく、独りこの事のみにあらざるなり。（『抱朴子』登渉篇）

右足をまえに進め、次に左足。そして右足をまえに進めて左足を右足に合わせる。これが禹歩の法の基本となる。『抱朴子』では、山に入るときに、山に棲息する魔物から身を護る法として、禹歩の法を説いているが、あらゆる呪法（「百術を作すに」）にもこれが基本となるという。また同じ「登渉篇」には、「六甲の秘呪」の九字《くじ》＝「臨兵闘者皆陣列前行《りんぴょうとうしゃかいじんれつぜんぎょう》」の呪文があり、それを唱えて禹歩の歩行をしたものと思われる。

一方、「反閇」のほうは、そのルーツが異なるようだ。反閇作法は、中国の五行家説《ごぎょうかせつ》に出てくる「玉女反閇局法《ぎょくじょへんばいきょくほう》」（『隋書』経籍志）に由来するという（酒井、前出論文）。占法の一つである「遁甲式占」にもとづく呪法なのである。つまり遁甲式占による占いの結果、判明した悪い方位にたいして、その災厄を防ぐための呪法として行なわれたわけだ。小坂眞二氏によれば、「玉女反閇局法」では、玉女という神格のほか、北斗七星・青龍・蓬星《おうせい》・明堂などの諸神を勧請し、それらに守護される形で出行の作法を行なったようだ。その場合、禹歩のステップは、北斗七星の形をとったものらしい。不祥災厄の除去や立身出世・任務の完遂などの成就を祈願して行なったものであった（小坂「陰陽道の反閇について」）。ここで地を鎮める反閇作法に「北斗七星」という天体の星々が登場することに注目しておこう。

以上から、「禹歩」というマジカル・ステップの作法は、「反閇」を構成する呪術の一要素でしかなく、陰陽道における反閇は、その他の呪術を含む一連の儀式であったようだ（小坂、前出論文）。晴明が反閇を行なったときも、たんに禹歩のステップを踏むだけではなかったのである。

反閇作法の宗教文化

ところで、陰陽道を経由して日本に定着した反閇作法は、とくに禹歩の歩行呪術がクローズアップされていった。それは「護身法」（身固め）として発展したようだ。さらに、マジカル・ステップの作法は、列島各地に伝わる様々な宗教文化・宗教芸能のなかにも広がっていった。

たとえば奥三河地域の「花祭《はなまつり》」のなかでは、有名な榊鬼《さかきおに》の「へんべ（反閇）」＝鉞《まさかり》をふりかざして舞処《まいど》を力強く踏み鎮めていく作法や、花太夫《はなだゆう》の行なう「しずめ」の反閇などがある。そこには「晴明型」という五芒星《ごぼうせい》状に足を動かす作法、「盤古《ばんご》・大王《だいおう》・堅牢《けんろう》・地神《ちじん》…」と五法五足で踏み鎮める作法など、多様な反閇作法が伝わっている（山本ひろ子「花祭の形態学」）。あるいは高知県のいざなぎ流にも、祭儀の最後に太夫たちが手に小刀をもって、「反閇荒神《こうじん》踏み鎮め、踏めばへんじと固《かた》もれや……」といった鎮めの文句を唱えつつ、軽く足踏みしていく所作が伝わっている。「反閇」作法は、列島社会のなかの様々な宗教儀礼・呪法として根づいているといえよう。

では、そうした反閇の系譜のなかで、晴明が行なった反閇はいかなるものか。とくに「（陰陽）道の傑出者」と称えられた、長保二年の反閇作法には、どのような特徴があったのか、次に見ていくこ

花祭の榊鬼（愛知県豊根村）

いざなぎ流の反閇（高知県物部村）

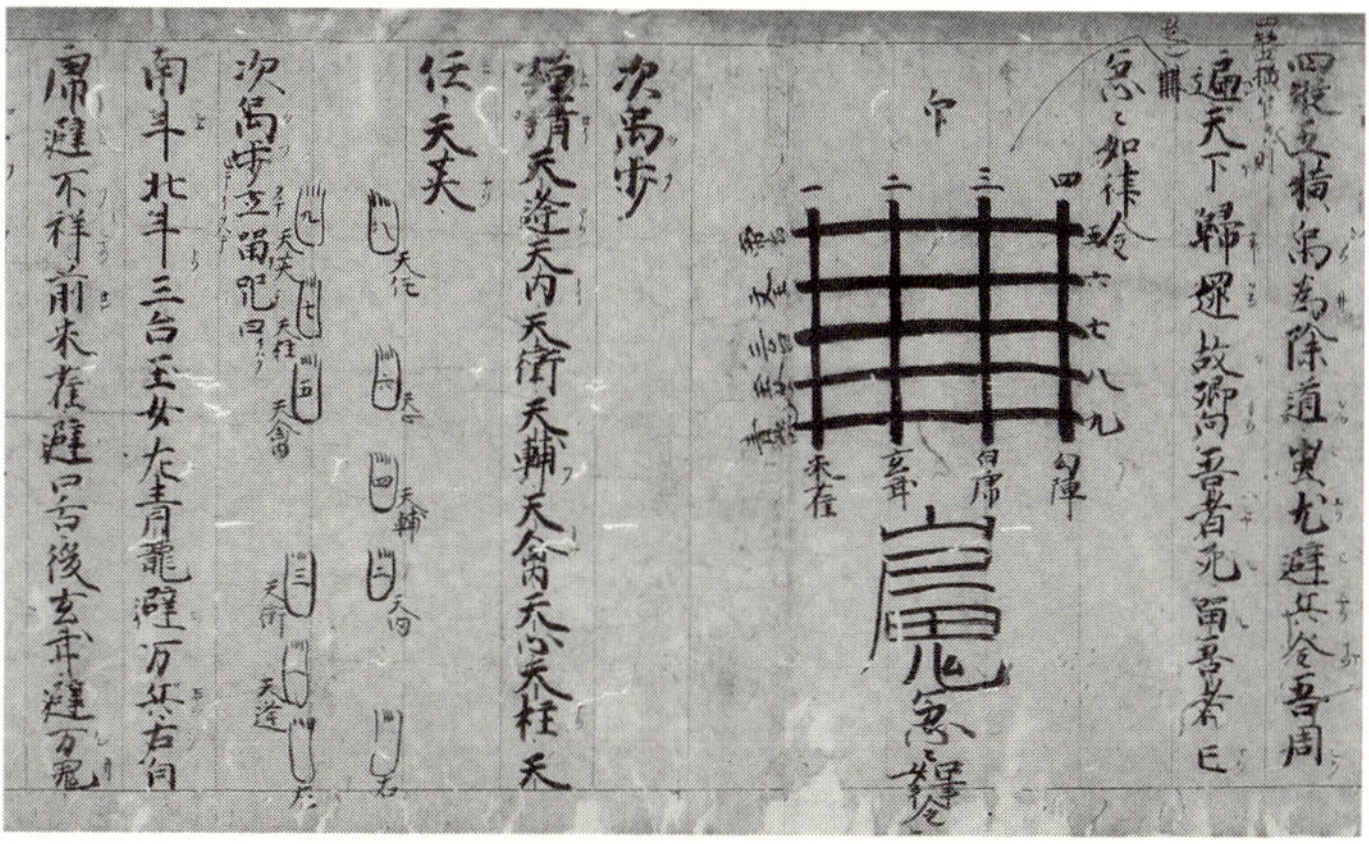

『小反閇作法并護身法』（京都府立総合資料館蔵）

とにしよう。

反閇はどのように行なうか

残念ながら、晴明の同時代の史料中には、彼が行なった反閇の手順を具体的に示すものはない。だが、近年、土御門家の家司《けいし》を勤めた若杉家の文書中、十二世紀前半の『小反閇作法《しょうへんばいさほう》 并《ならびに》 護身法《ごしんほう》』という資料が、村山修一氏によって発見・公開された（村山編『陰陽道基礎史料集成』）。その資料にもとづく小坂眞二氏の詳細な研究に学びつつ、晴明の時代の反閇作法を復元してみよう。『小反閇作法并護身法』には、以下のような次第が記されている。（理解しやすいように、番号を付す）

(1) 先、出《いず》べき便門に向ひ、玉女《ぎょくじょ》に事由を申す。

(2) 次に五気を観す。天鼓《てんこ》を三打して、臨目思《りんもくし》す。

木肝中の青気、左耳より出て、青龍となりて左に在り。

金肺中の白気、右耳より出て、白虎となりて右に在り。
火心中の赤気、頂上より出て、朱雀となりて前に在り。
水腎中の黒気、足下より出て、玄武となりて後に在り。
土脾中の黄気、口中より出て、黄龍となりて上に在り。

(3) 次に勧請呪《かんじょうじゅ》

南無陰陽本師龍樹菩薩提婆菩薩馬鳴菩薩伏義神農黄帝玄女玉女師曠天老前伝此法蒙益□□天判地理早得験貴　急急如律令

(4) 次に天門呪

六甲六丁天門自成六戊六巳天門自開六甲磐垣天門近在急急如律令

(5) 次に地戸呪《ちこじゅ》

九道開塞〻〻〻〻〻〻〻〻〻〻有来追我者従此極乗車来者析其両軸騎馬来者暗其目歩行来者腫其足揚兵来者令自伏不敢赴明星北斗却敵万里追我不止牽牛須女化成江海急急如律令

(6) 次に玉女呪

甲上玉女〻〻〻〻〻〻〻〻〻〻来護我身無令百鬼中傷我見我者以為東薪独開我門自閉他人門急急如律令

(7) 次に刀禁呪《とうきんじゅ》（刀を取りて頌《しょう》すべし）

吾此天帝使者所使執持金刀令滅不祥此刀非凡常之刀育練之鏗此刀一下何鬼不走何病不愈千殃万邪皆伏死亡吾令刀下急急如天帝太上老君律令

(8)　次に四縦五横呪《しじゅうごおうじゅ》　並《ならびに》印《いん》

四縦五横帛為除道蚩尤避兵令吾周遍天下帰還故郷吾者死留吾者亡急急如律令

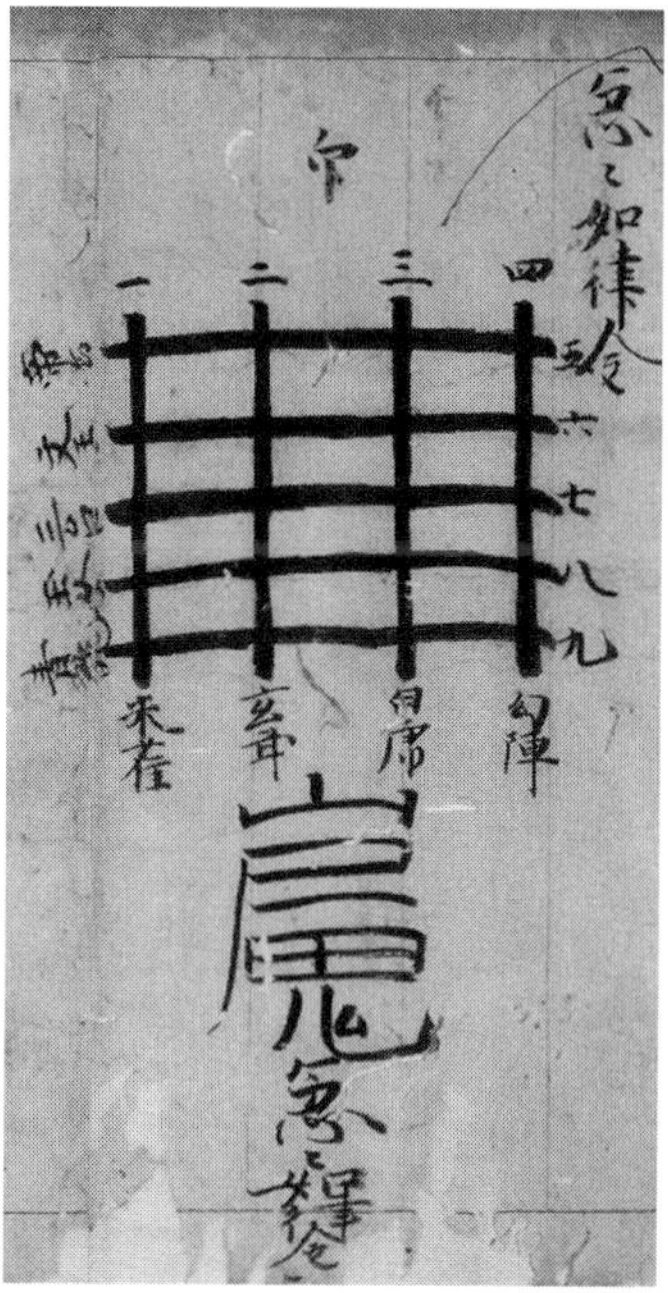

(9)　次に禹歩《うふ》

謹請天逢《てんぽう》・天内《てんない》・天衝《てんしょう》・天輔《てんぽ》・天禽《てんきん》・天心《てんしん》・天柱《てんちゅう》・天任《てんにん》・天英《てんえい》

(10)　次に禹歩立ち留まり呪に曰く

南斗北斗三台玉女左青龍避万兵右白虎避不祥前朱雀避口舌後玄武避万鬼前後輔翼急急如律令

(11)　次に六歩　秘説

乾・坤・元・亨・利・貞

（『小反閇作法并護身法』）

『小反閇作法并護身法』とあるが、かなり複雑な作法であることがわかる。作法は、(1)で出かける方角を「玉女」という神に告げることからはじまる。そして(2)で「五気」を観想して三回「天鼓」を打ち、「臨目」(営目)「思」(存思)する。この「五気」の観想は、以下にあるように、五臓のなかの五色の気が体内から出て、それらが青龍・白虎・朱雀・玄武・黄龍へと変幻する様をイメージしていく。それら聖なる神獣たちが、術者の前後左右上を囲繞《いにょう》する(守護するように取り囲む)のである。

なお、この「三回天鼓を打ち」とは、叩歯《こうし》の呪術の一つらしい。「叩歯」は、歯をガチガチと噛み合わせて、体内神《たいないしん》を歯に招き、邪気が侵入しないようにする作法である。中央上下の歯を噛み合わせるのを「天鼓」という(坂出祥伸「長生術」)。反閇作法で、五臓の気を観想し、体内より青龍・白虎・朱雀・玄武・黄龍が生じるのは、この天鼓=叩歯の呪法によると見ていいだろう(田中勝裕「宗教儀礼・信仰と武術」)。陰陽道における反閇には「叩歯」はなかったと小坂氏は指摘したが、そうとは言い切れないようだ。

陰陽道の「四縦五横呪」と「禹歩」

(3)の「勧請呪」から(7)まで様々な霊神、とくに「玉女」という女神を勧請《かんじょう》し、それらの神々に守護されながら、門の外に出ていく。

(3)で勧請される諸神が、仏教・道教などの複合的な存在となっているのは、興味深いところだ。小坂氏によれば、「龍樹出印法《りゅうじゅしゅついんほう》」といった、密教の祖・龍樹に仮託された反閇法の知識は、早くから日本に伝わっていたという(小坂「陰陽師が反閇をつとめるとはどういうことか」)

(8)はいわゆる九字の呪法。だが、十二世紀以前の陰陽師たちは、有名な「臨兵闘者《りんぴょうとうしゃ》…」(臨兵《りんぴょう》の九《く》字《じ》）ではなく、「朱雀・玄武・白虎・勾陳《こうちん》……」という呪を用いていたようだ。当然、晴明もそれを用いただろう。ちなみに陰陽師が「臨兵の九字」を使うようになるのは中世以降という。

これを唱えおわってから、地面より二、三尺上のところに刀で印を書く。印形《いんぎょう》は「九字」。縦に左から朱雀・玄武・白虎・勾陳、横に上から帝久・文王・三台・玉女・青龍と書く。書きおわって、その跡を踏まないように踊り越えて、(9)「禹歩」に移る。

このとき唱えるのは、「遁甲式占」にもとづく九星の名前。「九星」とは北斗七星と姿を隠した二つの星の総称をあらわす。遁甲式占は、陰陽師の式占のなかでは古い占法（第四章参照）。遁甲式占の九星の名前を唱えつつ、左足からすり足で次の順序ですすむ。

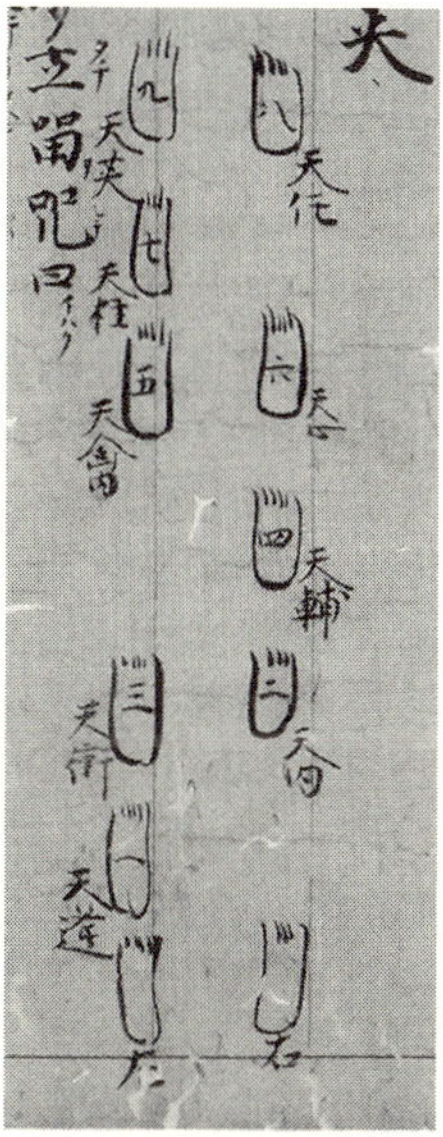

⑧天任　⑥天心　④天輔　②天内　右足
⑨天英　⑦天柱　⑤天禽　③天衝　①天逢　左足

天皇、貴族たちも陰陽師のあとに続いて歩く。そして立ち止まったところで、「南斗《なんと》北斗《ほくと》三台《さんだい》 玉女《ぎょくじょ》 左青龍《させいりゅう》……」の呪文を唱えていく。この呪文は、呪詛祭の一種である密教系の「六字河臨法《ろくじかりんぼう》」にも使われている。「南斗・北斗・三台・玉女……」の呪文が通常の外出に使う反閇呪であろうと小坂氏は推定している。

星の上を踏む

このように、陰陽道の「反閇」作法がかなり複雑な呪術体系によって組み立てられていることが見えてきただろう。「反閇」作法は、多種多様な呪が唱えられた後に「禹歩」が行なわれたのである。いいかえれば、禹歩のマジカル・ステップを踏むまえに、まずは霊神たち、とくに玉女の神霊を召喚しなければならない。禹歩は、それに支えられて、「門」の外で待ち受け、地に潜む邪悪なものたちを屈伏させる呪術だとひとまず見ていいだろう。

だが、なぜ禹歩において「九星《きゅうしょう》」の名を唱えるのだろうか。それは地を踏むことが同時に、天体の星の上を踏むことと同じと考えた呪法といえる。

天体の星と地上とを相関させる呪法は、「反閇」作法とは異なるが、道教呪術に「歩五星法」というのがある。

> 太上真人歩五星の道は、五星を致《まねきよ》せ室に降るを以てす。気を閉じ綱に上《のぼ》り、まさに先づ五星・星夫人の名字を呼び、畢《おわ》れば乃ち綱を越え星を踏むべし。謂《いわれ》は始め綱に上り、便ち頓《ぬかづ》き住《とどま》りて名字を呼ぶ、名字を呼び畢れば、乃ち綱を越え星を蹈むのみ。（『真誥《しんこう》』巻九）

道士の修行法の一つである。「五星」は、熒惑《けいわく》（火星）・太白《たいはく》（金星）・歳星《さいせい》（木星）・辰星《しんせい》（水星）・鎮《ちん》星《せい》（土星）の太陽系の惑星だが、それらの星を勧請し、その星の上を踏むという所作のようだ。とくに「綱を越え星を蹈む」という作法は、反閇において「九字」を書き記し、それを飛び越えて禹歩をする作法との接点も見えよう。

反閇の禹歩は、足を踏む所作が問題なのではなく、それが星（北斗七星）の上を踏むことに重点があるわけだ。天体の星と地上との照応《しょうおう》とは、まさしく陰陽道思想の根幹といえよう（第三章参照）。それは、天文博士＝星を観る人《スターゲイザー》・安倍晴明の儀礼現場にとって、つねに大きな主題であったのだ。

3　「晴明、道の傑出者」

さて、長保二年（一〇〇〇）の晴明が、今見てきたような反閇作法に近い呪法を駆使したことは、まちがいないだろう。問題は、なぜ晴明が、この反閇を「移徙法《わたましほう》」のなかに取り入れたのか、ということだ。

まずは新しく造営された内裏に潜む諸霊たちを厭《えん》ずるには、これまでの散供《さんぐ》だけでは充分ではない、という認識があったのだろう。もともと「散供」とは神祇官系の呪法であった。神祇官の忌部《いんべ》（斎部）が中心に行なう新築儀礼である「大殿祭《おおとのほがい》」にも散供が行なわれている。それを陰陽師側が転用したものだ。こうした「散供」にたいして、晴明は、陰陽道による最新の反閇の呪・禹歩を駆使しなければ、新造の内裏に天皇が入御しえないと判断したのではないか。とくに前年に火災で焼けた内裏であるから、より念入りな呪術の必要性があったことはたしかだろう。

しかし、新造内裏の入御に際して反閇を行なった理由には、さらに陰陽道の「知」と密接な繋がりが考えられる。

忌日と反閇との関係

反閇は、天皇や貴人たちが移動するときに行なう一種の護身法《ごしんほう》といえるが、そこで注意すべきは、天皇の行幸《ぎょうこう》・出御《しゅつぎょ》があったときに、つねに反閇が行なわれたわけではない、という事実である。この点を指摘したのは、八木意知男氏である（八木「特殊歩行の儀」）。

平安時代、様々な禁忌・各種忌日が陰陽道によって増加していくと、行事をすることが可能な日は幾日も残っていないのが実情となる。そこで忌日によって実行不可能になった行事を執行させるための「智慧」が反閇ではなかったか、というのだ。その場合、反閇とは、「天地の閇されたる気の逆転現象を旨とする呪術作法」となる。「吉方吉日のない」時、つまり「閉」の状態で何かの行事をなすときに「閉」を「開」に変ずる術が「反閇」なのだ。たとえば天皇の行幸不可なる日や方角にたいして行幸するとき、閉ざされたる気を「反」させる呪法ということになる。

八木氏の説を受けると、長保二年十月十一日の一条天皇の新造内裏への遷御が、「忌日」と判断されたために晴明が「反閇」を移徙法に追加した、ということが想定できる。

以下、それをたしかめてみよう。

「長保二年十月十一日（甲寅）」はいかなる日か

では、長保二年（一〇〇〇）十月十一日（甲寅《きのえとら》）は、陰陽道の暦でどのような日にあたるのか。

じつは、この日に新造内裏に遷御（還宮）するということは、同年八月十八日に、還宮の日時等を勘申せしむべきこと、彼日に陰陽寮並びに晴明・光栄朝臣などを召し候せしむべしと。（『権記』）

と陰陽寮、晴明、光栄などの三者に「勘申」させた結果、決定されたのである。当然、そこでは十月十一日が、陰陽道の暦注《れきちゅう》から、新造内裏への還宮にとって「吉日」と判断されたことはまちがいない。さらに、新造内裏へのはじめての入御であるから、それは「移徙《いし》」する日としても「吉日」でなければならない。その根拠を検証してみよう。

たとえば、安倍家の陰陽道を伝える貴重な書物である安倍泰忠《やすただ》撰『陰陽略書』（十二世紀後半、中村璋八『日本陰陽道書の研究』所収）をみると、以下のような規定がある。

百虎脇《（白か）》　三日　十一日　十九日　二十七日　富貴安楽至三十年、吉、移徙、吉。

とあって、「十一日」が移徙の吉日になることがわかる。ちなみに賀茂家側のテキスト、賀茂家栄撰『陰陽雑書』（十二世紀前半、中村、前出書所収）にも「移徙吉日」として「白虎脇日　十一日」とある。

これらによれば、十月十一日（甲寅）は、新築された内裏への還宮（移徙）にふさわしい「吉日」であったわけだ。長保二年十月十一日の還宮（移徙）は、新造内裏に天皇がはじめて入御するに、もっとも適した日が選ばれたのである。

だが、反閇が「吉日吉方」ではない日に行事するときの予防術であるならば、この日は「遷御」にとって何か不都合がある日（忌日）でもあったはずだ。

さらに暦注を見ると、十月の「寅」の日は「太禍日」にも当たっていたことが判明する（『陰陽略書』）。こちらの「日」を根拠にすると、十月十一日（甲寅）に新造内裏に入ることは、よほど気をつけねばならないということになる。とすれば、晴明の反閇奉仕は、その「太禍日」への予防として、あえて行なったと考えることができよう。

「道の傑出者」の深層

ここで「十月十一日」の決定が、陰陽寮・晴明・光栄の三者でなされたことに注目しておこう。この三者が併記されているのは、晴明・光栄が「陰陽寮」とは別の立場から日時を勘申したことを意味する。このとき二人は「陰陽寮」に所属するのではなく、このとき二人は陰陽寮に所属するのではなく、「蔵人所《くろうどどころ》陰陽師」という、平安中期固有の「陰陽師」としての役割を負っていた。それは律令官制としての陰陽寮とは別の組織となる。だからこそ、「陰陽寮」と「晴明、光栄」（蔵人所陰陽師）の両者が勘申をしているのだ。

そこで日時の勘申に際して、いくつもの案が出されたことが想像されよう。晴明の「反閇」奉仕は、決定された「日時」の複数の可能性、つまり「吉日」と「太禍日」両方にたいする対処ではなかっただろうか。

それは晴明の反閇奉仕にたいする『権記』の記者＝藤原行成の、あの言葉と響きあう。ふたたび引こう。

御輿のいまだ南階の前に到らざるとき、晴明朝臣、御返閇を奉仕す。〔応和の例、陰陽寮は散供を供奉す。この度は、晴明、道の傑出者、以てこの事供奉す〕

なによりも「陰陽寮」が行なう「散供」の先例にたいして、晴明が反閇を行なうことが重要なのだ。晴明は、「陰陽寮」に所属する者たちを超えて「道の傑出者」と呼ばれる。晴明は「陰陽道」という、陰陽寮という役所を超えたところで、その「傑出」した存在たることを貴族たちに認めさせたのである。

ところで、ここに示された「応和の例」とは、応和元年（九六一）十一月二十日、前年九月の内裏焼失以降、ようやく再建された新造内裏に、村上天皇が還御したときの事例をさす。その日の記録は『日本紀略』や『西宮記《せいきゅうき》』『新儀式』などに記されているが、たとえば「左右馬寮、黄牛《あめうし》を各一頭牽き進むてへり」（『日本紀略』）、「陰陽寮厭法《えんほう》を供奉する事」（『新儀式』）といった、定式化された「移徙」の作法に即した儀礼が行なわれたことがわかる。たしかに、晴明が行なったような反閇は、そこにはない。

注意されるのは、応和元年のときに、陰陽寮の職務を遂行したのは、村上天皇の時代、陰陽道のトップたる天文博士・賀茂保憲であったことだ。すなわち「応和の例」と異なる晴明の作法とは、彼の

「師」たる保憲のやり方に反することを意味したのである。さらに臆測すれば、晴明は、「太禍日」に対処するだけでなく、わが師の作法とあえて違う呪法を創り出そうとしたのではないか。

長保二年（一〇〇〇）に、晴明が「道の傑出者」と呼ばれたこと。そこでの「道」は陰陽道一般ではなく、自己の師匠筋たる賀茂家の「陰陽道」を超えようとしたことを意味するのではなかったか。長保二年の晴明の反閇奉仕とは、それを貴族たちに認めさせる現場でもあったのである。

なお移徙法に反閇を追加する方法は、これ以降定着していったようだ。寛弘二年（一〇〇五）二月十日、藤原道長が新築された東三条の邸宅に入居するとき、新築の自宅の門前で、遅刻した「陰陽師晴明」の到着を待っていたという記録がある（『御堂関白記』）。彼が行なう「新宅の作法」＝反閇を遂行しなければ、新しい邸宅を使いはじめることができなかったから、わざわざ「陰陽師晴明」の到着を待っていたのだろう、というのが繁田信一氏の説（『陰陽師と貴族社会』）である。

晴明が開発していった陰陽道呪術は、確実に貴族社会に影響を与えていた。それはまた、彼が賀茂家流を超えた「道の傑出者」たることを、社会が認めていくプロセスでもあったのである。

第七章　冥府の王・泰山府君

1　泰山府君と安倍晴明

中国・山東省にある「泰山《たいざん》」という山は、古くから霊山としての信仰を集めていた。中国の「五《ご》岳《がく》」の筆頭として「東嶽泰山《とうがくたいざん》」とも呼ばれる。後漢の頃（二五〜二二〇）になると、この泰山は死者の霊が赴く他界で、やがてそこには人間たちの寿命を記した帳簿があると信じられていく。その山の宮殿で死者の帳簿を管理しているのが「泰山府君《たいざんぶくん》」という冥官である。人々は、泰山府君にたいして、死者としての帳簿を削ってもらうことで、延命長寿を祈願したという。

泰山府君――。この異国の冥府の支配者こそ、安倍晴明にとって切っても切れないほどの深い関わりをもつ「神」であった。晴明は、泰山府君という冥府の王と出逢うことで、自らの「陰陽師」としてのステージをアップさせていったからだ。

『今昔物語集』のエピソードから

ここに晴明と泰山府君との深い因縁を語るエピソードがある。あらためて紹介するまでもない、『今昔物語集』に伝わる有名な話である。あらすじを紹介しよう。

ある僧侶が重い病に罹った。弟子たちが様々な加持祈禱を繰り広げたが、まったく効験がなかった。そこで「道に付きて止《や》む事無かりける者」と評判のたかい陰陽師・晴明が呼ばれて泰山府君の法を修することになる。だが晴明は、僧侶の命を救うには身代わりが必要であることを要求した。そこで弟子のなかの一番下の者が師の身代わりを申し出たが、泰山府君は、弟子も師も哀れんで命を救ってくれた……。

（『今昔物語集』巻十九の第二十四）

後にこの話は、『発心集《ほっしんしゅう》』『宝物集《ほうぶつしゅう》』『三国伝記《さんごくでんき》』などの説話集にも載って後世に伝わった。僧侶の名前は三井寺の智興内供《ちこうないぐ》と伝えられ、晴明の泰山府君祭執行よりも師匠の身代わりとなった弟子の証空《しょうくう》の活躍が重視されていく。証空が信仰していた不動明王が哀れんで師匠・弟子ともに救ってくれる、いわゆる「泣き不動縁起」譚へと変容していったのだ。そこでは晴明は脇役にまわっている。「泣き不動」の縁起譚に晴明の名前が利用された一例といえよう。晴明の名前は、後世には様々な宗教者たちの物語にも登場してくるのである。

ちなみに二〇〇一年に公開された映画『陰陽師』（夢枕獏原作・滝田洋二郎監督）で、晴明が「泰山府君の法」を使って、死んだ源博雅《みなもとのひろまさ》を蘇生させるシーンは、野村萬斎演ずる晴明の華麗な舞い姿とともに、多くの人々の印象に残っていよう。泰山府君祭は、陰陽道を代表する祭祀であったのだ。『今昔物語集』が伝える、有名な泰山府君のエピソード。もちろんそれは、院政期に説話として伝えられたものだ。だが、晴明の生きた平安時代中期においても、彼と泰山府君との深い繋がりは、記録に残されていたのである。

歴史記録上「泰山府君祭」の初出は、藤原実資《さねすけ》の日記『小右記《しょうゆうき》』永祚元年（九八九）二月十一日の記事とされている。執行者は、安倍晴明である。このとき晴明、六十九歳。三年前に正五位下になっている。

このように泰山府君祭の初出記録は、安倍晴明執行によるものであった。しかし、今あらためて、その記録を読み直してみると、われわれのまえに出現してくるのは、晴明が「泰山府君祭」という新しい陰陽道祭祀を創出していった、まさしくその現場なのだ。

永祚元年（九八九）二月十一日――、そのとき何が起きたのか。本章では、晴明の泰山府君祭祀創出の現場に立ち会ってみよう。

泰山府君とはいかなる神なのか

それにしても、泰山府君とはいかなる来歴をもつ神なのか。まずは、その素性を洗っておこう。

冒頭に記したように、泰山信仰そのものは、中国の民間信仰的な他界観のなかに生成したようだ。だがインドに発生した仏教が中国に伝わるにおよんで、民間信仰的な「泰山」の信仰は、さらに複雑な様相をもつようになる。すなわち仏教の「閻魔王」（閻羅《えんら》王・焔羅《えんら》王・焔魔王・焔羅天）の信仰と混ざり合って、泰山府君は、生前に行なった善悪にたいする審判や刑罰の執行官としてのイメージに変化していった（酒井忠夫「太山信仰の研究」）。

だがここで注意したいのは、泰山府君は冥界の最高神ではないことだ。唐代の『冥報記《めいほうき》』という仏教説話集などでは、泰山府君は冥府の長ではなく、その上に、人間界の天子の位置にある「閻羅王」が君臨していた。そして、閻羅王の下に、尚書令録《しょうしょれいろく》（総理大臣）としての「泰山府君」がおり、さらに諸尚書（各大臣）の役割をもつ五道神といったランクづけがされているのだ（澤田瑞穂《さわだみずほ》『地獄変』）。泰山府君は冥府におけるトップの存在ではなかったのである。

日本列島に伝来した泰山府君

閻羅王信仰が、八世紀には日本列島に伝来していたことは、薬師寺の景戒《けいかい》編『日本霊異記』中に、閻羅王が登場してくるところからも確認できる。一方、泰山府君の信仰は、それより遅れて、十世紀以降に陰陽道の安倍晴明たちの手によって貴族社会に定着していったとされている。『今昔物語集』には、衆生の生き死に関する品定めを泰山の山頂で行なっていたなど、泰山府君の具体的なイメージを語る説話が多数伝えられている（小峯和明「泰山逍遥」）。晴明の泰山府君説話も、院政期に流行した泰山府君信仰の一つの現れといっていいだろう。

また泰山府君信仰が発達した背景には、地獄をめぐる天台浄土教（叡山《えいざん》浄土教）の流行という要素もあったようだ。仏教的な閻魔王信仰は、十世紀の貴族社会に、源信《げんしん》の『往生要集《おうじょうようしゅう》』『二十五三昧《にじゅうござんまい》式《しき》』に描かれたような、亡者を裁く地獄の冥官としての恐怖を象徴することで「欣求浄土《ごんぐじょうど》」（極楽浄土に生まれることを願う）の信仰を促した。それと相互連関するように閻魔王、泰山府君信仰が広がったというのである（速水侑『平安貴族社会と仏教』）。

さて、こうした歴史的な動向を踏まえつつ、晴明がはじめて泰山府君祭を執行した、永祚元年（九八九）二月十一日の現場へと赴くことにしよう。われわれが知りたいのは、泰山府君信仰が平安貴族社会に定着したという「歴史的概説」ではなく、いかにして晴明が「泰山府君祭」という新しい祭儀を作り出していったか、その現場である。

2　「焔魔天供」との競合のなかで

永祚元年、「泰山府君祭」誕生の現場へ

「泰山府君祭」執行の初出は永祚元年（九八九）である。その時の記録を見てみよう。『小右記』は、以下のような事実を記している。

十一日　壬戌《みずのえいぬ》　参内す。皇太后（東三条院詮子）俄《にわか》に悩みありておはします。摂政馳せ参らる。昨日、院（円融《えんゆう》法皇）の仰せの事、今日摂政（兼家）に申す。尊勝法《そんしょうほう》・太《たい》（＝泰）山府君祭《ざんぶくんさい》を勘申せしめて曰く、御修法《みしほ》の事は□天台座主《ざす》の許に遣す。御祭は、□晴明、奉仕す。晩頭《ばんとう》に罷り出ず。今夜南庭において南山を祈り申す。これ上（一条天皇）の身の事なり。（『小右記』）

この記事の前日に、円融法皇から、一条天皇に関わる「夢想」がよくないので、修法を行なうべきだという仰せがあった記事がある。実資はそれを摂政・藤原兼家に申し上げた。そして「尊勝法・太(泰)山府君祭」執行のことを勘申させた。尊勝法の御修法は天台座主の尋禅《じんぜん》(藤原師輔《もろすけ》の子)に執行させ、泰山府君祭は晴明に奉仕させることになる。その夜、南庭において泰山府君祭は行なわれた。以上の修法《しゅほう》は、一条天皇のために行なわれたのである(ただし皇太后のため、という説もある)。

以上の記事からわかるのは、天皇の障《さわ》りにたいして、密教と陰陽道の二つの修法が同時並行的に行なわれたということだ。この時代、陰陽道は、密教修法と肩を並べて、天皇の身体護持を担う役割をもったのである。儀礼執行を命じる立場からいえば、流派の違う二つの修法を同時に行なわせて、どちらかの効験があればよかったのである。

だが、儀礼を執行する当事者にとって、二つの方法が並行して行なわれることは、どちらがより高い効果を示すかが試されることを意味した。そこには必然的に対抗・競合関係が生じるだろう。ここで晴明は、密教修法との競合関係のなかで、「泰山府君祭」の執行という自らの陰陽師としての技を駆使しなければならなかったのである。

天台座主の尋禅が執行した「尊勝法」の御修法とは、尊勝仏頂《そんしょうぶっちょう》を本尊として、滅罪・除病などを目的に修する密教修法である。この当時の代表的な祈禱修法だ。晴明は、それと競合するように「泰山府君祭」を執行したわけだ。

しかし、問題は、これだけでは終わらない。泰山府君祭執行の前日十日に、次のような記事があった。

「十日」に予定されていたこと

十日　辛酉《かのととり》　早朝退出す。喚《めし》によりて院（円融法皇）に参る。尊勝御修法・焔魔天供《えんまてんく》・代厄御祭《だいやくぎょさい》等奉仕せしむべき事を奏す。日来《ひごろ》、公家《こうけ》のおほんために自他夢想よろしからず。よりて仰せ示すところなりてへり。すなわち罷り出ず。（『小右記』）

前日の十日、十歳の幼帝・一条天皇のために実資が奏上した修法は三つあった。一つは「尊勝御修法」。もう一つは「焔魔天供」。閻羅王信仰にもとづく密教修法で、冥官の長に延命を請う儀礼という。この二つは密教側の修法である。そして三つ目が「代厄御祭」。カタシロ（身代わりとなる人形）に厄を移して災厄を攘うもので、「董仲舒祭書《とうちゅうじょさいしょ》」を典拠とする陰陽道祭祀だ。陰陽師が執行する基本的な儀礼である（第二章参照）。ここで気がつくだろう。十日の段階では、一条天皇のための祈禱・修法として、泰山府君祭はまったく予定されていなかったのだ。

いったい、十日から十一日のあいだに、何が起きたのだろうか。

十日に設定された、陰陽師が執行する祈禱は「代厄御祭」であった。しかし十一日、晴明に命ぜられたのは「泰山府君祭」。晴明は代厄御祭を行なわず、その代わりに泰山府君祭を執行したのだ。それればかりではない。密教側も「尊勝御修法」は行なったが、「焔魔天供」は執行しなかったのである。

十一日、突然執行された泰山府君祭――。

ここから次のようなことが考えられる。晴明が執行した泰山府君祭は、陰陽道の代厄御祭の代わりであるのみならず、密教の焔魔天供にも代わりうるものとして執行されたのではないか。泰山府君祭は、焔魔天供を凌駕する、新しい延命長寿の祭祀である、と。いうまでもなくそれを主張したのは、晴明だろう。彼が実資にそれを具申し実資もそれに従ったということが、この記録の背後にあったのではないか。

これはたんなる推測ではない。じつは、陰陽道祭祀としての泰山府君祭とは、焔魔天供という密教修法との関係を抜きにしては成り立ちえなかったからだ。

では、どのようにして晴明は、「泰山府君祭」という新しい陰陽道祭祀を創り出したのか。さらに儀礼創造の現場へと踏み込んでいこう。

泰山府君祭は道教系の祭祀なのか

もちろん泰山府君祭は、まったくゼロから創られたわけではない。その元になっている陰陽道系の祭祀があった。

まずは「七献上章祭《しちけんじょうしょうさい》」。その初出例は藤原忠平《ただひら》の日記『貞信公記《ていしんこうき》』延喜十九年（九一九）五月二十八日である。さらに『伊呂波字類抄《いろはじるいしょう》』には、

泰山府君祭　一名、七献上章祭内

とあって、「七献上章祭」が泰山府君祭の別名と認識されていたことがわかる。「七献」とは、冥府神のうち「司命《しめい》・司禄《しろく》・本命《ほんみょう》・天官《てんかん》・地官《ちかん》・水官《すいかん》」の六神に泰山府君を加えた、十世紀初期段階の冥道七神を祭る祭祀であったらしい（小坂眞二「陰陽道の成立と展開」）。

さらに泰山府君祭と関連があるのが「本命祭」である。たとえば、紀長谷雄《きのはせお》が仁和四年（八八八）に書いた「本命祭」の祭文には、

謹請　天曹地府《てんそうちふ》・司命司禄・河伯水官・掌籍掌算《しょうせきしょうさん》の神

（『三十五文集』）

といった神々に延命を祈る文句がでてくる。増尾伸一郎《ますおしんいちろう》氏によれば、「天曹地府」とは、昊天上帝《こうてんじょうてい》と泰山府君をさすという。また「司命司禄」は、寿命がつきた人間を冥界に召し、冥界での戸籍簿を管理している神である。「掌籍掌算の神」も人の寿命を支配する神だ。すなわち泰山府君祭のベースとなる冥府神たちへ延命・増算を祈願する祭祀といえよう。これら九世紀後半から十世紀初期に行なわれた道教系祭祀の展開として、永祚元年（九八九）に晴明が執行した「泰山府君祭」も位置づけられるのである（増尾「泰山府君祭と〈冥道十二神〉の形成」）。泰山府君祭は、道教系祭祀の要素が強い。道教系の泰山府君信仰がベースにあるのはたしかだろう。

けれども、晴明が執行した「泰山府君祭」は、たんに道教系儀礼の延長上に創り出されたものではなかったようだ。たとえば、小坂眞二氏は、泰山府君祭の系譜に端的に見られるのは密教修法、または仏書の影響であったと指摘している（小坂、前出論文）。その場合の密教修法、仏書とは何か。

ここで浮上してくるのが、「焔魔天供」という密教修法だ。

「焔魔天供」は どのような修法か

密教修法たる「焔魔天供」とは、どのような修法なのか。平安末期の東密《とうみつ》の僧侶・寛助《かんじょ》が編述した『別行《べつぎょう》』には、以下のような行法《ぎょうぼう》次第が記されている。

> 壇中に字有りて、七宝荘厳《しちほうしょうごん》の宮殿を成す。殿内に曼荼羅壇《まんだらだん》有り。其の中央に字有り。変じて壇茶印と成る。印変じて焔魔法王と成る。身相肉食。左手に人頭幢《とう》を持ち、右手に願を與《あ》げる。黄豊牛に乗る。左右前後に后妃《こうひ》婇女《さいじょ》・泰山府君・五道冥官等の眷属圍繞《けんぞくいにょう》す。
>
> （『別行』巻第七）

焔魔天供の「道場観」の一文である。曼荼羅の中央の字が壇荼印となり、行者の結ぶ印が「焔魔法王」へと変じていく。そこに現出してくるのは、左手に人頭幢を持ち、黄色の豊牛に乗った姿である。注目すべきは、「焔魔法王」を囲繞する眷属たちのなかに泰山府君・五道冥官が登場してくるところだ。

密教の焔魔天供の「道場」のなかでは、泰山府君は焔魔天の眷属の一人であった。その眷属たちは、さらに毘那夜加《びなやきゃ》、成就仙《じょうじゅせん》、遮文荼《しゃもんだ》、荼吉尼《だきに》といった諸神・諸尊、また五道大神、司命、司禄といった道教系の冥府神をも含み込む曼荼羅世界を創り出していく。密教の「焔魔天供」においては、泰山府君がその眷属のひとりとして取り込まれていくのである。

ここで、泰山府君は、焔魔法王の冥府世界を構成する一冥官でしかない。したがって、密教修法としては、当然「焔魔天」が行法の主役である。

　では、いかにして焔魔天から泰山府君が中心となる儀礼、すなわち「泰山府君祭」が産み出されたのか。その秘密は、じつは焔魔天供の修法の典拠となる経文にあった。

焔魔天と眷属たち　『覚禅抄』第四より

焔魔天の尊格像　『覚禅抄』第四より

『焔羅王供行法次第』というテキスト

長部和雄《おさべかずお》氏によれば、焔魔天供の修法は、唐代密教の「閻羅《えんら》法」を説く経文、不空三蔵《ふくうさんぞう》撰『焔羅王供行法《ぎょうぼう》次第』にもとづくという。この経文によってはじめて、焔羅王が五道将軍王・天曹府君・地府神、泰山府君を従え、冥府の王として屹立《きつりつ》してくるのである（長部「唐代密教における閻羅王と太山府君」）。ちなみに、十三世紀に編纂された台密《たいみつ》の事相書、承澄《しょうちょう》撰『阿娑縛抄《あさばしょう》』の「閻魔天」でも、『焔羅王供行法次第』がたびたび引かれ、行法の典拠とされていることがわかる。

経文には、以下のようにある。（なお、「大山府君」の表記は原文のまま）

能《よ》く王（焔羅王）に乞ひて死籍を削り、生籍に付す。病者の家に到らば、多く大山府君の呪を誦す。

（『焔羅王供行法次第』）

焔羅王に乞いて、死者として登録された戸籍を削り、生者としての籍に書き換えてもらう。そのために行者は、病人を治癒させるために次のような大山府君（泰山府君）の呪を誦する。

（唵《おん》阿《あ》蜜利《みり》帝《てい》賀《が》嚢《のう》賀《が》嚢《のう》吽《うん》娑縛賀《そばか》）

注目されるのは、焔羅王にたいして「死籍を削り、生籍に付す」ことをお願いする、いわば中継ぎ

役としての泰山府君が重視されるところだ。病人の家で「大山府君の呪」を誦するのは、それを意味しよう。つまり行法の名称は「焔羅王供」とあっても、実際の目的は泰山府君という中継ぎに、焔羅王への延命を乞わしめることにあった。焔羅王を直接供養するものではなかったのである（長部、前出論文）。冥府の支配者は焔羅王だが、行法の目的は、あくまでも泰山府君を中心とした修法となっていたのである。

泰山府君へ直接コンタクト

かくして、泰山府君祭祀の創出が、密教サイドの「焔羅王供」（焔魔天供）の行法、とくに『焔羅王供行法次第』を踏まえていることが見えてきた。そこから泰山府君祭の形成は、あと一歩ということになる（坂出祥伸「日本文化の中の道教」）。まさしく、「あと一歩」を踏みだしたのが、晴明であったのだ。

何よりも『焔羅王供行法次第』が説く、焔羅王に死籍の書き換えを乞う泰山府君の役割は、重要なポイントとなるだろう。焔羅王にたいして、死籍を削り、生籍への書き換えを請求できるのは、泰山府君だけであるという認識がここに示されたからだ。

陰陽道祭祀たる泰山府君祭は、じつは『焔羅王供行法次第』を踏まえて行なわれたのではないか。そこに説かれた泰山府君の役割を知れば、直接、泰山府君の来臨を請い、コンタクトをとる形の祭祀を執行したほうが、より効験が高いという認識に至るからだ。そして泰山府君と直接渡り合うのは、密教僧ではなく「陰陽師」である、と。ここに泰山府君という冥界の神を主役とする、陰陽道独自の祭祀が創り出されたといえよう。

陰陽道祭祀としての泰山府君祭。そのルーツは、たしかに道教系の信仰のなかにあった。しかし十世紀末期に、陰陽師・晴明が創り上げた「泰山府君祭」は、道教系の泰山府君信仰を超えて、密教の閻魔王信仰・焔魔天供の行法を取り込む形で創出されたのである。

見えてくるのは、新興の呪術宗教たる「陰陽道」が、密教修法との対抗・競合関係のなかで、当時の最新の密教行法や思想を、自らの祭祀作法のなかに吸収し、独自な祭祀作法として再構築していったところだ。永祚元年（九八九）二月十一日の泰山府君執行とは、まさしくその現場にほかならない。それを実践した者こそ、安倍晴明であった。

安倍晴明と密教との交渉

ところで晴明が、密教僧侶たちと交渉をもっていたことは、後の説話からも見ることができる。

此の晴明、広沢《ひろさわ》の寛朝《かんちょう》僧正と申しける人の御坊に参りて、物申し承《うけたま》はりける間……。

（『今昔物語集』巻第二十四）

この後、若い貴族たちの好奇の目のなかで式神を使って蛙を殺したという有名なエピソードに続く。それはさておき、「広沢の寛朝僧正」とは、東寺《とうじ》の大長者となり、後に「広沢流」という東密（真言密教）の一流派の祖とされる人物である。説話では、晴明がどのような話をしたかは伝えていないが、当時の最高の密教僧侶からいろいろと教えを受けていた（物申し承はりける）ことが想像されよう。

また、晴明の師匠である賀茂保憲も、「本命供」の執行に際して東大寺の法蔵《ほうぞう》という僧侶と論争しているが、そのときの典拠として保憲は「葛仙公礼北斗法《かっせんこうれいほくとほう》」（『梵天火羅図《ぼんてんからず》』に引用）や『祭宿曜法《さいすくようほう》』『剣南婁益開五路謝冥官焼本命銭文』などの密教・道教関係のテキストを用いている（山下克明『平安時代の宗教文化と陰陽道』）。彼ら陰陽師たちの〈知〉のなかに、密教や道教の思想・修法が取り込まれたことはたしかであろう。

それにしても、『今昔物語集』が伝える泰山府君説話が、病気の僧侶の弟子たちが様々な加持祈禱を尽くしたのに効き目がなく、最後に晴明を召して泰山府君祭を実行させたという展開は興味深い。それは密教修法にたいする陰陽道祭祀の優位を語ると解釈できるからだ（武田比呂男「〈安倍晴明〉説話の生成」）。

3　長保四年の泰山府君祭

泰山府君祭の祭物

では、具体的に「泰山府君祭」はどのように行なわれるのだろうか。

残念ながら永祚元年（九八九）の記事からは、そのディテールを知ることができないが、十三年後の長保四年（一〇〇二）に、晴明が藤原行成《ゆきなり》のために行なった泰山府君祭には、さらに詳しい情報が伝えられている。見てみよう。

十一月九日　晴明朝臣をして、太（泰）山府君を祭らしむ。料物、米二石五斗、紙五帖［利成の許よりこれを送る］鏡一面、硯一面、筆一管、墨一廷、刀一柄、家よりこれを送る。晩景、都状《とじょう》等すべて十三通を送る。加署してこれを送る。

十一月廿八日　日出、左京権大夫《さきょうのごんのたいふ》晴明朝臣の説くにより、泰山府君に幣《へい》、紙銭を捧ぐ。延年益算の為なり。

（藤原行成『権記』）

長保四年の泰山府君祭執行の背景は不明だが、「延年益算の為なり」とあるように、その目的ははっきりしている。またここでは、祭祀執行に必要となる祭物が具体的に示されている。興味深いのは、「硯」「筆」「墨」といった筆記用具が準備されるところだ。それは、文字どおり泰山府君が焔羅王に乞うて、死籍を削り生籍に書き換えてもらう時の帳簿作成の道具である。それが泰山府君祭の用物として供えられるわけだ（岡田荘司「陰陽道祭祀の成立と展開」）。なお鎌倉時代中期の『陰陽道祭用物帳』の「泰山府君御祭用物」にも「硯一面、墨筆」が明記されている。

二十八日の記事からは、「左京権大夫晴明朝臣の説くにより」とあるように、行成が晴明の指示する作法どおりに、早朝、自ら泰山府君に「幣」「紙銭」を奉り、「延年益算」を祈った場面が見てとれる。その背景には、泰山府君の作法やその効験について、晴明が積極的に喧伝《けんでん》している姿が浮かんでこよう（繁田信一『陰陽師と貴族社会』）。行成が晴明の

「左京権大夫晴明朝臣」

指示どおりに泰山府君を自ら祭っていることには、泰山府君の利益を強く信じている様子が窺える。このとき晴明、八十二歳。陰陽道の翁＝賢者としての安倍晴明の言葉を信じる平安貴族たちの一面が見えてこよう。一般の人々の知りえない神秘の知恵をもつ老人、というイメージである。貴族たちは、その老翁の言葉に従いはじめていた。

あらためてここで晴明が、「左京権大夫晴明朝臣」と呼ばれていることに留意したい。長保四年（一〇〇二）の彼の公的な官職は「左京権大夫」（朱雀大路の東側地域を管轄とする役所の名目上の長官）であった。

泰山府君祭を執行し、その効験を喧伝する晴明は、陰陽寮に所属する陰陽師ではない。だが、このときの晴明を「陰陽師」と認識し、そう呼んでいたとすれば、彼はあくまでも、宗教職能者としての「陰陽師」なのだ。いいかえれば、「泰山府君」という冥府神を相手どり、個人の寿命・延命を祈る儀礼執行は、陰陽寮官人としての陰陽師ではなしえないものであった。晴明による泰山府君祭は、個人の救済を求める平安時代中期の貴族たちの精神世界とリンクし、それをリードするあらたな「宗教者」としての陰陽師の現場でもあったといえよう。

長保四年（一〇〇二）の安倍晴明。その二年まえに、内裏における反閇執行で「道の傑出者」と称えられ、また前年の暮れ晦日には、私宅での追儺《ついな》執行で「陰陽の達者なり」と称賛されていた。安倍晴明の絶頂期である。

閻魔王のまえで礼拝する晴明
「真如堂縁起絵」（模本）下巻（京都市・真正極楽寺蔵）

「泰山府君祭」誕生の歴史的な背景

安倍晴明による「泰山府君祭」誕生の背景に、平安貴族たちの「個人救済」信仰が色濃くあることは、あらためて指摘するまでもない。そうした個人の救済を担う儀礼は、もはや陰陽寮官人たる陰陽師ではなく、あらたな「宗教者」に成長した陰陽師・晴明が執行しうるものであった。泰山府君祭は、宗教者・晴明の誕生の現場でもあったのだ。

ところで、平安貴族社会における個人救済信仰の背景には、「天台浄土教」の発達があったというのが、井上光貞《いのうえみつさだ》氏以来の通説である。

十世紀以降の、律令法的身分秩序の崩壊、荘園をめぐる領主権の不安定性、不安な私的隷属関係、そして私的血縁関係による摂関貴族社会の権力の流動。こうした時代の動向は、現世の安穏を願う呪術宗教たる天台・真言の密教の有効性を崩し、現世否定的な浄土教を発達させていく宿世《すくせ》観・無常観を生み出した。すなわち「人々の運命はいつも交替と流転を余儀なくされ、見えざる手のうごかす微妙な変動にたえず曝《さら》されていた」（井上『日本浄土教成立史の研究』）のである。そこに個人の運命をあやつる見えざる手＝「輪廻《りんね》」の認識とともに、「輪廻解《りんねげ》脱《だつ》」を来世の浄土に求める天台浄土教の思想が貴族社会に広がったというのである。

こうした井上説にたいして、真っ向から疑問を呈したのが速水侑氏である。

しかし、社会的変動の下で不安・緊張にさらされる個人の信仰は、必ずしも現世否定的な浄土教にのみ向うのではない。そうした個人の運命をあやつる見えざる手を個人の宿命的なもので説明し、その運命を祈禱をもって有利に転換させようとする呪術的宗教＝密教修法も発達する。

（速水『平安貴族社会と仏教』）

天台浄土教（平安浄土教、叡山浄土教とも）の発達が、現世肯定的な呪術宗教たる密教の衰退に連動するととらえる井上説にたいして、速水説は、浄土教と密教の発達は、同じ九世紀末から十世紀頃の、ほぼ同時期にあった事実を指摘する。すなわち、律令的社会体制の崩壊から出現した「個人的なるものの救済」は、「現世」における除病延命などを希求する密教修法を発達させ、一方「来世」における救済を模索するところに浄土教が成立したのである。十世紀以降の平安貴族の個人信仰において、密教と浄土教は、「現世」と「来世」における救済を、いわば相互補完的に保障したというわけだ。

この速水氏の説をふまえると、十世紀後半の貴族社会において、密教と浄土教とが車の両輪のように隆盛していくその歴史的プロセスのなかで、「陰陽道」がまさに第三の新興勢力として屹立していったことが見えてこよう。

定着していく泰山府君祭

なお十世紀後半に出現した泰山府君祭という陰陽道祭祀は、これ以降貴族社会に定着していった。以下のような執行の記録が確認できる。

・寛弘二年（一〇〇五）日月の光が火のような状態が続いたため（『小右記』）
・万寿元年（一〇二四）南庭において（『小右記』）
・永承五年（一〇五〇）後冷泉天皇のため（『朝野群載』）
・承保四年（一〇七七）藤原伊房《これふさ》の娘のため（『三十五文集』）
・長治元年（一一〇四）晴明の「星祭」の先例をひく（『殿暦』）
・天仁二年（一一〇九）夢想の告げによる執行（『殿暦』）
・永久二年（一一一四）藤原為隆が祈願（『朝野群載』）
・康治二年（一一四三）藤原頼長《よりなが》が『周易』を学ぶので凶事を避けるため（『台記』）
・永万元年（一一六五）藤原兼実《かねざね》のため（『三十五文集』）
・治承二年（一一七八）七ケ霊所において執行（『山塊記』）
・保延四年（一一三八）実行の延命、昇進を願う（『本朝続文粋』）
・建保五年（一二一七）赤山禅院《せきざんぜんいん》で執行（『吾妻鏡』）

これら十一世紀から十三世紀にかけて執行された泰山府君祭は、もはや延命長寿のために行なわれた冥府神祭祀というより、多種多様な現世的な効験を果たしてくれるオールマイティな祭祀へと成長していったことが見てとれる。それはまた陰陽師や陰陽道そのものの、あらたな「宗教」として展開を指し示してくれよう。

ふたたび、長保四年（一〇〇二）十一月九日の泰山府君祭の現場に立ち戻ってみよう。

「泰山府君」の都状

長保四年の記事には、「都状《とじょう》」なるものが「十三通」用意されたとある（二三〇頁）。都状とは、泰山府君にたいして「延年益算」を頼むために、泰山府君など冥府の諸神に宛てた手紙である。これは陰陽道祭祀に不可欠な「祭文《さいもん》」の一種であるが、泰山府君祭においては祭文ではなく「都状」と呼ばれるようだ。『今昔物語集』巻十九の説話でも「祭りの都状にその僧（身代わりとなる僧）の名を注して丁寧にこれを祭る」とある。

なお『弘明集《ぐみょうしゅう》』巻十四に「都録《とろく》使者」（司命・司録）、「都籍《とせき》」（人の善行・悪行を記した帳簿）、『説《せつ》文《もん》』に「先君の旧宗廟《そうびょう》のあるを都《と》といふ」とあることから、「都状」は文字どおり冥府・冥官あての上奏文ということになろう。

だがまことに残念ながら、長保四年のときの「都状」は、伝えられていない。晴明が行なった泰山府君祭の都状を、もはやわれわれは読むことはできないのである。

そこで、時代は五十年ほど下ってしまうが、永承五年（一〇五〇）十月十八日付の、後冷泉天皇のために執行された泰山府君祭の「都状」を見てみることにしよう。

右親仁《ちかひと》（御筆）は、謹んで泰山府君、冥道の諸神等に啓す。御践祚《せんそ》の後、いまだ幾年も経ずして、頃日《けいじつ》、蒼天変をなし、黄地妖を致す。物恠《もっけ》数々、夢想紛々たり。司天・陰陽の勘奏《かんそう》軽からず。その徴尤《もっと》も重し。もし冥道の恩助を蒙らずんば、何ぞ人間《じんかん》の凶厄を攘《はら》はんや。仍《より》て禍胎《かたい》を未萌《みもう》に攘ひ、宝祚《ほうそ》を将来に保たんがために、敬って礼奠を設け、謹んで諸神に献ず。（中略）伏して願はくは、彼の玄鏡《げんきょう》を垂れ、この丹祈《たんき》に答へ、災厄を払ひ除き、将に宝祚を保つべし。死籍《しせき》を北宮より刪《けず》り、生名を南簡《なんかん》に録し、年を延ばし、算を増し、長生久しく視《み》んことを。

（『朝野群載』巻第十五「陰陽道」）

泰山府君、冥道の諸神たちに謹んで申し上げる。私（後冷泉天皇）はまだ即位して間もないのに、天変・地変が起き、物怪が惹起し、夢想もよろしくない。また陰陽寮の卜占などもみな悪い徴を示している。ここで冥府の神である泰山府君の恩恵を蒙らねば、とても災厄を祓うことはできない。災いを未然に防ぎ、天皇の寿命を将来に保つために、恭しく、冥府の諸神に供え物を奉る。この祈りにどうぞ応えて、北宮にある死者としての戸籍を削り、南簡にある生者としての戸籍に再登録してほしい。

泰山府君の都状は、あくまでも延命を祈る当事者が直接神に申し上げる形になる。したがって、冒頭の「親仁」という天皇の名は、自筆でなければならなかった。これを陰陽師が天皇にかわって誦み上げるのが儀礼の現場であろう。

相手となる「泰山府君、冥道の諸神」は「十二座」と数が定まっていて、

金銀二百四十貫文　白絹一百二十疋　鞍馬《あんば》十二疋　勇奴《ゆうど》三十六人

が神々に献上される供物である。「勇奴三十六人」は、冥府の神に奉られる「身代わり」の奴婢だろう。もちろん、それには人形《ひとかた》が用いられたものと思われる。

なお泰山府君以外の「冥道の諸神」の素性は記されていないが、永久二年（一一一四）の都状では「冥道の諸神」が次のように定められている。

五道大神・泰山府君・天官・地官・水官・司命・司禄・本命・同路将軍・土地霊祇・永視大人
（同前）

あらためて、永承五年（一〇五〇）の泰山府君祭都状で注目されるのは、「死籍を北宮より削り、生名を南簡に録し」という文言である。泰山府君にたいする延命祈願の要になるのは、冥界の王が管理している死者としての戸籍を削ってもらい、生者のほうに再登録してほしいと願うことにあった。それはきわめて具体的な延命祈願の発想といえよう。

「死籍を北宮より刪り、
生名を南簡に録し」

この発想の背景に、先に紹介した（二二六頁）『焰羅王供行法次第《えんらおうぐぎょうほうしだい》』の「能く王に乞ひて死籍を削り、生籍に付す」があることはすぐに理解できる。だが、それにしても死籍＝「北宮」、生籍＝「南簡」とする思想は、何にもとづくのだろうか。死の世界が「北」、生者が「南」という発想は、どこから来るのだろうか。なお、永祚元年（九八九）の泰山府君祭が、「今夜南庭において南山を祈り申す」と、「南」にこだわっていることもあらためて指摘しておこう。

速水侑氏によれば、「死籍を北宮より刪り、生名を南簡に録し」の発想は、中国の『捜神記《そうじんき》』という説話の、「死」を司る「北斗《ほくと》」、「生」を司る「南斗《なんと》」の思想が背景にあるという。いうまでもなく、北斗／南斗とは、天体の北斗七星を前提にしたものだ。すなわち、ここでは地下、もしくは山中の他界としてあった「泰山」という冥府にたいして、「北斗信仰」に象徴される天上の冥府観念があらたに追加されていったのである。

泰山府君は、天空の星と結合していく――。

第八章　天界と冥界の奥処へ

1　星を観る人《スターゲイザー》・安倍晴明

陰陽寮官人としての安倍晴明は、「天文」部門からスタートした。天徳四年（九六〇）、四十歳で天文得業生《てんもんとくぎょうしょう》であった彼は、三十歳代の後半は天文生として天体を観測し、異変があれば博士に報告するといった職務を遂行していただろう。その後、天禄二年（九七一）に師の賀茂保憲の後任として天文博士に就任、寛和二年（九八六）、六十六歳まで断続的にその職にあった（第四章参照）。

あらためて、陰陽師・晴明の現場を振り返ってみたとき、つねにそこに天上の星々が煌《きら》いていたことが思い起こされる。日月や星々の文様を鏤刻《るこく》した霊剣、北斗七星や二十八宿の星座名を刻む式盤《しきばん》による占術、天界の北斗七星の呪文を唱える反閇《へんばい》、そして冥府の王と北斗七星との繋がり……。天界の星は陰陽道の〈知〉そのものとも関わっていたのである。

陰陽師・安倍晴明。彼はまさに〈星を観る人《スターゲイザー》〉であった。陰陽師としての晴明の現場は、天上の星々とのコンタクトのなかにあったともいえよう。

この章では、〈星〉をテーマに彼の生涯を見てみよう。

「天変ありつるが……」

寛和二年（九八六）六月二十二日の夜半すぎ、十九歳の花山天皇は、藤原兼《かね》家《いえ》の三男である蔵人左少弁《くろうどさしょうべん》・道兼《みちかね》一人を供に秘かに清涼殿を出て、東山《ひがしやま》の元慶寺《がんぎょうじ》（花山寺《かざんじ》）に駆け込むと、翌日髪をおろし退位した。『日本紀略《にほんきりやく》』『本朝世紀《ほんちょうせいき》』にも載る、史上有名な花山天皇退位事件である。その背後には、天皇の外祖父＝摂政《せっしょう》という地位を狙う藤原兼家の陰謀があったのは、すでに定説となっているところだ。事実、花山の退位後に即位したのは、兼家の娘・詮子《せんし》が母である七歳の懐仁親王《やすひとしんのう》であった。すなわち後の一条天皇である。史上最年少者の即位である（倉本一宏『一条天皇』）。

さて、この寛和二年という年は、安倍晴明が太政官正庁の怪異にたいして式占《しきせん》による推断を行なった年である（第四章）。官位は正五位下天文博士。だが残念ながら、花山退位事件をめぐって晴明が登場する記述は、同時代の史料には残されていない。

けれども、晴明の没後、十一世紀後半から十二世紀前半に成立したとされる歴史物語『大鏡』には、次のような有名なエピソードが伝えられていた。

（天皇の牛車は）土御門《つちみかど》より東ざまに率《い》て出だし参らせたまふに、晴明が家の前を渡らせたまへば、みづからの声にて、手をおびただしく、はたはたと打つなる。（晴明が）「帝おりさせたまふと見ゆる天変《てんぺん》ありつるが、すでに成りにけりと見ゆるかな。参りて奏《そう》せむ。車に装束せよ」といふ声を、（花山天皇は）聞かせたまひけむ、さりともあはれに思しめしけむかし。（晴明が）「かつがつ、式神一人、内裏《うち》へ参れ」と申しければ、目に見えぬものの、戸を押しあけて、（花山天皇の）御うしろを見参せけむ、（式神は）「ただ今、これより過ぎさせおはしますめり」といらへけるとかや。その家、土御門町口なれば、御道なりけり。

（『大鏡』第一）

一条陵（京都市北区衣笠鏡石町）

晴明は、「天変」を観て花山天皇の退位を予見した。それを報告するために、まずは式神を遣わそうとしたが、式神は、邸宅の前を過ぎ東山の元慶寺へと向かう花山天皇の後ろ姿を見たと報告した。晴明の予見は的中していた……。

晴明の邸宅が「土御門町口」にあったこと、目に見えぬ「式神」が晴明に駆使されることなど興味深い話であるが、注目したいのは、天皇退位の予兆となる「天変」を察知したところだ。それは、このときの晴明が「天文博士」の職にあったこととも呼応しよう。

「天変」とは、簡単にいえば、予見・計測できない天体上の異変のこと。日蝕・月蝕、さらには彗星《すいせい》の出現、惑星同士の合犯《ごうはん》（見かけ上の接近、詳しくは後述）、また月や惑星が特定の星宿《せいしゅく》の星を犯すといった現象が「天変」とされる。

花山天皇が臣下たちの策謀によって退位に追い込まれた、寛和二年六月二十二日。その夜の星々は、どのような変異を示していたのだろうか。

歴史記録に残された天体現象について、現代の天文学の方法で分析する「古天文学」の斉藤国治《さいとうくにはる》氏によれば、寛和二年六月二十二日（九八六年七月三十一日）の夜、木星（光度マイナス1.7等）がてんびん座のα星（光度2.7等）の北0.5度のあたりに接近していたという（斉藤『星の古記録』）。

「歳星」氐を犯す

月や惑星が天球上を運行する途上で、他の天体と異常に接近する（ように地球上から見える）ことが起きる。接近の度合が0.7以内を「犯」と呼び、0.7度以上離れた接近を「合」という。とくに星が月の後ろに隠れる現象は「星蝕」で、すでに早く『日本書紀』にも、「客星月に入れり」（皇極《こうぎょく》天皇元年）、「熒惑《けいわく》月に入れり」（天武天皇十年）といった記事がある。そしてこうした「犯」「合」は、天にあらわれた天変の代表的なものとして認識されていた。西洋占星術でいう「コンジャンクション」である。

寛和二年の場合は、木星がてんびん座の星を「犯」したとなる。木星（中国の天文学では「歳星《さいせい》」という）は国家や帝王を代表する星で、一方てんびん座は、黄道に沿った著名な星座を恒星月にあわせて二十八個選び出した「二十八宿」という星座の一つで、「氐宿《ていしゅく》」と呼ばれる（二五二頁参照）。α星は、その宿を代表する星（氐距星《ていきょせい》という）であった。晴明の時代の少し前にも歳星が氐宿を「犯」した記録がある（『日本紀略』寛平二年〈八九〇〉十一月二日）。月や惑星が氏宿を犯すことは重大な天変と認識されていたのである。

天文博士たる安倍晴明は、数日前から歳星が氏宿を犯す兆候を見ていて、近日中に天皇の運命に重大な変化が起こることを察知していたのだろう（斉藤、前出書）。そしてそのことを「参りて奏せむ」（参内して奏上しよう）とするのも、天文博士による「天文密奏《てんもんみっそう》」の職務と通じているわけだ。ただし、このときの「天変」（氏宿入犯《ていしゅくにゅうはん》）は『日本紀略』『本朝世紀』などの公的な記録類には記されていなかった。このエピソードは、やはり『大鏡』中の物語にすぎないのだろうか。

この点について、細井浩志《ほそいひろし》氏は次のように説明している。晴明は「氏宿入犯」に注目し密奏しようとしたが、式神の報告ですでに天変の結果（帝の退位）がわかったので、それを奏上する価値がなくなってしまった。つまりこの天変に関する記録がないのは、天文博士たる晴明が密奏をしなかったからではないか。そして天文現象が「天変」として占われ、報告されるかどうかは、客観的な現象よりも「天文道《てんもんどう》」の判断により重くかかっていたのだ（細井「天文異変と暦道」）。天文密奏が、天文博士に独占された権威ある任務であり、晴明が「天文博士」であったのだから、彼が密奏しなかったので記録が残らなかった、というのも納得がいくというわけだ。

ではあらためて、史料のうえで天文博士・晴明が「天文密奏」をする例があるのだろうか。

天文密奏する晴明

晴明が、師の賀茂保憲のあとを受け継いで天文博士に昇進したのは、天禄二年（九七一）。その翌年から三年間、天文博士・安倍晴明による「天文密奏」が、桓武平氏の平《たいらの》親信《ちかのぶ》の日記『親信卿記』に記されていた。

・天禄三年（九七二）十二月六日〈五十二歳〉

天文博士安倍晴明に、右兵衛陣外において天文奏を奏せしむ。触穢《そくえ》に依るなり。奏文《そうもん》に云はく、去月廿日、歳星犯《さいせいはん》すと進覧すと云々、今月四日、太白《たいはく》と月、同じく度《わた》ると云々。

（『親信卿記』）

・天延元年（九七三）正月九日〈五十三歳〉

天文博士晴明、変異を奏す。其の書に云はく、二日、白虹《はっこう》、日を匝《めぐ》る。五日、白気艮《うしとら》・坤《ひつじさる》に亘《わた》る。七日、鎮星《ちんせい》、東井《とうせい》第五星を犯す。

（『親信卿記』）

・天延二年（九七四）十二月三日〈五十四歳〉

三日、晴明に密奏を奏せしめて曰く、鎮星、第四星を犯すと云々。

（『親信卿記』）

それぞれ歳星（木星）、太白（金星）、鎮星（土星）が月や二十八宿の「東井」第五星などを「犯」したという「変異」をめぐって、「密奏」された記事である。とくに天延元年（九七三）正月九日の「変異」では白虹、白気などの自然現象も報告されている。こうした自然現象の変異も「天文」に含まれるのである。

ところで、本来「奏文」には、それぞれの変異にたいする天文博士の「占文《せんもん》」（占言）が記される

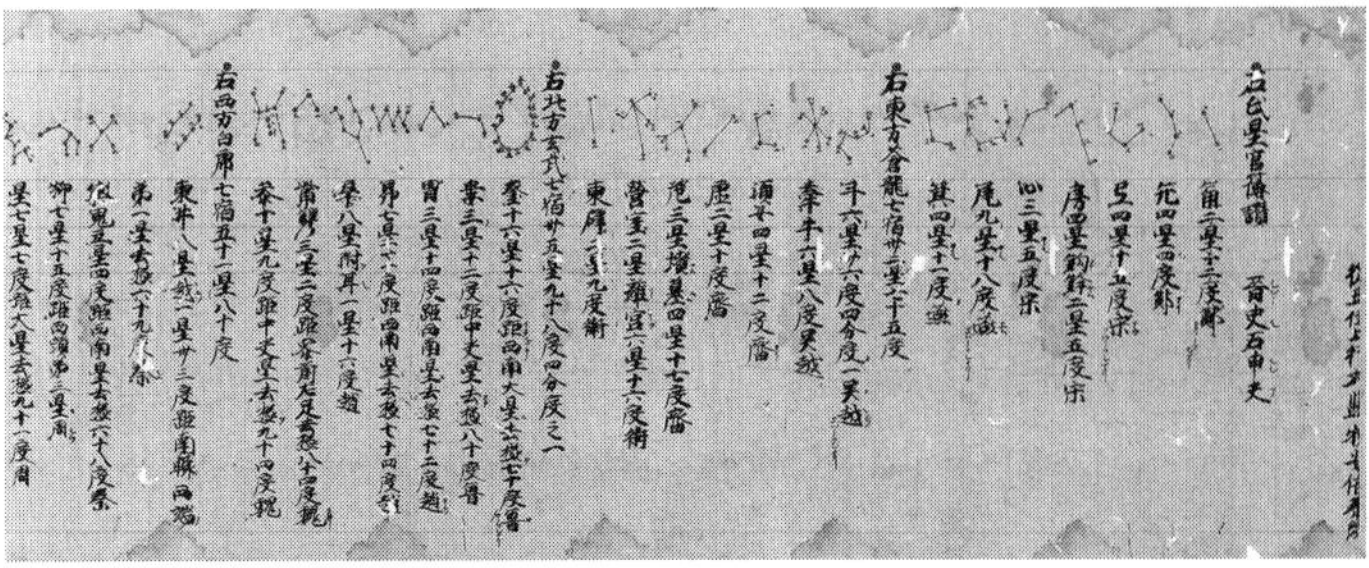

「石氏星官薄讃」（京都府立総合資料館蔵）

はずだが、これらの記録ではその部分は省かれている。つまり、天上の星々の運行上に現れた「変異」にたいして、それが地上においてどのような吉凶をもたらすかの占断の結果は、記録に残されていないのだ。なお、律令（雑令・秘書玄象条）の規定では、陰陽寮が天文の変異を天皇に奏上すると、中務省を経由して「国史」（公的な歴史記録書）に載せられるが、「占言」の部分は記載しないと定まっている。

晴明がこれらの天変にたいして、どのような「占言」を奏したかはもはや不明だが、天文博士の占言の典拠とされるのは『史記』天官書《てんかんしょ》、『漢書』『晋書』の天文志《てんもんし》、『三色簿讃《さんしきぼさん》』（『三家簿讃《さんかぼさん》』とも）、『韓楊要集《かんようようしゅう》』（『天文要録』）などの中国天文学・占星術関係テキストである。それらは星座・惑星・流星・彗星のこと、それぞれの占星術の概説、蓋天説《がいてんせつ》（天は開いた傘のように大地を覆っているとする説）・渾天説《こんてんせつ》（天と地とともに球状をなすという説）などの宇宙構造論、渾天儀《こんてんぎ》などの天文観測器などの説明がなされた「天文道」の基本図書であった（山下克明「天文書『三家簿讃』について」）。それらを参照して、晴明も占断を下し、占文を奏上したのであろう。

こうした占星術書から導かれる天変にたいする「占言」は、あくまでも国家・帝王の運命に関することである。だからこそ、それは他見されないように、封をして奏上される（これを密奏という）。また律令の規定では、占星術書は、一般の人々が読んだり、所持したりすることは禁止されていたし（「職制律」）、また観測をする天文生は、占書を読むことが禁じられ、観測結果は一切外部に漏らしてはならないと定まっていた（「雑令」）。星が発信するメッセージは、まさに国家機密なのだ。

国家占星術としての「天文」

ここからわかるのは、陰陽寮の「天文」部門が依拠する中国占星術が、個人の運命を占うものではなく、国家とその支配者の未来の吉凶を占う「国家占星術」（橋本敬造『中国占星術の世界』）であったことだ。中国の占星術は、メソポタミア（バビロニア、アッシリア）に起こりギリシアで発達した、誕生時における天体の状態から個人の運命を占う「ホロスコープ占星術」とは異質なものであった。

たとえば天文博士が参照する占星術書のひとつ、『史記』天官書には、次のように記されている。

天極星《てんぎょくせい》。その中の一つの明るい星は太一《たいいつ》といい、太一神がいつもいる所である。その傍の三星は三公にあたる。また子の呼名のつく者の群でもあるという。太一のうしろで曲がっている四星のうち、末の大きな星は正妃、他の三星は後宮のものたちである。天極星のまわりを衛っている十二星は親衛している臣ですべて紫宮《しきゅう》という。

（吉田光邦訳『史記』上）

「天官書」という命名は、天上の星々の世界に地上の国家・官僚組織と同じものを当てはめることを意味した。「官署になぞらえて星座に名づける原則」（藪内清「中国科学の伝統と特色」）が確立したのである。そこでは、星々の動きはそのまま地上の国家や帝王の行動と一体のものと認識された。たとえば、天上における君主を象徴する星が、臣下を示す星に侵犯されることが起きれば、地上の国家にも同じことが起きる前兆と判断する、といったように。

国家や君主の政治運営と密接な天体の星たち。その星々の動向から国の運命を占う国家占星術。国家占星術師＝天文博士たる晴明がまず取り組んだのは、そうした中国伝来の占星術の実践であった。

しかし、晴明が陰陽寮所管の天文博士の任務を超えて、あらたな「陰陽師」としての現場を生きるとき、彼が観ている天上の星々もまた、それまでとは違う煌《きら》めきを示しはじめる。すなわち、星の運行が特定の個人の運命と照応してくるのである。そしてそのとき、天体の星から発信される不吉なメッセージ＝星厄にたいして、その災いを防ぎ、消し去っていこうとする呪術・祭祀が発達していくのである。

2　熒惑星の「星厄」にたいして

二〇〇三年は、火星が五万七千年ぶりに地球と最接近した年であった。赤い星・火星がひときわ明るく見えた年である。そしてその年の九月には、火星と月とがランデブーする「天体ショー」の様子が、多くの天文ファンを楽しませてくれた。

けれども、一千年前の安倍晴明にとっては、その様子は、禍々しき火星＝熒惑星が月を犯す、というとてつもなく不吉な現象であったのだ。一千年前ならば、晴明が、それが何の予兆かを古代中国の占星術書にもとづいて占い、天皇に秘かに上奏する職務を果たしていただろう。実際、一千年前、熒惑星の変異にたいして晴明は、その任務を執行している記録がある。永延二年（九八八）八月、晴明、六十八歳のときだ。

「熒惑星、軒轅女主を犯す」

花山天皇の退位、そして七歳の幼帝（一条天皇）が即位した年から二年後の永延二年（九八八）八月七日。熒惑星《けいわくせい》（火星）が異常な動きを示したことが報告された。藤原実資の日記『小右記』の記録である。

七日、辛酉《かのととり》、早朝□□□□摂政（藤原兼家）殿より喚《めし》あり、即ち馳せ参ず。仰せられて云はく、去《さんぬ》る五日の夜、熒惑星、軒轅《けんえん》女主を犯す。天子（一条天皇）・皇后共に慎みおはすべくてへり。天台惣持院《てんだいそうじいん》において、熾盛光御修法《しじょうこうみしほ》を修すべきの由、座主尋禅《ざすじんぜん》に仰せ遣すてへり。［勘文《かんもん》に云ふ、十二日、十七日てへり］。（中略）又熒惑星祭の事［晴明、十二日、十九日と勘申す］。

熒惑星による変異にたいして、天台座主・尋禅による密教修法の「熾盛光御修法」と、安倍晴明による陰陽道の「熒惑星祭」が執行されるという記事である。

「軒轅女主」とは、普通には「軒轅大星」といい、しし座α星（光度1.3等）のこと（斉藤、前出書）。天文博士たちの基本的天文書（占星術書）の『晋書』天文志では「軒轅と呼ばれる十七の星は、七星の北に位置している。軒轅は黄帝《こうてい》の神であり、黄龍の本体である。皇后や妃にかんすることをとりしきる官職である」（山田慶児他訳『晋書』天文志）と定められている。その星を熒惑星が犯したのである。

一方「熒惑星」について『史記』天官書を見ると、「熒惑は、その国に兵乱が起こること、賊の害の起こること、疾病、人の死、飢饉、兵戦を支配する」星として恐れられていたとある。とくに熒惑星が軒轅に入って動かないことは「天子諸侯が忌みきらう」（『晋書』天文志）とされている。それゆえ、その災厄から逃れるために天皇、皇后の「慎み」（物忌）となったわけだ。ちなみにそれをリードしたのは、一条天皇の外祖父にあたる摂政・藤原兼家。このとき、一条天皇は、いまだ九歳の少年であった。

火星

さて、熒惑星の災厄を防ぐために、まず天台座主・尋禅《じんぜん》に命じて比叡山延暦寺《ひえいざんえんりゃくじ》の惣持院《そうじいん》において「熾盛光御修法」という密教儀礼が執行された。そもそも「熾盛光仏《しじょうこうぶつ》」とは、仏の毛孔から燃え盛る光焔を発することにちなむ名前である。熒惑星の災厄にたいして「熾盛光法」を修するのは、いわば火星から発せられる悪なる光を、仏の聖なる光でガードしようという発想といえよう。その修法は、七十天供机を曼荼羅と大壇の間に立てて、七十天供机に粥・菓子・香・臘燭を置いて諸天・諸宮・諸宿の真言を称えるものであった（速水侑『平安貴族社会と仏教』）。

ここでわかるのは、天体の異変が占われたことにたいして、その運命を変えるための「呪術」が駆使されていったところだ。占星術による運命の認知から、それに対抗するための呪術・儀礼が発展していくことが予想されよう。

速水氏によれば、九世紀後半から、天体の異変＝天変に対処し、それを除去するための修法が密教によって開発されたという。その代表が台密《たいみつ》（天台密教）側の「熾盛光法」であり、東密《とうみつ》（真言密教）側の「大元帥法《だいげんほう》」であった。それらは天皇護持、国家守護のため「悪星の変怪」を消滅させるために修された、きわめて公的な修法である。「天変消除」が鎮護国家に結びつくのだ。

しかし十世紀以降、天皇＝国家護持のための護国修法は、しだいに天皇個人の安泰を守るためという方向に変化していった。「天変」の意味が国家への災いを示すという理解から、日月五星の変異や妖星が個人としての天皇の「命宿《みょうしゅく》」（個人の一生を支配する星）を侵犯することで、寿命が縮まるという意味に解釈されていったのだ。

ここにおいて、天体の星々の動きが国家の動向と照応する思想にたいして、個人の運命が星宿《せいしゅく》に支配されるという考え方へ変化していくことが見てとれよう。つまり国家占星術から、個人の運命を占う占星術への移行である。

「本命宿」「本命宮」という思想

個人の運命を占う占星術。そこで重視されるのが、「本命宿《ほんみょうしゅく》」あるいは「本命宮《ほんみょうぐう》」という考え方である。まずは、その二つについて説明しておこう。

「本命宿」の「宿」とは、黄道に沿って選ばれた二十七、または二十八の星座のことを意味する。月が毎夜一つずつの星座（恒星）に宿ることから二十八宿、または二十七宿と呼ばれた（インドの占星術では「二十七宿」が多い）。それぞれの星宿の名称は、次頁の図のようになっている。

この二十八宿は、第四章でみた陰陽道の占具・六壬式盤の天盤・地盤にも記されていたものだ（二十七宿の場合は「牛宿」がない）。この二十八宿のうち、個人の誕生時刻に月が宿っていた星座（宿）が、その人の一生を支配する星となる考え方を「本命宿」と呼ぶのである。

一方、「本命宮」は、黄道十二宮《こうどうじゅうにぐう》にもとづくものである。「黄道十二宮」とは、春分点（地球から見た太陽の軌道である黄道と天の赤道の交差点）を起点に、黄道を三十度ずつ均等に分けた透明な帯を十二に分割して選ばれた星座のことである。西洋占星術では獣帯《ゾディアック》上の「宮《サイン》」という。各「宮」の名称は次のようになる（括弧内が現代の呼び名）。

羊宮《ようぐう》（白羊宮）・牛宮《ぎゅうぐう》（金牛宮）・夫妻宮《ふさいぐう》（双子宮）・蟹宮《かいぐう》（巨蟹宮）・獅子宮《ししぐう》（同）・女宮《じょぐう》（処女宮）・秤宮《びんぐう》（天秤宮）・蝎宮《かつぐう》（天蝎宮）・弓宮《きゅうぐう》（人馬宮）・磨竭宮《まかつぐう》（磨羯宮）・瓶宮《へいぐう》（宝瓶宮）・魚宮《ぎょぐう》（双魚宮）

二十八宿

	星宿名	和名	距星の現代名	方位	四神
	角(かく)	すぼし	おとめ座α星	東	青龍
	亢(こう)	あみぼし	おとめ座κ星		
	氐(てい)	ともぼし	てんびん座α星		
	房(ぼう)	そいぼし	さそり座π星		
	心(しん)	なかごぼし	さそり座σ星		
	尾(び)	あしたれぼし	さそり座μ星		
	箕(き)	みぼし	いて座γ星		
	斗(と)	ひつきぼし	いて座ϕ星	北	玄武
	牛(ぎゅう)	いなみぼし	やぎ座β星		
	女(じょ)	うるきぼし	みずがめ座ε星		
	虚(きょ)	とみてぼし	みずがめ座β星		
	危(き)	うみやめぼし	みずがめ座α星		
	室(しつ)	はついぼし	ペガサス座α星		
	壁(へき)	なまめぼし	ペガサス座γ星		
	奎(けい)	とかきぼし	アンドロメダ座ζ星	西	白虎
	婁(ろう)	たたらぼし	おひつじ座β星		
	胃(い)	えきえぼし	おひつじ座三十五番星		
	昴(ぼう)	すばるぼし	おひつじ座十七番星		
	畢(ひつ)	あめふりぼし	おうし座ε星		
	觜(し)	とろきぼし	オリオン座λ星		
	参(しん)	からすきぼし	オリオン座ζ星		
	井(せい)	ちちりぼし	ふたご座μ星	南	朱雀
	鬼(き)	たまおのぼし	かに座θ星		
	柳(りゅう)	ぬりごぼし	うみへび座δ星		
	星(せい)	ほとほりぼし	うみへび座α星		
	張(ちょう)	ちりこぼし	うみへび座υ星		
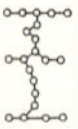	翼(よく)	たすきぼし	コップ座α星		
	軫(しん)	みつかけぼし	からす座γ星		

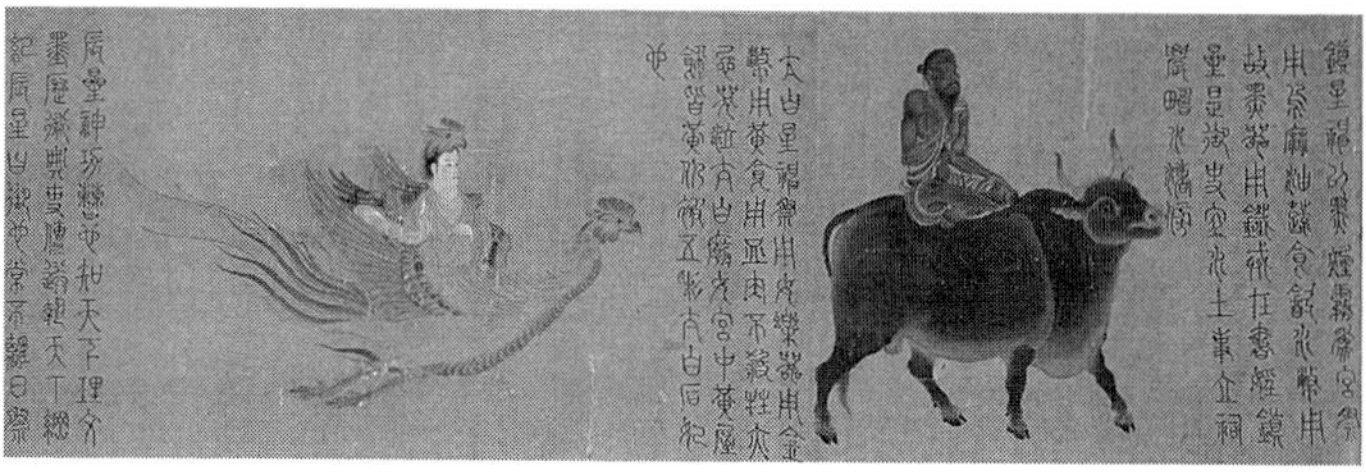

伝張僧繇「五星二十八宿神形図」部分（大阪市立美術館蔵）

「本命宮」とは、その人の誕生時刻に東の地平線から昇ろうとするときの星座＝宮をさすのである。

このように定められた、特定の個人の本命宿、本命宮にたいして、日・月・五星（木・火・土・金・水）、また日月蝕を起こす想像上の悪星である羅睺《らごう》・計都《けいと》が侵犯すると、その個人の運命に災厄が起きると考えた。そうした「個人的星厄」を消除する目的で熾盛光法が修されていったというのである（山下克明『平安時代の宗教文化と陰陽道』）。ここに人の運命そのものを支配する星を祭り、加護を祈る密教の「星辰供《しょうしんく》」の修法が成立したのである。

ところで、個人の運命と関わる「本命宿」や「本命宮」という思想は、直接的に天体を観測することよりも、特定の個人の誕生時の各惑星の黄道上の位置を記したホロスコープ（天宮図）の計測・作成・暦算が必要とされた。それは中国系の占星術にはない、インド系の占星術の知識、技術に関わるものである。『史記』天官書や『晋書』天文志などの知識や観測技術とは違う星の認識である。

では熾盛光法が執行された平安時代中期に、インド系の占星術書は伝わっていたのだろうか。

占星術の系譜と展開

そこでもう一度、古代中国における占星術の系譜を見ておこう。

中国の占星術は『史記』天官書に代表されるように、国家占星術が基本であったが、それとは異質なインド系の占星術（天文学）の書物も入っていたようだ。それをもたらしたのは、インド発生の仏教である。インド系の占星術は、「仏教経典」として中国に伝わるのだ。その代表が、三世紀初期から四世紀初頭に翻訳された『摩登伽経《まとうがきょう》』や『舎頭《しゃず》諫太子《かんたいし》二十八宿経《にじゅうはっしゅくきょう》』である（森田龍僊『密教占星法』）。これらはインド系の占星術（天文学）を中心に、部分的にはインドから中国へ伝わる途中の西域地方の知識も加わっていたようだ。

プトレマイオス
『ネイティヴィティー』より

インドとの関係は仏教伝来の経緯から理解しうるが、さらに驚くべきことに、西方・ギリシアの天文学・占星術の翻訳書もあったらしい。唐の時代に翻訳された『都利聿斯経《とりいっしきょう》』『聿斯四門経《いっししもんきょう》』という経典である。残念ながら現物そのものは残っていないようだが、藪内清氏によれば、各書に残る佚文《いつもん》などから、それらは二世紀のギリシアの著名な天文学者プトレマイオスの占星術書『テトラビブロス』（四部書の意味）の影響が窺えるという。ギリシア占星術はイスラム諸国に多数輸入され、そしてイスラム諸国と深い交渉があった唐の時代には、イスラム占星術を経由してギリシアのそれが伝わったらしい（藪内『増補改定・中国の天文暦法』）。

さらに矢野道雄氏は、『聿斯四門経』はプトレマイオスの『テトラビブロス』のシリア語訳、またはペルシア語版からの翻訳の可能性を示唆し、さらに〈都利聿斯〉がプトレマイオスの名前そのものであったという仮説も提示している（矢野『密教占星術』）。そして、これらインド、ギリシア系天文学（占星術）の基底にあったのが、紀元前二千年あたりの古代メソポタミアの天文学であり、とくに紀元前六〇〇年ごろのカルデア王国（新バビロニア・現在のイラク南部）の天文学は隆盛を極めていた。ちなみにギリシアでは天文学（占星術）は「カルデアの学」と呼ばれる。星をめぐる知識と技術は、驚くべき世界史的な深さや広がりを見せてくれるのである。

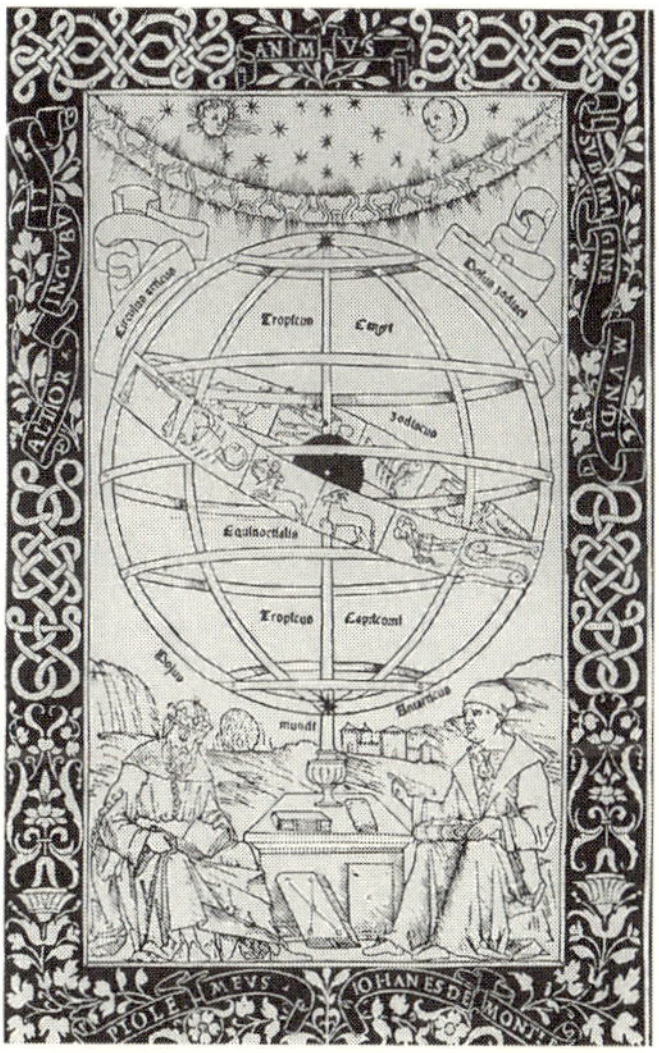

『プトレマイオスの天文学大全の抜粋』の口絵

これらインド系、ギリシア系の占星術書は、それまでの古代中国の天文学・占星術とは異なる、新しい知識や技術として、唐の時代に広まっていったようだ。それらが日本にも伝わったのである。

『宿曜経』、『符天暦』と賀茂保憲

平安時代初期、晴明たちの「陰陽道」とも関わりをもつインド系の占星術書が、空海《くうかい》、円仁《えんにん》、円珍《えんちん》ら密教僧たちによってもたらされた。

八世紀、不空金剛《ふくうこんごう》が訳した『宿曜経《すくようきょう》』（正式名称は『文殊師利《もんじゅしり》菩薩《ぼさつ》及《きゅう》諸仙《しょせん》所説《しょせつ》吉凶《きっきょう》日時《にちじ》善悪《ぜんあく》宿曜経《すくようきょう》』）というテキストである。その内容は、二十七宿と十二宮との関係、二十八宿それぞれの性格、七曜《しちよう》がそれぞれの宿を犯した場合の吉凶、七曜およびその十二位上での吉凶などを記している（矢野、前出書）。

　また藪内氏によれば、『宿曜経』は仏典中の占星書として画期的なもので、インド系さらにイラン系の占星術を総合した、仏教徒のあいだでももっとも権威があった書物という。とくにマニ教徒の使ったソクド語の「ミール」の音訳「密（蜜）」が暦注に書き込まれている点など、本書が広い文化的な広がりのなかで成立したことが指摘されている（藪内、前出書）。

　ただし矢野氏によれば、本書の内容は、インド占星術としてはかなり初歩的なもので、専門的なテクニックはほとんど述べられていないという。さらに『宿曜経』の原典がインドにあってそれを翻訳（漢訳）したのではなく、唐代の不空が自分のもっていたインド占星術の知識をまとめたものではないか、とも推理している（矢野、前出書）。また善波周氏は、明確に「宿曜経を成立させた一つの纏ったサンスクリットの原本は存在しなかった」ことを証明している（善波「宿曜経の研究」）。

　それにしても、『宿曜経』がインド占星術として「初歩的」なものとみなされたのはなぜか。そこで大きな意味をもつのが桃裕行《ももひろゆき》氏の研究である。桃氏によれば、この書物だけでは、個人の星運を占うための暦算《れきさん》や日蝕・月蝕についての計算が不可能であることがわかった。この本を使って実際に星

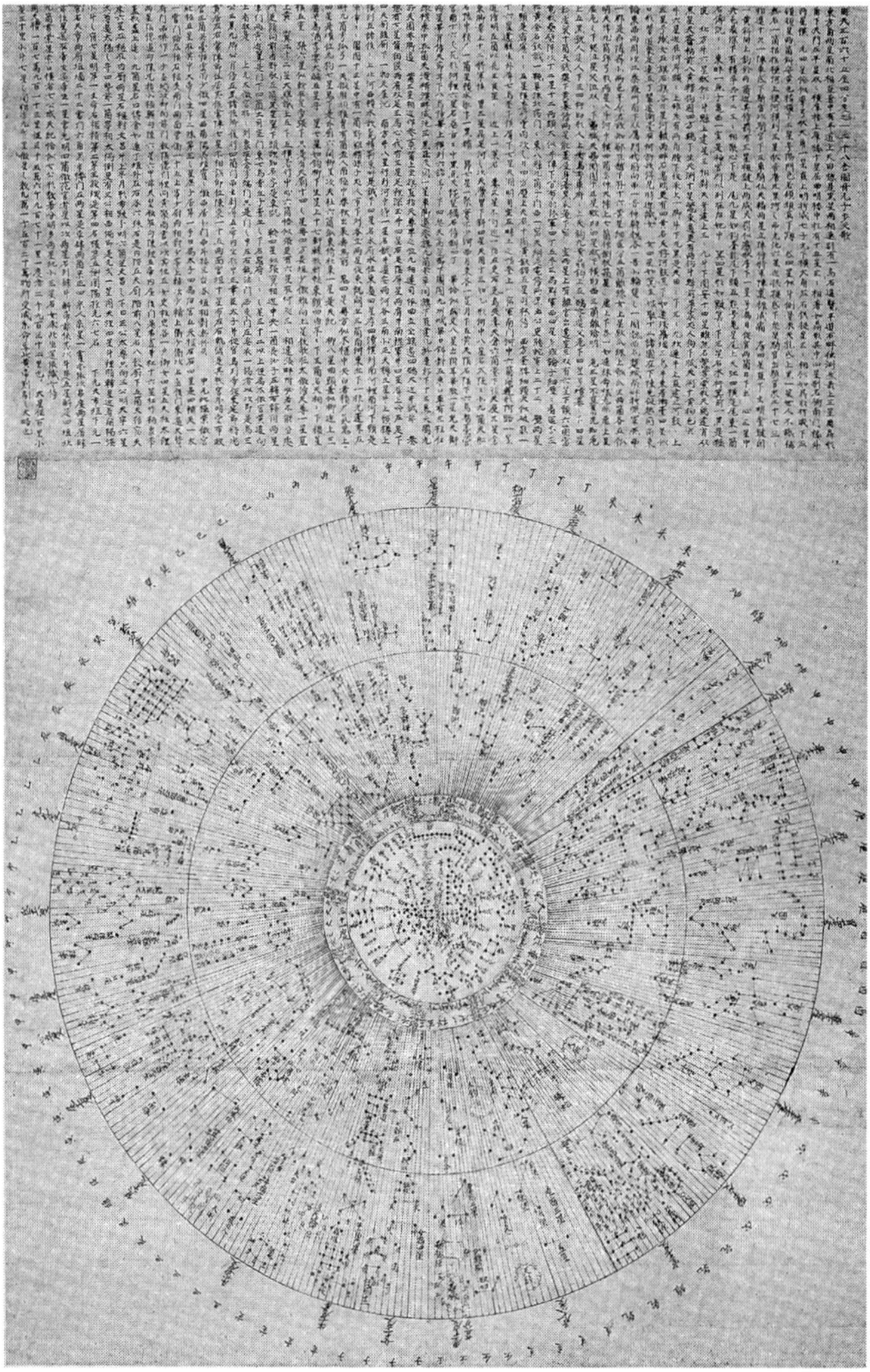

「天之図」（福井県坂井郡三国町・瀧谷寺蔵）

占いをするためには、占いをするための数理的なデータとなる、新しい暦の知識が必要であったのだ。その新しい暦が、天徳元年（九五七）に、天台僧日延《にちえん》が呉越国より請来した「符天暦《ふてんれき》」であった（桃裕行「宿曜道と宿曜勘文」）。

興味深いのは、この「符天暦」請来の経緯に、安倍晴明の師である賀茂保憲が深く絡んでいたところだ。

平安時代初期、貞観三年（八六一）以来、日本で使用されていた暦法は「宣明暦《せんみょうれき》」であったが、保憲は、それがもはや古くなっていると判断し、中国での最新の暦書を摂取する必要があると朝廷に働きかけた。その主張を受けて日延が渡海し、天徳元年にもたらされたのが「符天暦」であった（桃「日延の符天暦齎来」）。最初は占星術のために請来したものではなかったが、結果的に、符天暦をベースに『宿曜経』を使用したインド系ホロスコープ占星術が、平安時代の貴族社会に根付いていったのである。それを担っていくのが、宿曜師《すくようじ》と呼ばれる僧侶たちのグループであり、これを「宿曜道」と呼ぶ（山下、前出書）。その後彼らが、保憲以降に確立する賀茂家暦道の流れとつねに対抗・競合する相手となったのは、なんとも皮肉である。

その時期、晴明は保憲の「弟子」として、陰陽寮の天文（得業）生であった。彼もまた、符天暦の請来や『宿曜経』による新しい占星術の動向を肌身に感じていただろう。

永延二年（九八八）八月七日の熒惑星の変異による熾盛光御修法《しじょうこうみしほ》の執行――。その背景には、天文と占星術をめぐる推移と展開の歴史があったわけだ。その経緯はまた、平安時代の貴族たちが、天体の「星」を媒介にして、個人としての運命を強く意識していったことをあらわしている。天界の星々は、それまでとは違った輝きをはじめていたのである。

熒惑星祭をめぐる晴明の失態

さて、永延二年（九八八）八月、熒惑星の軒轅女主星入犯《けんえんじょしゅせいにゅうはん》による一条天皇への星厄を防ぐため、天台座主尋禅が熾盛光法を執行したとき、晴明の側は「熒惑星祭」の執行を勘申《かんじん》していた。密教修法と共同で陰陽道祭祀を行なうという定式が、ここでも実行されたのである（第七章参照）。だが、「熒惑星祭」という陰陽道祭祀は、晴明執行以前には見当たらない新しい儀礼のようだ。

もっとも陰陽道にとって「熒惑星祭」というのは目新しいものだが、密教ではすでに「熒惑星供」という名前の修法が行なわれていた。

康保三年（九六六）二月、村上天皇の治世に、「熒惑星変」があり、東密（真言密教）の寛静《かんせい》が宮中の真言院で「火天供《かてんぐ》」を修し、天台の賀静《がせい》がさらに「熒惑星供」を行なったという例がある（『村上天皇御記』）。ただし注意したいのは、このときの熒惑星供の修法は、火災除去のための「火天供」とともに執行されたことだ。それは村上天皇個人の星厄防御や延命祈願といった目的とは異なっていたのである。つまりこの段階においては、「熒惑星変」は、あくまでも国家全体に及ぼされる災厄＝天変として認識され、天皇の個人的な運命とは直接的に照応させられていないのである。密教の熒惑星供は、「天変」による国家全体の災厄を除去する目的であったのだ。すなわち護国修法である。

永延二年（九八八）、熒惑星の変異による災厄を防ぐべく、晴明が勘申した陰陽道の「熒惑星祭」は、密教側の熒惑星供の修法を取り込んだものであることは、たしかだろう。けっして陰陽道オリジナルではない。

だが、このときの「熒惑星祭」が、天台の尋禅による熾盛光法と並行して行なわれたように、国家全体に及ぶ天変・星厄除去というよりも、熒惑星の変異による一条天皇の個人的な災厄を防ぐ目的が込められていた点に注目する必要があろう。晴明にとっても、熒惑星は新たな意味をもちはじめたのである。

ところが、このときには、次のような後日談があった。なんと、晴明が熒惑星祭の執行を怠ったというのだ。

十八日、壬申《みづのえさる》、……刻限に参内《さんだい》す。摂政殿の御宿所に候す。命ぜられて云はく、熒惑星御祭の事、晴明、奉仕せざるの由、過状《かじょう》を進めしめてへり。即ち、蔵人景理《かげまさ》に仰す。先日、この事を奉行《ぶぎょう》せし人なり。

（『小右記』永延二年八月十八日）

「過状」とは、職務怠慢にたいする始末書のこと。晴明は、自ら熒惑星祭執行のことを勘申したにもかかわらず、その執行を怠ったために始末書を提出させられたのだ。摂政・藤原兼家が実資に命じ、蔵人の大江景理が直接、晴明に「過状」を提出するように申し渡したとある。晴明にとって、かなり大きな失態といわざるをえないだろう。

しかし、それにしても、晴明はなぜ熒惑星祭を奉仕しなかったのだろうか。単純に忘れたというだけなのだろうか。あるいは「熒惑星祭」という新しい陰陽道祭祀を行なうことへの、晴明自身の迷いでもあったのだろうか。もしかしたら、熒惑星が軒轅女主星を犯したという「天変」そのものが、その後の観測によって違っていたから、というような経緯もあったのかもしれない。残念ながら、史料はもはや、何も語ってはくれない。

だがこのとき晴明にとって、熒惑星という星が、そして天体そのものが、それまでとは違って観えてきたのはたしかだろう。

3 「玄宮北極祭文」という作品

星を観る人《スターゲイザー》・安倍晴明。天体に散らばる無数の星々のなかで、彼にとって、大きな意味をもってくる星々・星座があった。全天の星座の中心と考えられた「北極星」、そして「北斗七星」である。北極星や北斗七星にたいする信仰は、先に紹介したインド系、ギリシア系の占星術とは別の系統に属するものという。すなわち中国の天文家説、または中国の道教思想にもとづくものだ。まず重視されたのが「北斗七星」である。

北斗七星をめぐる信仰

夏の夜、北の空高く見える北斗七星。柄杓《ひしゃく》の形を見せるポピュラーな星座だ。『史記』天官書では「斗を天車と為し、中央に運《めぐ》り、四郷を臨制《りんせい》す。陰陽を分かち、四時《しいじ》

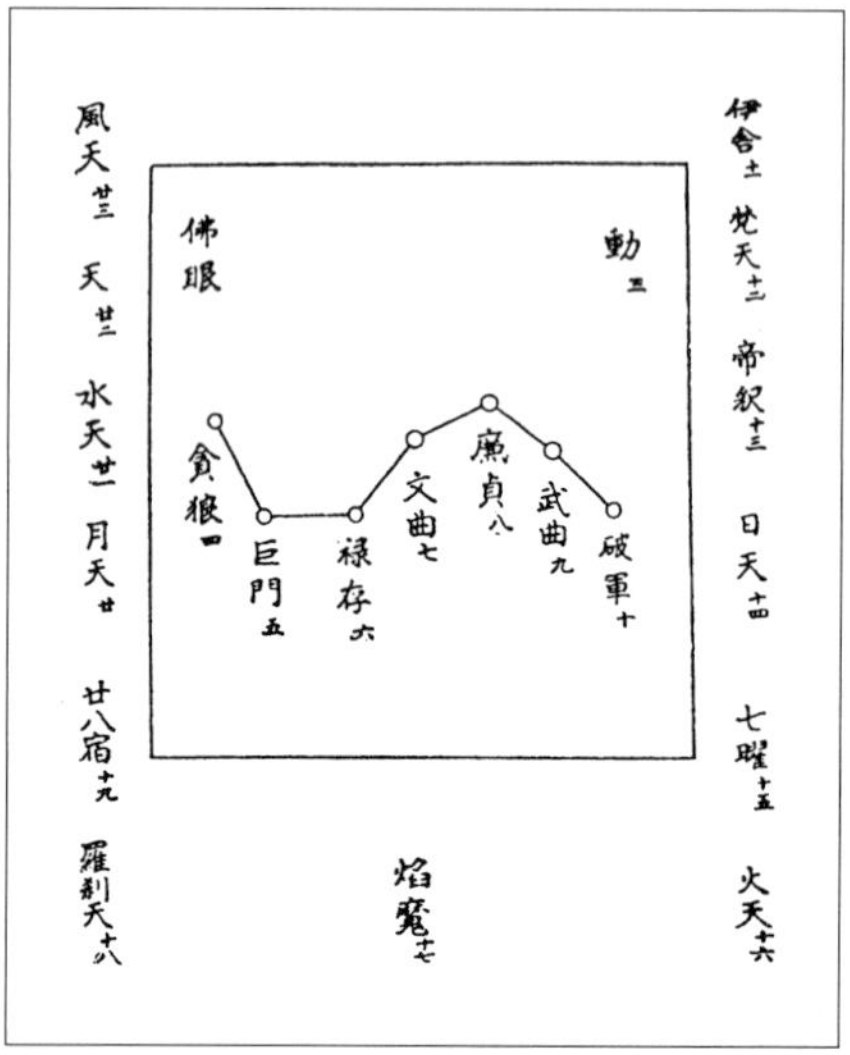

北斗七星　『阿娑縛抄』より

を建て、五行を均しくし、節度を移し、諸紀を定むる」とある。古来より重視された星座であった。

　さらに道教系の思想においては、「北斗七星」が人の生命を司る司命神とされる信仰が生まれ、属星《ぞくしょう》＝本命星《ほんみょうしょう》を北斗七星のなかの星に配当する信仰となっていく。人は生まれ年の干支《えと》から北斗七星のいずれかの星に属しているという考え方だ。それは陰陽道の基本図書とされた『五行大義』のなかにすでに定められている。以下のような配当だ。

貪狼星《とんろうせい》　子年
廉貞星《れんていせい》　辰・申年
巨門星《きょもんせい》　丑・亥年
武曲星《ぶきょくせい》　巳・未年
禄存星《ろくそんせい》　寅・戌年

破軍星《はぐんせい》　午年
文曲星《ぶんきょくせい》　卯・酉年

ここから人別に生まれた年による「属星《ぞくしょう》」が定まり、延命長寿を祈るための北斗七星への祭祀法として、唐代末期以降『北斗延生醮説戒儀《ほくとえんせいしょうせつかいぎ》』、『北斗七元星燈儀《ほくとしちげんしょうとうぎ》』『太上玄霊北斗本命延生真《だじょうげんりょうほくとほんみょうえんせいしん》経《きょう》』などの多数の道教経典が作られたのである。

一方、人の運命、寿命を支配する北斗七星信仰は、八世紀末以降に密教のなかでも展開し、様々な経典が生み出される。たとえば一行《いちぎょう》撰『宿曜儀軌《すくようぎき》』、金剛智《こんごうち》訳『北斗七星延命経』、一行『梵天火羅《ぼんてんから》九曜《くよう》』などの経典だ。北斗七星を供することで延命を請う儀礼が作られたのである（山下、前掲書）。

さらに注目されるのは、北斗七星の信仰が冥府の信仰と結びつくところだ。

たとえば『宿曜儀軌《すくようぎき》』には北斗七星とともに「泰山府君《たいざんぶくん》・司命司禄《しめいしろく》」への供養を、また「葛仙公礼《かっせんこうれい》北斗法《ほくとほう》」（『梵天火羅九曜』に引用）には「閻羅天子・五道大神・太（泰）山府君・司命司禄」といった冥府の神々が「十二宮神・七曜《しちよう》・九執《きゅうしつ》・二十八宿」といった天体の星々とともに供養される次第が見いだされる。天体の星辰《しょうしん》と地下の冥府の神々とが一体となっていく様子が見られよう。

思い出されるのは、前章の最後に取り上げた永承五年（一〇五〇）の泰山府君都状にあった一節だ（二三六頁）。すなわち、「死籍を北宮より削《けず》り、生名を南簡に録し……」の文言である。そこには冥府信仰と習合する北斗七星が見出されたのである。その背景には密教思想の影響があった。陰陽道と密教は、不断に影響を受けつつ、成長していったのである。宗教者たちの現場においては、相手側の新しい知識や技を吸収・収奪するような、激しい対抗・競合が繰り広げられていたことが想像されよう。
しかし、今、「死籍を北宮より删り、生名を南簡に録し……」と共通する文言を持つ祭文が、安倍晴明自身によって書かれた現場に立ち会うことができる。永承五年（一〇五〇）の泰山府君都状より、五十年ほど前に書かれたものであった。それを「玄宮北極祭文《げんぐうほっきょくさいもん》」という。全天の中心に位置する「北極星」を対象とする祭文である

長保四年七月、玄宮北極祭

長保四年（一〇〇二）七月二十七日、安倍晴明は「玄宮北極祭」という祭祀を執り行なった。史料には次のようにある。

一条院　長保四年七月廿七日、玄宮北極御祭、行なはる。月来の天変のために行なはるるところなり。大膳大夫安倍朝臣晴明、これを勤む。

（『日月多出例』）

この年、晴明は八十二歳。前年閏《うるう》十二月には、例の追儺執行の出来事があった（第一章）。一条朝において、文字通り「陰陽の達者」「道の傑出者」としての地位を獲得した時期である。官職は大膳《だいぜん》大夫《たいふ》に就いている。
玄宮北極祭とは、いうまでもなく北極星を対象とする祭祀だ。北極星は北辰ともいい、『論語』に「政を為すに徳を以ってすれば、譬えば北辰の其の所に居て、衆星これを共《めぐ》るがごとし」とあるよう

に、北辰＝北極星は帝王に譬えられる星であった。『晋書』天文志でも「日月星の三光は、かわるがわる輝くけれども、極星は移動しない」と、天の中心にあって動かない星、まさしく帝王の星とされている。

北極星＝北辰を対象とした祭祀・星宿法は密教においても発達し、「尊星王法《そんじょうおうほう》」（台密）、「妙見《みょうけん》法《ほう》」（東密）の名前で、それぞれ修されている。十世紀末以降、「天変消除よりも、除病安産などの貴族社会の個人的現世利益の欲求に応えようとする」（速水侑『平安貴族社会と仏教』）ものとして多く修されている。晴明が執行した「玄宮北極御祭」も、そうした密教の北辰信仰、北極星祭祀の流れのなかに成立したものであることはたしかだろう。これもまた、安倍晴明によってはじめて行なわれた祭祀だ。

さて、長保四年（一〇〇二）七月の玄宮北極祭は、「月来の天変」にたいして執行されたとある。国家にたいする天変の災厄の消除を目的とするものであった。ここでは個人としての天皇ではなく、国家的な天変というニュアンスが強いように見える。そこで、この時期にどのような「天変」があったかを調べてみよう。

十五日　己卯《つちのとう》、権《ごん》天文博士泰平《やすひら》来たり示して云はく、去んぬる九日、月、心《しん》後《ご》星《せい》を犯す変あり。是、庶子、慎むべし。その後、幾ばくもなく、前弾正親王《さきのだんじょうしんのう》薨去したまふ。（『権記』六月十五日）

六月九日に月が「心後星」を犯したという変異が報告された。心後星とは、二十八宿のうちの「心宿」（さそり座中央部）で、距星（中心となる星）は「心前星」（太子星とも）という。ほかに「心大星」（天子星とも）、「心後星」（庶子星とも）がある。この夜、深夜にこの星が月心の北0.03のあたりを貫いたという（斉藤国治『国史国文に現れる星の記録の検証』）。庶子星とされる「心後星」を月が犯したので「庶子」の慎みが奏上されたところ、ほどなく前弾正親王が亡くなったというわけだ。また七月一日には「日蝕」も起きている（『権記』）。それらが「月来の天変」と認識されたのだろう。

こうした「天変」に対処するために行なわれたのが「玄宮北極祭」であった。それは国家的天変に対処するもの、すなわち中国的な国家占星術の系譜のなかで執行された祭祀といえる。そこには一条天皇の個人的な運命は問題視されないのである。

しかし、今、玄宮北極祭に際して読誦された祭文を見てみると、明らかに国家的天変とは違う面が浮上してくる。その祭文は、安倍晴明自身が書いたものと伝わる。

晴明、「玄宮北極祭文」を書く

長保四年（一〇〇二）七月の玄宮北極祭。そこで誦みあげられた祭文は、「朱をもって青紙に書く」とあるように、晴明自らが、一条天皇のために書いたことが記録されている。永正十五年（一五一八）に、儒者の東坊城和長《とうぼうじょうかずなが》という人物が編纂した『諸祭文故実抄《しょさいもんこじつしょう》』という書物に収録された、晴明執筆の「玄宮北極祭」祭文は、以下のようなものだ。

天子謹みて、北極玄宮・無常無極・大帝天皇《たいていてんこう》に白《もう》さく、伏して惟《おも》んみるに、北辰《ほくしん》は、衆星、これと共に居位す、至尊至重、惟正惟明、群神の朝宗するところ、万霊の仰ぎ俯するところなり。八方を照臨し、七曜を嚢括《のうかつ》し、百王の暦数を管し、万国の興亡を照らす。明君を祚《さいわ》いして光明し、暗主を罰して昏昧《こんまい》す。紫微の中において万機を頒《わか》ち、明堂の上において七政を布す。天官の正直を偉《い》し、人事の儀形を作る。

側《ひそか》に、葛仙公祭法《かっせんこうさいほう》に聞けらく、予め帝王の暦数を推す。もし厄運の災年にあたらば、須《すべか》らく北極の天帝に祈り、以て南面の遐齢《かれい》を延ぶべしと。爰《ここ》に今年三合《こんねんさんごう》の年にあたり、已に災孽《せつ》を恐るべくのみ。何ぞ況《いわん》や天変を多く観《み》、地妖を頻《しき》りに聞く。夢想紛々として、恠《け》異《い》数々たり。占候《せんこう》の家、不吉を勘奏す。就中《なかんずく》、今月一日に日蝕、亦十五日に月蝕あり。一月の内に日月蝕す。倭漢のあいだ、いまだこの変あらず。所司天の奏するところ、占文尤も重し。朝に歎き夕に愓《おそ》る。寝膳、度を失ひ、神明の威を施さず。何ぞ災禍《さいか》の萌《きざし》を払はむ。仍《より》て吉日良辰《きちじつりょうしん》を択び、礼奠《れいてん》、在るが如く設《もう》く……。

祭文の主体は、あくまでも一条天皇自身だ。いいかえれば、一条天皇は、晴明を仲介することで、天体の北極星とのコンタクトが可能となるのである。

まず冒頭の「北極玄宮無常無極大帝天皇」の文句が道教にもとづくように、祭文の発想の基盤には道教色が濃い。祭文前半では、北極星がまさしく帝王の星であり、国家全体を支配する「北辰」を称えていく文言が続く。「明君を祚いして光明し、暗主を罰して昏昧す」とあるように、天帝たる北辰が地上の王に審判を下すといった、中国的国家占星術の思想にもとづく北極星の認識といえよう。

後半の「側に、葛仙公祭法に聞けらく……」以下の「葛仙公祭法」とは、密教経典の『梵天火羅九曜』に引用された「葛仙公礼北斗法《かっせんこうれいほくとほう》」と共通するものらしい。「葛仙」とは、道教の基本図書『抱朴子』を書いた葛洪《かっこう》の従祖である道士・葛玄《かつげん》のこと（山下氏説）。道教系の思想がここにも窺えよう。

その「葛仙公祭法」によれば、この年が厄年であるならば、「北極の天帝」＝北極星に延命を祈るべきだとある。そして今年は「三合の年」にあたる。この「三合」とは、『黄帝九宮経』などにもとづくもの。九宮（八卦八宮と中央宮）十二神のうち太歳・太陰・害気の三神が相合することで、その年には風水旱・疾病・兵革などの災害が起きるとされる（小坂眞二「三合の算出法について」）。それゆえにすでに多くの天変があり、とくに一月のあいだに日蝕と月蝕があったことの天変が強調される。そこで「吉日良辰」を選んで北極星の祭祀を行なうと続くのである。

天界と冥界の奥処へ

このように「玄宮北極祭文」において一条天皇は、あくまでも国家の為政者の立場から天体の帝王星たる「北極玄宮・無常無極・大帝天皇」にたいして、国家へ下された災厄の消除を祈っているといえよう。ここには個人的な星厄が意識されることは見えない。

しかし、祭文の結語にあるのは、こういう一節であった。

未萌《みもう》に九黄を銷《け》し、百年の上寿を授け、北宮に黒籍を削り、南簡に生名を録さんことを。長生《ちょうせい》久礼《きゅうれい》、変災為福《へんさいいふく》。謹白。

天空に鎮座する北極星への祈願。注目してほしいのは、「北宮に……」の文言だ。それは冥府の王を祭る「泰山府君祭文」の「死籍を北宮より刪り、生名を南簡に録し」と共通する思想の表明であった。すなわち、祭文の末尾において、天変の災厄にたいして、一条天皇は自らの延命長寿を祈るのだ。ここでは天体の中心たる北極星が、個人の寿命を管掌する北斗七星の信仰と習合していくのである。晴明は「死籍を北宮より刪り、生名を南簡に録し」という思想を、いち早く北極星への祭文に盛り込んでいたのである。

祭文中に引かれる「葛仙公祭法」が「葛仙公礼北斗法」と共通するものならば、天体の星々への祭祀が「閻羅天子・五道大神・太（泰）山府君・司命司禄」といった冥府神と一緒になって行なわれる、道教と密教との複合した特異な信仰世界に繋がるものと理解できよう。

十二宮・七曜《しちよう》・九執《きゅうしつ》・二十八宿、北斗七星、そして北辰＝北極星。それらの星々が鎮座する天界は、冥府世界と一体のものと認識されていったのではないか。宇宙空間のなかにこそ、人間の生と死を司る王が鎮座する……。一条天皇のために作られた「玄宮北極祭文」は、そうしたあらたな天体の世界観を、安倍晴明自らが作り上げた貴重な「作品」といえよう。

祭文を書いてから三年後の寛弘二年（一〇〇五）、晴明自らも、天界と冥界の奥処《おくが》へと、悠然《ゆうぜん》と旅だっていった――。

終章　その後の〈安倍晴明〉

1　晴明説話の生成

安倍晴明が逝去した年については、寛弘二年（一〇〇五）の十二月十六日（「陰陽家系図」）、あるいは九月二十六日（「土御門家家伝」）のふたつの説がある。どちらにしても八十五歳の高齢で没したことはたしかなようだ。同時代史料を見ても、その年の三月八日に中宮彰子の大原野社行啓に反閇《へんばい》を奉仕した（『小右記』）というのが、今のところ確認されている晴明、最後の記録である。なお同じ年の十一月十五日に内裏火災があり、内侍所《ないしどころ》の神鏡が被災する事件があり、翌年七月、焼失した神鏡を再鋳造すべきかどうか紀伝道・明経道・陰陽道などの諸道に勘文を退出させたが、そこにも安倍晴明の名前は見えない。それにしても安倍晴明の公的な記録の初出が、天徳四年（九六〇）九月の内裏火災に関わっていたことを考えると、その死去した年にまた大規模な内裏火災があったとは、偶然とはいえ、

安倍晴明墓所
（京都市右京区嵯峨角倉町）

なんとも意味ありげではないか。

なお安倍晴明の墓所としては、室町時代前期の『応永鈞命絵図《おうえいきんめいえず》』による、現在の京都市右京区嵯峨角倉《すみくら》町の地が有力視されている。今は、五芒星《ごぼうせい》（晴明桔梗紋）が刻まれた墓石が立っている。

平安時代中期を生きた陰陽師・安倍晴明。その歴史的な活動は十一世紀初頭をもって終わった。だが、それは同時に、「陰陽師・安倍晴明」のあらたな物語が始まるときでもあったのだ。

晴明をめぐる語り

平安時代末の院政期から鎌倉時代にかけて編纂された『今昔物語集』（十二世紀前半）、『宇治拾遺物語』『古事談』（十三世紀初頭）、『古今著聞集』（十三世紀半ば）などの説話集には、「天文博士安倍晴明といふ陰陽師ありけり」と語り出される晴明の物語が続出する。仕掛けられた呪詛を察知し、それを祓い打ち返す、あるいは式神を駆使する、そして冥府の王・泰山府君を祈ることによって人の寿命を延ばす……。その異能ぶりは、晴明が生きて活躍した時代に、彼の力を信頼し、その恩恵を受けた貴族社会の人々の記憶が語り伝えられ、練り直されて〈再生〉したものといえるかもしれない。やがて晴明をめぐる語りは、貴族社会をも超えて、民間のあいだにも広がっていくのである。

「晴明一家の申す所なり」

その後の〈安倍晴明〉がどのように語り伝えられ、その存在がどう権威化していくか、その経緯を見ておこう。

安倍晴明の名前が「陰陽道」の権威として定着していく様子は、晴明没後、二十五年目の長元三年（一〇三〇）、藤原実資の『小右記』に早くも見える。陰陽道が作った禁忌の一つ「道虚日《どうきょじつ》」（外出を忌む日）の選び方を判定するときに、実資は「晴明一家の申す所なり」と、晴明の知識・言説を典拠としているのである。

また大治四年（一一二九）の『長秋記《ちょうしゅうき》』には、晴明が書いた『占事略決』が世間に広く流布し読まれていたことが記されている。陰陽道の占術書として、この本が晴明の名前とともに流通していることが知られるわけだ。そこには「晴明をあらたな陰陽言説創造者とみとめる、同時代人の眼差し」（竹村信治「史書・日記に見る晴明」）を見ていいだろう。とくに「晴明一家」という言い方には、晴明を家祖とする陰陽家としての安倍氏の位地が、貴族社会のなかで確立しつつある様子が見てとれる。師匠筋にあたる賀茂保憲《やすのり》の「陰陽道」を超えようとして作り上げた晴明の「陰陽道」が、貴族社会のなかに受け入れられ、定着していったのである。

「家業」としての陰陽道

平安時代後期、安倍・賀茂氏は、「陰陽道」を独占しつつ、たがいに天文と暦とを分掌しあうという関係が成立したとされる。具体的には、天体の不規則な変異について占ったことを秘かに奏上する「天文密奏」の職務を安倍氏が、一方、毎年の暦を造っていく「造暦」の職務を賀茂氏が独占し、いわば安倍・賀茂が貴族社会のなかの「陰陽道」のブランドとなったのである。その背景には、国家運営の職掌が特定の「家」に独占されていく「家業」システムの成立という、平安時代中期以降の時代動向があった。

だが、「家業」の成立は、それを担う当事者たちにとって、自分たちの有能さを他の「家」と差別化する必要が生じた。その場合、安倍氏側は、もともとは賀茂氏の門下生的な立場であったという弱みがあるので、それを脱却するためにも、彼らはつねに自らの家祖としての安倍晴明の功績を過大に顕彰する必要があった。両者のあいだに、自らの「陰陽道」の卓越さをめぐって、熾烈《しれつ》な対立や競合が繰り広げられていたことは、焼失した霊剣をめぐる一連の経緯からも想像されよう（第三章参照）。

ここから、「晴明一家」を受け継ぐ安倍氏の人々が、貴族社会にむけて、わが家祖としての安倍晴明の事跡を大々的に発信していったことが見えてくる。後世の安倍晴明説話がどのように生成していったかを探るためには、「祖師（祖先）の事績を強調して語ろうとした、内側のまなざし」（武田比呂男「〈安倍晴明〉説話の生成」）に注目する必要があるわけだ。

晴明説話を作り出した仕掛け人。その一人として浮上するのが、晴明から五代目の子孫・安倍泰親《あべのやすちか》という人物である。

泰親というキーパーソン

安倍泰親。彼が生きたのは、まさしく源平争乱の時代の渦中であった。泰親が晴明をも凌ぐほどの占術の名人たることは、治承三年（一一七九）の大地震をめぐるエピソードとして『平家物語』巻第三「法印問答」に伝わっている。そのなかで「この泰親は、晴明五代の苗裔《びょうえい》をうけて、天文は淵源をきはめ、推条掌《たなごころ》をさすが如し」と語られ、世間からは「指すの神子《みこ》」と呼ばれたという。また長門本『平家物語』巻五「陰陽頭泰親占事」では、建礼門院が皇子を産むと占い、それが見事的中したという話を伝える。このとき泰親は、自分の「推条」（占いの方法の一つ）は「晴明の流」の得意技であるとし、かつて晴明が箱の中身を当てたという話などを語っている。泰親が自分の占術の異能ぶりを強調する根拠として、「家祖」としての安倍晴明のことがもちだされるわけだ。ここでさらに、「晴明一家」という家の系譜意識を超えて、「晴明の流」という、陰陽道の技の〈流儀〉の意識化がなされていることが注目されよう。

泰親が〈安倍晴明〉を神話化した張本人の一人であることは、最近、山下克明氏の研究によって、史料のうえからも確認されている（山下「安倍晴明の邸宅とその伝領」）。

長承元年（一一三二）五月十五日、安倍晴明の旧邸宅地である「土御門の家」について、泰親が一族の安倍兼時《かねとき》（後に晴道と改名）とのあいだで、どちらが正統な相続者であるかをめぐる訴訟事件が起きた（『中右記』『長秋記』）。兼時のほうが一門の氏長《うじおさ》であり、彼のほうに分があったようだが、こうした訴訟が起きる背景には、院政期以降に安倍氏内部でも三つの家筋が分かれ、家業としての「陰陽道」をめぐって激しく対立・競合する関係が生じていたことが指摘されている。

さて訴訟の結果は泰親が勝ったらしいのだが、このとき彼は「土御門の家（晴明の邸宅地）」が「公《こう》家《け》の御祭」＝天皇のための陰陽道祭祀（泰山府君祭など）を行なう祭庭であったと主張している。その言説は、事実に反すると退けられたのだが、ここには安倍晴明の旧邸宅地を権威化しようとする意図がはっきり見てとれよう。そして彼は「土御門の家」を聖なる「霊所」と呼び、その霊所における陰陽道祭祀の執行と絶大なる効験を貴族たちのあいだに喧伝していったらしい。山下氏は、こうした「土御門の家」の霊所化の言説が、たとえば『今昔物語集』に伝わる説話、すなわち晴明の住む家には式神の声が聞こえたという霊験譚を形成したと指摘している（山下「安倍晴明の「土御門の家」と晴明伝承」）。どうやら、晴明説話の形成にとって、泰親がキーパーソンとなったことはまちがいないようだ。いや、どこかで晴明と泰親のイメージはダブる……。

2 「陰陽師」の行方

「清明」を語るものたち

さらに時代をくだって、安倍氏の行方を見てみよう。

近年の研究では、室町時代が陰陽道にとって、一つの大きなピークであったことが明らかにされている（柳原敏明「室町時代の陰陽道」）。そこで浮上するのは晴明の遠い子孫である安倍有世《ありよ》である。彼は家祖の晴明を超えて、従二位の公卿の地位にまで上っている。その出世ぶりは、三代将軍の足利義満《あしかがよしみつ》がいかに「陰陽師」を重視したかを象徴していた。安倍氏は「土御門家」という高貴なる家になるのだ。

けれども、その後の〈安倍晴明〉にとっては、直接の晴明の子孫たちではない、もう一つの陰陽師たちの系譜に着目する必要がある。それは平安時代において、晴明たち官人陰陽師と敵対関係にあったグループの系譜に連なる人々だ。すなわち法師陰陽師と呼ばれる、民間社会の在野の下級陰陽師たちである。唱門師《しょもんじ》、博士、太夫、暦売り、ヒジリなどの多様な名前で呼ばれていく彼らこそが、中世後期から近世にかけて巷にあふれ出た様々な安倍晴明（そこでは〈安部清明〉と表記される場合が多い）を語り継いだ者たちであった（武田比呂男「『信太妻の話』の周辺」）。

彼らが語り伝えたもののなかに、「清明」が信太の森に棲む神狐を母とする化生の者であったという話＝「しのだづま」が生成していった。彼らが社会的に差別された存在であるがゆえに、自らの職業の始祖としての「清明」を語ることで、自分たちの職能を聖なるものへと反転させる論理がそこには見てとれよう。「清明」は彼ら民間社会を生きる「陰陽師」たちのアイデンティティの一部となったのである。それは宮廷社会を生きた安倍晴明からは遠く離れた姿かもしれない。だが、陰陽道の術者として生きた晴明の現場を辿ってきた今、呪術・祈禱や伎芸の職能を実践する彼らこそ、もしかしたら安倍晴明の実像ともっとも近い存在といえるかもしれない。

なお、こうした語られる「清明」の延長上に、近代社会においても講談、講釈、戯曲、小説が産み出されていった。さらにはサーカスの演目として登場する「葛の葉」が、都市の暗がりにあらわれたのである（市川祥子「歌舞伎・語り物・近代小説の晴明」）。

「陰陽師」を求めて

明治三年（一八七〇）、明治政府は土御門家にたいして、今後一切、陰陽師の「門人」を取ること、その「許状」の発行を禁止した。やがて土御門家自身も「陰陽師」を廃業していった。いわゆる陰陽道禁止令である。ここに歴史上、陰陽師という存在は消滅した。

しかし、忘れてはなるまい。明治政府によって禁断された「陰陽師」は、あくまでも土御門家に認可される「公式」陰陽師でしかなかったことを。江戸時代においても、土御門家の「門人」の対象とならず、しかしそれゆえ、中世以来の古層の「陰陽師」の活動を伝えてきただろう人々が、この列島社会に多数存在していたことを。そうした「陰陽師」たちは、なかなか「史料」のうえには姿を見せてくれないだろうが。

そのとき、列島各地に残された晴明伝説の背後、その断片的な情報の端々に、土御門家流の陰陽師とは異なる者たちの息遣いを感じとることはできないか。彼らのなかに、術者としての安倍晴明の現場ともっとも近いところを生きた「陰陽師」たちの行方を探ることはできないか。

「陰陽師」を求めて——。

われわれはようやくここで、平安の都から遠く離れた、四国の深い山々に囲まれた僻地の村で、今も活動を続ける一群の人々、物部村《ものべそん》のいざなぎ流太夫たちと相まみえるのである。

引用・参考文献一覧（原則的には本文に引用した順で掲げる）

史料・資料

『小右記』大日本古記録　岩波書店　一九五九年
『権記』史料叢書　続群書類従完成会　一九七八年
『御堂関白記』大日本古記録　岩波書店　一九五二年
『中右記』史料大成　臨川書店　一九六五年
『政事要略』国史大系　吉川弘文館　一九三五年
『日本紀略』国史大系　吉川弘文館　一九二九年
『律令』日本思想大系　岩波書店　一九七六年
『延喜式』国史大系　吉川弘文館　一九八五年
中村璋八『日本陰陽道書の研究』汲古書院　一九八五年
村山修一編『陰陽道基礎史料集成』東京美術　一九八七年
詫田直樹・高田義人編『陰陽道関係史料』汲古書院　二〇〇一年
『神道大系　論説編　陰陽道』神道大系編纂会　一九八七年

本書全体に関するもの

速水侑『平安貴族社会と仏教』吉川弘文館　一九七五年
平安時代における密教と浄土宗の相互補完関係を論証した画期的研究書。なお同著者による『呪術宗教の世界』（塙新書）はより概説的。
村山修一『日本陰陽道史総説』塙書房　一九八一年
古代から近世までのはじめての本格的な陰陽道の通史。なお同著者による『日本陰陽道史話』（平凡社ライブラリー）は、一般向き入門書。
村山修一ほか編『陰陽道叢書』1〜4　名著出版　一九九一〜九三年
陰陽道研究の最重要文献を、古代、中世、近世、特論と区分けして、編集。特論の巻末には、一九九二年までの「陰陽道関係文献目録」がついている。
山下克明『平安時代の宗教文化と陰陽道』岩田書院　一九九六年
平安時代の陰陽道史を具体的に論述。村山『総説』以降の最新の研究成果。
志村有弘『陰陽師　安倍晴明』角川文庫　一九九九年
晴明説話と史実を織りまぜた「晴明伝」の入門書。
三橋正『平安時代の信仰と宗教儀礼』続群書類従完成会　二〇〇〇年
大津透『道長と宮廷社会』講談社　二〇〇一年
鈴木一馨『陰陽道』講談社　二〇〇二年
非常にわかりやすい「陰陽道」の入門書。今までの常識を覆す最新の学説はここから学べる。
林淳・小池淳一編『陰陽道の講義』嵯峨野書院　二〇〇二年
斎藤英喜・武田比呂男編『〈安倍晴明〉の文化学』新紀元社　二〇〇二年

両書とも、「陰陽道」や安倍晴明についての新しい研究を紹介する入門書。前書は「歴史」、後書は「文学」「民俗」系。
嵯峨井健「安倍晴明公の史料」(晴明神社編『安倍晴明公』講談社　二〇〇二年)
京都文化博物館編『安倍晴明と陰陽道展』図録　二〇〇三年
豊富な図版・写真と詳しい解説がついた最新の入門書。
大阪人権博物館編『安倍晴明の虚像と実像』図録　二〇〇三年
民間社会における「陰陽師」の実態をはじめて具体的に紹介する。
繁田信一『陰陽師と貴族社会』吉川弘文館　二〇〇四年
平安貴族社会における「陰陽師」の実態を明らかにする最新の研究書。

序章　安倍晴明の〈現場〉へ

高原豊明『安倍晴明伝説』ＰＨＰ研究所　一九九九年
高原豊明『晴明伝説と吉備の陰陽師』岩田書院　二〇〇一年
諏訪春雄『安倍晴明伝説』ちくま新書　二〇〇〇年
田中貴子『安倍晴明の一千年』講談社　二〇〇三年

第一章　鬼を追う晴明

五来重編『日本庶民生活史料集成』第十七巻「解説」三一書房　一九七二年
神野清一『日本古代奴婢の研究』名古屋大学出版会　一九九三年
大日方克己「大晦日の儺」『古代国家と年中行事』吉川弘文館　一九九三年

山下克明「安倍晴明の邸宅とその伝領」(『日本歴史』二〇〇一年一月号)
梅田千尋「江戸時代の晴明霊社祭」(晴明神社編『安倍晴明公』講談社　二〇〇二年)
田中貴子『百鬼夜行の見える都市』ちくま学芸文庫　二〇〇二年
虎尾俊哉「政事要略について」『古典籍文書論考』吉川弘文館　一九八二年
竹村信治「史書・日記に見える晴明」(『国文学　解釈と鑑賞』二〇〇二年六月号)
下出積與『日本古代の神祇と道教』吉川弘文館　一九七二年
小坂眞二「陰陽道の成立と展開」(『古代史研究の最前線』第四巻　雄山閣　一九八七年)
山折哲雄『日本人の霊魂観』河出書房新社　一九七六年

第二章　「陰陽師・安倍晴明」の登場まで

細井浩志「天文道と暦道」(林淳・小池淳一編『陰陽道の講義』嵯峨野書院　二〇〇二年)
藪内清「中世科学技術史の展望」(藪内清編『中国中世科学技術史の研究』角川書店　一九六三年)
藪内清『増補改訂・中国の天文暦法』平凡社　一九九〇年
澤井繁男『魔術と錬金術』ちくま学芸文庫　二〇〇〇年
津田博幸「古代朝廷とシャーマニズム」(岡部隆志・斎藤英喜・津田博幸・武田比呂男編『シャーマニズムの文化学』森話社　二〇〇一年)
橋本政良「勅命還俗と方技官僚の形成」(『陰陽道叢書　1古代』名著出版　一九九一年)
榎村寛之「儺の祭の特質について」『律令天皇制祭祀の研究』塙書房　一九九六年
増尾伸一郎「陰陽道の成立と道教」(林淳・小池淳一編『陰陽道の講義』嵯峨野書院　二〇〇二年)
岡田荘司「陰陽道祭祀の成立と展開」(『陰陽道叢書　1古代』名著出版　一九九一年)

野田幸三郎「陰陽道の一側面」（『陰陽道叢書　1古代』名著出版　一九九一年）
佐藤進一『日本の中世国家』岩波書店　一九八三年

第三章　天徳四年　内裏焼亡す

繁田信一「安倍晴明の成功方程式」（『別冊・歴史読本　安倍晴明と陰陽道の秘術』二〇〇三年）
猪股ときわ「音のワザの世界—技術者・技芸者たちと陰陽道」（斎藤英喜・武田比呂男編『〈安倍晴明〉の文化学』新紀元社　二〇〇二年）
斎藤英喜『アマテラスの深みへ』新曜社　一九九六年
岸俊男「「庚申」と刀剣」『遺跡・遺物と古代史学』吉川弘文館　一九八〇年
林温「妙見菩薩と星曼荼羅」（『日本の美術』一九九七年十月号）
下出積與『日本古代の道教・陰陽道と神祇』吉川弘文館　一九九七年
福永光司『道教思想史研究』岩波書店　一九八七年

断章1　岡野玲子『陰陽師』の作品世界

東浩紀『動物化するポストモダン』講談社現代新書　二〇〇一年
夢枕獏原作、岡野玲子画『陰陽師』1〜11　白泉社　一九九四〜二〇〇一年
夢枕獏・岡野玲子対談「安倍晴明の世界」（『文藝別冊　安倍晴明』河出書房新社　二〇〇〇年）
岩宮恵子「思春期のイニシエーション」（河合隼雄編『講座心理療法1』岩波書店　二〇〇〇年）
今井俊哉・斎藤英喜「メディアのなかの晴明—岡野玲子『陰陽師』を読む」（斎藤英喜・武田比呂男編『〈安倍晴明〉の文化学』新紀元社　二〇〇二年）

岡野玲子（鼎談）「日本の異界探訪」（鎌田東二編『サルタヒコの旅』創元社　二〇〇一）
ミルチャ・エリアーデ（立川武蔵訳）『ヨーガ』1・2　せりか書房　一九八七年
澤井繁男『魔術との出会い』山川出版社　二〇〇三年
岡野玲子『消え去りしもの』（初出一九八四年）スコラ社　一九九七年
岡野玲子『コーリング』1〜3（初出一九九三年）マガジンハウス社　二〇〇〇年
雑誌『ダ・ヴィンチ』特集「岡野玲子『陰陽師』第十巻徹底解析」二〇〇一年十月号

第四章　『占事略決』という書物

小坂眞二「晴明公と『占事略決』」（晴明神社編『安倍晴明公』講談社　二〇〇二年）
小坂眞二「古代・中世の占い」（『陰陽道叢書　4特論』名著出版　一九九三年）
西岡芳文「六壬式占と軒廓御卜」（今谷明編『王権と神祇』思文閣出版　二〇〇二年）
中村璋八『五行大義』明治書院　一九九八年
中村璋八「日本に伝来した陰陽道書と『簠簋内伝』」（晴明神社編『安倍晴明公』講談社　二〇〇二年）
鈴木一馨「「式占」の知とテクネー」（斎藤英喜・武田比呂男編『〈安倍晴明〉の文化学』新紀元社　二〇〇二年）
小坂眞二「陰陽道の六壬式占について」上下（『民俗と歴史』一九八六年七月号、九月号）
小坂眞二「具注暦に注記される吉事・凶事注について」（『民俗と歴史』一九八八年七月号）
小坂眞二「物忌と陰陽道の六壬式占」（『後期摂関時代史の研究』吉川弘文館　一九九〇年）
小坂眞二「『黄帝金匱経』について」（『東アジアの天文・暦学に関する多角的研究』大東文化大学東洋研究所　二〇〇一年）
鈴木一馨「怪異と災厄との関係から見た物忌の意味」（駒沢女子大学『日本文化研究』第二号、二〇〇〇年三月）

鈴木一馨「式神の起源について」（駒沢大学『宗教学論集』二〇、一九九八年）
鈴木一馨「怨霊・調伏・式神」（斎藤英喜・武田比呂男編『〈安倍晴明〉の文化学』新紀元社　二〇〇二年）

第五章　すそのはらへしたる

山中裕『平安時代の古記録と貴族文化』思文閣出版　一九八八年
藤本孝一「藤原伊周呪詛事件について」（『風俗』一九号　一九八〇年）
繁田信一「呪詛と陰陽師」１（『呪術探求』原書房　二〇〇三年）
武田比呂男「〈安倍晴明〉説話の生成」（斎藤英喜・武田比呂男編『〈安倍晴明〉の文化学』新紀元社　二〇〇二年）
平林盛得『慶滋保胤と浄土思想』吉川弘文館　二〇〇一年
鈴木一馨「「式神」と「識神」を巡る問題」（駒沢大学『宗教学研究』二一、一九九九年）
山下克明「陰陽道・陰陽師の宗教的特質について」（宗教史懇話会　二〇〇三年大会口頭発表）
小坂眞二「陰陽道祭用物帳」（『民俗と歴史』一九七九年七月号）
小坂眞二「怪異祓と百怪祭」（『民俗と歴史』一九八一年十一月号）
小坂眞二「禊祓儀礼と陰陽道」（『早稲田大学大学院研究科紀要』別冊３　一九七九年）
岡田荘司「私祈禱の成立」（『陰陽道叢書　３中世』名著出版　一九九三年）
岡田荘司編『神道大系・中臣祓註釈』「解説」神道大系編纂会　一九八五年
桜井好朗『儀礼国家の解体』吉川弘文館　一九九六年
中尾瑞樹「仏教文化の超域―平安時代の密教と陰陽道」（方法論懇話会編『日本史の脱領域』森話社　二〇〇三年）
鎌田純一「中臣祓訓解の成立」『中世伊勢神道の研究』続群書類従完成会　一九九八年
久保田収『中世神道の研究』臨川書店　一九五九年

断章2　民間「陰陽師」の系譜といざなぎ流

斎藤英喜『いざなぎ流　式王子』新紀元社　二〇〇〇年
斎藤英喜『いざなぎ流　祭文と儀礼』法蔵館　二〇〇二年
斎藤英喜「いざなぎ流の呪術宇宙」1〜3（『呪術探求』1〜3　原書房　二〇〇三〜〇四年）
小松和彦『憑霊信仰論』講談社学術文庫　一九九四年
髙木啓夫『いざなぎ流御祈禱の研究』高知県文化財団　一九九六年
髙木啓夫「すそ祭文とほうめんさまし」（『土佐民俗』七二号　一九九九年）
林淳「幕末の土御門家の陰陽師支配1」（『愛知学院大学人間文化研究所紀要』九号）
林淳「陰陽師の活動」（林淳・小池淳一編『陰陽道の講義』嵯峨野書院　二〇〇二年）
岩田勝編『中国地方神楽祭文集』三弥井書店　一九九〇年
斉藤研一「紙冠をつけた法師陰陽師」（『月刊百科』一九九三年十二月号）
武田比呂男「晴明〈葛の葉〉伝承と折口学」（『文藝別冊　安倍晴明』河出書房新社　二〇〇〇年）
木場明志「近世日本の陰陽道」、「近世土御門家の陰陽師支配と配下陰陽師」（『陰陽道叢書　3近世』名著出版　一九九二年）
高埜利彦「近世陰陽道の編成と組織」（『陰陽道叢書　3近世』名著出版　一九九二年）
梅田千尋「陰陽師」（高埜利彦編『民間に生きる宗教者』吉川弘文館　二〇〇〇年）
平尾道雄『近世社会史考』高知市立市民図書館　一九六二年
梅野光興「神子・博士・陰陽師――いざなぎ流祭儀の生成」（『比較日本文化研究』第六号　二〇〇〇年）

第六章　「道の傑出者」

橋本義彦「摂関政治論」『平安貴族社会の研究』吉川弘文館　一九七六年
松薗斉『日記の家』吉川弘文館　一九九七年
小坂眞二「陰陽道の反閇について」（『陰陽道叢書　4特論』名著出版　一九九三年）
小坂眞二「反閇」（『民俗と歴史』一九七九年八月号～一九八〇年十月号）
小坂眞二「陰陽師が反閇をつとめるとはどういうことか」（『ダ・ヴィンチ』二〇〇一年十月号）
藤野岩友「叩歯考」「禹歩考」『中国の文学と礼俗』一九七六年
酒井忠夫「反閉《ママ》について」（『立正史学』六六号　一九八九年）
八木意知男「特殊歩行の儀」（『神道史研究』一九九〇年一月号）
山本ひろ子「花祭の形態学」（『神語り研究』第四号　一九九四年）
坂出祥伸「長生術」（『道教1　道教とは何か』平河出版　一九八三年）
坂出祥伸『道教と養生思想』ぺりかん社　一九九二年
田中勝裕「宗教儀礼・信仰と武術」（佛教大学二〇〇三年度・修士論文）
三崎良周「中国・日本の密教における道教的要素」（『日本・中国の宗教文化の研究』平河出版　一九九一年）
野本覚成「「反閇」と大乗戒壇結界法」（『陰陽道叢書　4特論』名著出版　一九九三年）

第七章　冥府の王・泰山府君

酒井忠夫「太山信仰の研究」（『史潮』第七巻三号　一九三七年）
澤田瑞穂『地獄変』法蔵館　一九六八年
小峯和明「泰山逍遥」（『中世文学研究』二五号　一九九九年八月）

増尾伸一郎「泰山府君祭と〈冥道十二神〉の形成」（田中純男編『死後の世界』東洋書林　二〇〇〇年）
長部和雄「唐代密教における閻羅王と泰山府君」『唐宋密教史論考』永田文昌堂　一九八二年
坂出祥伸「日本文化の中の道教―泰山府君信仰を中心に」（『東洋学論集』汲古書院　一九九六年）
井上光貞『日本浄土教成立史の研究』山川出版社　一九五六年
末木文美士「平安仏教の展開―浄土教を中心に」『平安初期仏教思想の研究』春秋社　一九九五年
平雅行「浄土教研究の課題」『日本中世の社会と仏教』塙書房　一九九二年
笹田教彰「「厭離穢土」考―摂関期浄土教をめぐる諸問題」（伊藤唯真編『日本仏教の形成と展開』法蔵館　二〇〇二年）

第八章　天界と冥界の奥処へ

倉本一宏『一条天皇』吉川弘文館　二〇〇三年
斉藤国治『星の古記録』岩波新書　一九八二年
細井浩志「天文異変と暦道」（『文明のクロスロード』四五号、一九九三年十月）
山下克明「天文書『三家簿讃』について」（『中村璋八博士古希記念東洋学論集』及古書院　一九九六年）
藪内清「天文学」（藪内清編『中国中世科学技術史の研究』角川書店　一九六三年）
藪内清「中国科学の伝統と特色」（藪内清編『世界の名著12　中国の科学』中央公論社　一九七九年）
橋本啓造『中国占星術の世界』東方書店　一九九三年
吉田光邦訳『史記』上　平凡社　一九六八年。
山田慶児訳『晋書』天文志（藪内清編『世界の名著12　中国の科学』中央公論社　一九七九年）
森田龍僊『密教占星法』臨川書店　一九七四年（復刻版）

矢野道雄『密教占星術』東京美術　一九八六年
善波周「宿曜経の研究」（佛教大学『研究紀要』第一号　一九六七年）
桃裕行「宿曜道と宿曜勘文」（『暦法の研究　下』思文閣出版　一九九〇年）
桃裕行「日延の符天暦齎来」『暦法の研究　下』思文閣出版　一九九〇年
斉藤国治『国史国文に現れる星の記録の検証』雄山閣　一九八六年
小坂眞二「三合の算出法について」（『日本歴史』三八三号　一九八〇年）
中山茂『占星術』紀伊国屋書店　一九七九年
アルバード・S・ライオンズ（鏡リュウジ訳）『世界占術大全』原書房　二〇〇二年
矢島文夫『占星術の起源』ちくま学芸文庫　二〇〇〇年
金指正三『星占い星祭り』青蛙房　一九七九年
武田和昭『星曼荼羅の研究』法蔵館　一九九五年

終章　その後の〈安倍晴明〉

山下克明「安倍晴明の「土御門の家」と晴明伝承」（林淳・小池淳一編『陰陽道の講義』嵯峨野書院　二〇〇二年）
柳原敏昭「室町時代の陰陽道」（林淳・小池淳一編『陰陽道の講義』嵯峨野書院　二〇〇二年）
武田比呂男「『信太妻の話』の周辺」（斎藤英喜・武田比呂男編『〈安倍晴明〉の文化学』新紀元社　二〇〇二年）
市川祥子「歌舞伎・語り物・近代小説の晴明」（斎藤英喜・武田比呂男編『〈安倍晴明〉の文化学』新紀元社　二〇〇二年）
盛田嘉徳「「しのだづま」の語り手」『中世賤民と雑芸能の研究』雄山閣　一九八五年

本書刊行後の研究成果

山下克明『平安時代陰陽道史研究』思文閣出版、二〇一五年
＊平安時代の陰陽道、陰陽師をめぐる研究の先端を切り開いた著書による第二論文集。同著者による一般向け概説書は、『陰陽道の発見』（NHKブックス、二〇一〇年）。
細井浩志『古代の天文異変と史書』吉川弘文館、二〇〇七年
水口幹記『日本古代漢籍受容の史的研究』汲古書院、二〇〇五年
＊古代の史書の編纂と「年代学」とのかかわりと天文書などの受容史。
赤澤晴彦『鎌倉期官人陰陽師の研究』吉川弘文館、二〇一一年
＊陰陽道史研究で遅れていた鎌倉時代の官人系陰陽師の組織、実態を究明した一書。
林淳『近世陰陽道の研究』吉川弘文館、二〇〇五年
梅田千尋『近世陰陽道組織の研究』吉川弘文館、二〇〇九年
＊土御門家らによる地方の宗教者支配の実態と陰陽道組織の内部の歴史的な変遷を辿る。林による一般向け概説書は、『天文方と陰陽道』（山川出版社、二〇〇六年）。
小池淳一『陰陽道の歴史民俗学的研究』角川学芸出版、二〇一一年
＊民俗学における陰陽道研究の新しい展開。
小松和彦『いざなぎ流の研究——歴史のなかのいざなぎ流太夫』角川学芸出版、二〇一一年
＊高知県物部の「いざなぎ流」の歴史的な実態を初めて明らかにした。
斎藤英喜『増補・陰陽道の神々』思文閣出版、二〇一二年
斎藤英喜『陰陽師たちの日本史』角川選書、二〇一四年
＊「陰陽道神」の系譜と、古代、中世、近世、そして近代に亡滅する陰陽道・陰陽師の通史。

あとがき

夜、執筆に疲れておもてに出ると、空高く、北斗七星が見えた。その巨大な姿に思わず息を呑んだ。それにしても、ぼくが安倍晴明の評伝を書くことになるとは……。

十数年間にわたった高知県物部村のいざなぎ流の調査・研究を、『いざなぎ流　祭文と儀礼』（二〇〇二年）という本にようやくまとめてほっと一息ついていたころ、ミネルヴァ書房の「日本評伝選」の執筆依頼状が届いた。膨大な数に上る人物リストを一瞥して、新しい人物辞典の一項目の執筆かと思ったのだが、依頼状をよく見ると、なんと「一人一冊」とある。安倍晴明の評伝。史料にもとづき、最新の研究成果をふまえ、一般の読者を対象としつつ専門家にも読まれるもの。正直いって、そんな安倍晴明の本があれば、真っ先にぼくが読みたいぐらいだ。

たしかに、数年まえからはじまった未曾有の「安倍晴明ブーム」のなかで、いざなぎ流を研究しているという立場上（?）、いくつかの雑誌に安倍晴明や陰陽師のことについての短い文章を書いてはいた。また友人の武田比呂男氏と一緒に『〈安倍晴明〉の文化学』（二〇〇二年）という本も編集した。

それに、まだブームになるまえから、澁澤龍彦の『悪魔のいる文学史』をパクッた「呪術師のいる文学史」なんていうタイトルの授業（一応、国文科の文学史の授業）を、「知っている人は知っている。知らない人はまったく知らない安倍晴明」なんていう口上で、晴明説話や伝承について喋ったりしてきた。それなりに「安倍晴明」との繋がりはあったといえる。だけど、同時代史料にもとづき、最新の研究成果をふまえた一冊の晴明の評伝などを、はたして自分に書けるのか、いや陰陽道や平安時代史を専攻したわけではない自分が書いていいのか、そんな戸惑いがあったのは事実だ。

でも、その一方で、自分にしか書けないだろう「安倍晴明」がある、という秘かな思い上がりもあった。結局この本は、そんな自分の根拠のない「思い上がり」で書いてしまったのだ。

いや、もちろんぼくの思い上がりにも、一応「根拠」はある。「はじめに」にも書いたように、いざなぎ流の「現場」を深く体感し、それを論述するという仕事をしてきたことだ。それはフィールド研究という分野でのやり方だが、「史料」を通して、祭祀や儀礼の「現場」を復元するという研究スタイルも、『アマテラスの深みへ』（一九九六年）以来、それなりに自分のものになっていると思う。だから、安倍晴明に関する同時代史料から、晴明の執行した占事や祭祀、儀礼の「現場」を再現し、そこから晴明の生涯を描くことも可能なはず、と高をくくって、この大仕事を引き受けたのだ。

さて、その成果がうまくいったかどうかは、この本を読んでいただいた方々に評価してもらうしかない。でも、ブームの煽りで世間に多く出回った、いわゆる「晴明本」はいうまでもなく、近年成果を挙げつつある晴明（陰陽道・陰陽師）に関する歴史研究に多少不満を感じている方々にも、それらとは一味違う「安倍晴明」の世界を味わうことができたはず、とは思う。

それにしても、今から十数年まえ、いざなぎ流の太夫さんを訪ねて高知の山奥の村に出かけることがなかったならば、こんなふうに安倍晴明の評伝を書くなんてこともなかったに違いない。その意味でも、この本は、いざなぎ流の太夫たちに導かれて書いたというのが実感だ。

神霊たちと渉りあい、神を駆使していく「術」や「技」に生き、他の術者たちとの競合のなかで自らの技を鍛え上げていく。そうしたいざなぎ流の術者＝知者たちの現場からは、フィクショナルな超能力者とも、「ただの官人」という世俗的人間ともまったく違う「安倍晴明」が見えてくる。歴史上の安倍晴明が「陰陽師」として執行した占事や祭祀現場のリアルな感覚は、何よりもいざなぎ流の現場から学んだものだ。晴明の評伝を書きながら、長いあいだ「いざなぎ流」の世界を奥深くまで教えてもらった長老の太夫、今はなき中尾計佐清さんと安倍晴明のイメージとがときどきダブってしまったことは、正直に告白しておこう。

もちろんそうはいっても、この本は、平安時代中期に実在した安倍晴明の歴史的な評伝だ。「歴史」を離れることはできない。そうでありつつ「歴史」を超えた術者たちとの呼応しあう何かが、この本を書き進めさせた原動力ともなっている。だから、これを書きながら、ぼくはいつも二つに切り裂かれる矛盾のなかにあった。

けれども、その一方で、「評伝」というスタイルでの歴史叙述も、この本に要求されるものである。ある個人の「評伝」という形でしか見えてこない「歴史」。安倍晴明にとっては、何よりも彼が執行した祭祀や占事の「現場」のただ中に「歴史」が見えてくるはずだ。そうした歴史を叙述すること。この本は、今、歴史とは何か、それはどう語りうるのか、という大きなテーマをもっているのである。

本書執筆には、「陰陽道」研究の地道な成果を積み上げられた先学に学んだところは大きい。とくに小坂眞二氏、山下克明氏の緻密な研究がなければ、とうていこの本は書けなかった。また近年の若手研究者、鈴木一馨氏、繁田信一氏の研究にも感謝を。さらにぼくの勤め先の大学でも、「陰陽道」研究をめざす院生が続出しはじめた。彼らとの勉強会で「陰陽道」関連の史料を精読する機会をもてたこともありがたかった。彼らの報告・発表から教えられたことも少なくない。

なお、本文中の写真図版には、歴史・民俗の老舗サイト「闇の日本史」の主催者、竹内敏規氏に提供していただいたものがある。あらためて感謝いたします。また、作品の転載を許可していただいた岡野玲子氏にも。ありがとうございました。

最後に、本書の編集担当者の田引勝二氏に。まずは最初の予定から一年近く刊行が遅れてしまったことをお詫びします。それにしても、最初はただのまじめ青年（？）と思っていた氏が、意外にも熱烈な「晴明ファン」だったのはうれしかった。この本には、そんな氏の情熱もこめられている。

さて、わが安倍晴明は、この二十一世紀の現代とどのように渉りあうことになるだろうか。

二〇〇四年八月　記録的な真夏日が続く東京で

斎藤英喜

安倍晴明年譜

和暦	西暦	齢	官職(位階)	活動事項	一般事項
延喜二一	九二一	1		誕生。父は安倍益材。母は不明。	
天徳　四	九六〇	40	天文得業生	内裏火災によって焼損した霊剣の文様について勘申する。	9・23内裏火災。神鏡、霊剣などが焼損する。11・4村上天皇、冷泉院に遷御する。保憲ら反閇を奉仕する。
応和　元	九六一	41		6・28霊剣再鋳造に際して、高雄山神護寺の五帝祭に奉仕する。	
康保　四	九六七	47	陰陽師	6・23政始めの日時を選ぶ。	村上天皇逝去し、冷泉天皇即位。延喜式の施行。
天禄　三	九七二	52	天文博士	12・6天変により天文密奏を行なう。また四角祭を行なうべきことを奏上する。	
天延　元	九七三	53	天文博士	正・9天変により天文密奏を行なう。 6・11物忌について、覆推勘申を行なう。	
二	九七四	54	天文博士	5・14主計頭賀茂保憲に従って、比叡山	保憲、九七七年に死去する。

天元 二	九七九	59	天文博士	延暦寺に登り、大乗院建立の相地を行なう。6・12河臨御禊に奉仕する。12・3天変により天文密奏を行なう。5・26『占事略決』を執筆する。	
寛和 元	九八五	65		4・19藤原実資女房の産の遅れにたいして解除を行なう。5・29花山天皇の錫紵(喪服)を除く日時を選ぶ。	前年に花山天皇即位。この年、源信『往生要集』が成立。
二	九八六	66	正五位下	2・16太政官正庁の母屋の怪異を占う。2・27再び太政官正庁母屋の怪異を占う。	6・22花山天皇、兼家の策謀によって譲位、出家する。一条天皇即位。兼家、摂政となる。
永延 元	九八七	67		2・19一条天皇の清涼殿遷御に際して反閇を奉仕する。3・21藤原実資が二条邸へ渡るとき反閇を奉仕する。	慶滋保胤『日本往生極楽記』が成立する。
二	九八八	68		7・4藤原実資の子供のために鬼気祭を行なう。8・7熒惑星御祭を行なう日時を選ぶ。8・18同御祭に奉仕しなかったために過状を提出する。	
永祚 元	九八九	69		正・6一条天皇の病気の原因について占う。正・7一条天皇の紫宸殿出御に際し	兼家、太政大臣となる。

正暦 四	九九三	73	正五位上	て御禊を奉仕する。2・11一条天皇のために泰山府君祭を行なう。2・2一条天皇のために勤めた御禊に験があり、加階される。それを実資に報告した。	
五	九九四	74	前天文博士	5・7臨時仁王会の日時を選ぶ。	
長徳 元	九九五	75		賀茂光栄と共に蔵人所陰陽師となる。	麻疹が流行。4・10道隆死去。道兼が関白となるが翌月には死去。道長が内覧、内大臣となる。
三	九九七	77	主計権助 兼備中介	正月の人事異動に際して、主計権助から大膳大夫への転任を申請する。3・21光栄と共に、内膳司の御竈神殿造立の日時を、光栄と共に選ぶ。5・24蔵人信経に問われて、焼亡した霊剣の文様、再鋳造すべきことを答える。6・17一条天皇、東三条院への御幸の日時・出門の方角を選ぶ。6・22一条天皇が紫宸殿を出御するに際して反閇を奉仕する。	前年に、伊周・隆家による花山法皇への狼藉事件、東三条院詮子への呪詛事件起きる。伊周らは左遷。この年に召還。道長の病気が式神による呪詛との疑いがもたれる。
長保 元	九九九	79		7・8一条天皇が内裏北対に渡御すると	6月内裏炎上。一条天皇は一

				き反閇を奉仕する。7・16一条天皇の御歯痛について占う。9・7穀倉院年預の後任について藤原行成に具申する。10・14太皇太后の遷御の吉凶を占う。御占の評判がよい。10・19太皇太后の病により、光栄と共に遷宮の所を実検する。11・7防解火災御祭の日時を選び、その実施を命じられる。	条院に移る。彰子が入内する。
二	一〇〇〇	80	従四位下	正・28藤原彰子の立后の日時を選ぶ。2・16法興院への御幸の日時を選ぶ。8・18一条天皇の遷御の日時について、陰陽寮・光栄とともに選ぶ。8・19藤原行成の宿所の怪異について占う。また織部司の御服機を立てるために、方忌について占うことを命じられる。10・11一条天皇の一条院出御と新造内裏の入御に際して反閇を奉仕する。「道の傑出者」と称えられる。10・21叙位の儀で式部大輔の代役を務める。	道隆女の定子が皇后、道長女の彰子が中宮となる。この頃、清少納言『枕草子』が成立。
三	一〇〇一	81	散位	6・20東三条院詮子の病気消除のために	

				行なう一万不動像供養の日時、また敦康親王の真菜始めの日時を選ぶ。閏12・17東三条院詮子の行成邸への遷居の可否について、光栄、県奉平と共に占う。閏12・23東三条院詮子御葬送の雑事について光栄、県奉平と共に上申する。閏12・29諒闇により追儺停止となるが、晴明私宅でこれを行なう。京中、これに呼応する。「陰陽の達者」と称えられる。	
四	一〇〇二	82	大膳大夫 左京権大夫	3・19内裏に火事が頻繁に起こることについて、諸道と共に勘申することを命じられる。7・27天変により一条天皇のための玄宮北極祭を行なう。11・9藤原行成のために泰山府君祭を行なう。11・28行成、晴明の言葉に従って早朝、泰山府君祭に幣・紙銭などを奉る。	惟宗允亮『政事要略』が成立。
五	一〇〇三	83		8・21敦康親王の病を占う。	
寛弘元	一〇〇四	84		2・19藤原道長に従い木幡へむかい、三昧堂を建てる地を、光栄とともに定める。2・26三宝吉日について、行成の問いに	

				答える。6・18道長の賀茂詣の可否を光栄とともに占う。6・20滅門日にあたることを道長に具申し、作仏を止める。7・14祈雨のために五龍祭を行なう。験があったために賞される。8・22中宮彰子の大原野社行啓の可否について、光栄とともに占う。9・25多武峯の鳴動について占う。12・3道長のために光栄、安倍昌平と共に祭祀する。	
二	一〇〇五	85		2・10道長の東三条邸への遷居にたいして、移徙法の儀礼に奉仕する。ただし晴明の到着は遅れた。3・8中宮彰子の大原野社行啓に際して反閇を奉仕する。12・16死去（9・26説もある）。	11月内裏焼亡。ふたたび神鏡が焼損する。

大川周明　山内昌之
西田直二郎　林　淳
*折口信夫　斎藤英喜
シュタイン　瀧井一博
*西　周　清水多吉
*福澤諭吉　平山　洋
成島柳北　山田俊治
福地桜痴　山田俊治
*村山龍平　早房長治
島田三郎　武藤秀太郎
田口卯吉　鈴木栄樹
*陸　羯南　松田宏一郎
黒岩涙香　奥　武則
長谷川如是閑　織田健志
*吉野作造　田澤晴子
山川　均　米原　謙
*岩波茂雄　十重田裕一
*北　一輝　岡本幸治
*穂積重遠　大村敦志
中野正剛　吉田則昭
*満川亀太郎　福家崇洋
*エドモンド・モレル　林田治男
*北里柴三郎　福田眞人
高峰譲吉　木村昌人
田辺朔郎　秋元せき
*南方熊楠　飯倉照平
石原　純　金子　務
*辰野金吾　河上眞理・清水重敦
*七代目小川治兵衛　尼崎博正

本多静六　岡本貴久子
ブルーノ・タウト　北村昌史

現代

昭和天皇　御厨　貴
高松宮宣仁親王　後藤致人
*李方子　小田部雄次
吉田　茂　中西　寛
マッカーサー　柴山　太
鳩山一郎　楠　綾子
*石橋湛山　増田　弘
重光　葵　武田知己
市川房枝　村井良太
*池田勇人　藤井信幸
高野　実　篠田　徹
和田博雄　庄司俊作
朴正熙　木村　幹
*田中角栄　新川敏光
宮沢喜一　村上友章
竹下　登　真渕　勝
*松永安左エ門　橘川武郎
鮎川義介　井口治夫
*出光佐三　橘川武郎
*松下幸之助　米倉誠一郎
渋沢敬三　井上　潤
*本田宗一郎　伊丹敬之
*井深　大　武田　徹
*佐治敬三　小玉　武

幸田家の人々　金井景子
*正宗白鳥　大嶋　仁
*大佛次郎　福島行一
*川端康成　大久保喬樹
*薩摩治郎八　小林　茂
坂口安吾　千葉一幹
太宰　治　安藤　宏
松本清張　杉原志啓
安部公房　鳥羽耕史
*三島由紀夫　島内景二
井上ひさし　成田龍一
R・H・ブライス　菅原克也
柳　宗悦　熊倉功夫
バーナード・リーチ　鈴木禎宏
熊谷守一　古川秀昭
川端龍子　岡部昌幸
藤田嗣治　林　洋子
*井上有一　海上雅臣
*手塚治虫　竹内オサム
古賀政男　藍川由美
*吉田　正　金子　勇
*武満　徹　船山　隆
*八代目坂東三津五郎　田口章子
*力道山　岡村正史
*西田天香　宮田昌明
安倍能成　中根隆行
サンソム夫妻　平川祐弘・牧野陽子
*天野貞祐　貝塚茂樹

和辻哲郎　小坂国継
矢代幸雄　稲賀繁美
石田幹之助　岡本さえ
*平泉　澄　若井敏明
*早川孝太郎　須藤　功
安岡正篤　片山杜秀
青山二郎　田野　勲
島田謹二　小林信行
田中美知太郎　川久保剛
前嶋信次　杉田英明
*唐木順三　澤村修治
亀井勝一郎　山本直人
知里真志保　北原治郎太
*保田與重郎　谷崎昭男
石母田正　磯前順一
*福田恆存　川久保剛
井筒俊彦　安藤礼二
佐々木惣一　伊藤孝夫
小泉信三　都倉武之
*瀧川幸辰　伊藤孝夫
式場隆三郎　服部　正
大宅壮一　有馬　学
清水幾太郎　庄司武史
*フランク・ロイド・ライト　大久保美春
*中谷宇吉郎　杉山滋郎
今西錦司　山極寿一

*は既刊
二〇一九年六月現在

＊西郷隆盛　家近良樹
＊由利公正　角鹿尚計
＊塚本明毅　塚本　学
＊月　性　海原　徹
＊吉田松陰　海原　徹
＊高杉晋作　海原　徹
＊久坂玄瑞　一坂太郎
ペリー　遠藤泰生
ハリス　福岡万里子
オールコック　佐野真由子
アーネスト・サトウ　奈良岡聰智

近代

＊明治天皇　伊藤之雄
＊大正天皇　F・R・ディキンソン
＊昭憲皇太后・貞明皇后　小田部雄次
大久保利通　三谷太一郎
山県有朋　鳥海　靖
木戸孝允　落合弘樹
井上　馨　伊藤之雄
＊松方正義　室山義正
北垣国道　小林丈広
板垣退助　小川原正道
長与専斎　笠原英彦
大隈重信　五百旗頭薫
伊藤博文　坂本一登
井上　毅　大石　眞
＊井上　勝　老川慶喜

＊桂　太郎　小林道彦
＊渡邉洪基　瀧井一博
＊乃木希典　佐々木英昭
星　亨　小林道彦
林　董　奈良岡聰智
＊児玉源太郎　小林道彦
＊高宗・閔妃　木村　幹
山本権兵衛　室山義正
＊金子堅太郎　松村正義
高橋是清　鈴木俊夫
小村寿太郎　簑原俊洋
＊犬養　毅　小林惟司
原　敬　季武嘉也
＊加藤高明　櫻井良樹
牧野伸顕　小宮一夫
田中義一　黒沢文貴
内田康哉　高橋勝浩
平沼騏一郎　堀田慎一郎
＊鈴木貫太郎　小堀桂一郎
宇垣一成　北岡伸一
＊宮崎滔天　榎本泰子
＊浜口雄幸　川田　稔
幣原喜重郎　西田敏宏
関　一　玉井金五
水野広徳　片山慶隆
広田弘毅　井上寿一
安重根　上垣外憲一
＊グルー　廣部　泉
＊永田鉄山　森　靖夫
東條英機　牛村　圭
今村　均　前田雅之

蔣介石　劉　岸偉
石原莞爾　山室信一
近衛文麿　庄司潤一郎
＊岩崎弥太郎　武田晴人
伊藤忠兵衛　末永國紀
＊五代友厚　田付茉莉子
大倉喜八郎　村上勝彦
＊安田善次郎　由井常彦
渋沢栄一　武田晴人
中野武営　佐賀香織
益田　孝　鈴木邦夫
山辺丈夫　宮本又郎
武藤山治　阿部武司・桑原哲也
池田成彬　松浦正孝
西原亀三　森川正則
小林一三　橋爪紳也
大倉恒吉　石川健次郎
大原孫三郎　猪木武徳
＊河竹黙阿弥　今尾哲也
イザベラ・バード　加納孝代
＊林　忠正　木々康子
＊森　鷗外　小堀桂一郎
＊二葉亭四迷　ヨコタ村上孝之
＊夏目漱石　佐々木英昭
徳冨蘆花　半藤英明
巌谷小波　千葉信胤
樋口一葉　佐伯順子
＊島崎藤村　十川信介
泉　鏡花　東郷克美
上田　敏　小林　茂

＊有島武郎　亀井俊介
北原白秋　平石典子
菊池　寛　山本芳明
＊芥川龍之介　髙橋龍夫
＊宮沢賢治　千葉一幹
高浜虚子　坪内稔典
与謝野晶子　佐伯順子
＊種田山頭火　村上　護
＊斎藤茂吉　品田悦一
＊高村光太郎　湯原かの子
石川啄木　先崎彰容
萩原朔太郎　エリス俊子・栗原飛宇馬
＊原　阿佐緒　秋山佐和子
＊狩野芳崖・高橋由一　古田　亮
川村清雄　落合則子
＊小堀鞆音　小堀桂一郎
竹内栖鳳　北澤憲昭
黒田清輝　高階秀爾
中村不折　石川九楊
横山大観　高階秀爾
＊橋本関雪　西原大輔
小出楢重　芳賀　徹
土田麦僊　天野一夫
岸田劉生　北澤憲昭
濱田庄司　濱田琢司
＊山田耕筰　後藤暢子
松旭斎天勝　川添　裕
中山みき　鎌田東二
佐田介石　谷川　穣
＊ニコライ　中村健之介

＊出口なお・王仁三郎　川村邦光
＊新島　襄　太田雄三
新島八重　佐伯順子
木下広次　冨岡　勝
海老名弾正　西田　毅
嘉納治五郎　クリストファー・スピルマン
柏木義円　片野真佐子
津田梅子　田中智子
＊澤柳政太郎　新田義之
河口慧海　高山龍三
山室軍平　室田保夫
大谷光瑞　白須淨眞
＊久米邦武　髙田誠二
フェノロサ　伊藤　豊
井上哲次郎　井ノ口哲也
三宅雪嶺　長妻三佐雄
＊岡倉天心　木下長宏
志賀重昂　中野目徹
徳富蘇峰　杉原志啓
＊竹越与三郎　西田　毅
内藤湖南・桑原隲蔵　礪波　護
＊廣池千九郎　橋本富太郎
岩村　透　今橋映子
＊西田幾多郎　大橋良介
＊金沢庄三郎　石川遼子
柳田国男　鶴見太郎
厨川白村　張　競
＊村岡典嗣　水野雄司

*護良親王　新井孝重
*懐良親王　森　茂暁
*赤松氏五代　渡邊大門
*北畠親房　岡野友彦
楠正成　兵藤裕己
楠木正行・正儀　生駒孝臣
*新田義貞　山本隆志
*光厳天皇　深津睦夫
足利尊氏　市沢　哲
*足利直義　亀田俊和
佐々木道誉　下坂　守
細川頼之　亀田俊和
円観・文観　田中貴子
足利義詮　早島大祐
足利義満　川嶋將生
*足利義持　吉田賢司
足利義政　木下昌規
*大内義弘　平瀬直樹
伏見宮貞成親王　松薗　斉
*山名宗全　山本隆志
細川勝元・政元　古野　貢
畠山義就　呉座勇一
足利成氏　阿部能久
世阿弥　西野春雄
雪舟等楊　河合正朝
宗祇　鶴崎裕雄
*満済　森　茂暁
一休宗純　原田正俊
蓮如　岡村喜史

戦国・織豊

北条早雲　家永遵嗣
*北条氏政　黒田基樹
大内義隆　藤井　崇
斎藤氏三代　木下　聡
*毛利元就　岸田裕之
*毛利輝元　光成準治
*小早川隆景・秀秋　光成準治
*六角定頼　村井祐樹
*今川義元　小和田哲男
*武田信玄　笹本正治
*武田勝頼　笹本正治
*真田氏三代　笹本正治
*三好長慶　天野忠幸
*松永久秀　天野忠幸
*宇喜多直家・秀家　渡邊大門
*上杉謙信　矢田俊文
大友宗麟　鹿毛敏夫
島津義久・義弘　福島金治
*長宗我部元親・盛親　平井上総
浅井長政　長谷川裕子
吉田兼倶　西山　克
山科言継　松薗　斉
*雪村周継　赤澤英二
正親町天皇・後陽成天皇　神田裕理
足利義輝・義昭　山田康弘
織田信長　三鬼清一郎
織田長益　八尾嘉男
*明智光秀・秀満　小和田哲男
豊臣秀吉　藤井讓治
豊臣秀次　矢部健太郎
*北政所おね　田端泰子
*淀殿　福田千鶴
蜂須賀正勝・家政　三宅正浩
前田利家　東四柳史明
山内一豊・忠義　長屋隆幸
*黒田如水　小和田哲男
*蒲生氏郷　藤田達生
石田三成　堀越祐一
細川ガラシャ　田端泰子
*支倉常長　田中英道
*千利休　熊倉功夫
長谷川等伯　宮島新一
顕如　神田千里
教如　安藤　弥

江戸

*徳川家康　笠谷和比古
本多忠勝　柴　裕之
*徳川家光　野村　玄
徳川吉宗　横田冬彦
*後水尾天皇　久保貴子
後桜町天皇　所　京子
*光格天皇　藤田　覚
崇伝　杣田善雄
*春日局　福田千鶴
宮本武蔵　渡邊大門
*池田光政　倉地克直
*保科正之　八木清治
シャクシャイン　岩崎奈緒子
*田沼意次　藤田　覚
細川重賢　安高啓明
*二宮尊徳　小林惟司
*末次平蔵　岡美穂子
*高田屋嘉兵衛　生田美智子
*林羅山　鈴木健一
吉野太夫　渡辺憲司
熊沢蕃山　川口　浩
山崎闇斎　澤井啓一
*山鹿素行　前田　勉
*北村季吟　島内景二
伊藤仁斎　澤井啓一
貝原益軒　辻本雅史
*ケンペル　B・M・ボダルト＝ベイリー
新井白石　大川　真
荻生徂徠　柴田　純
*雨森芳洲　上田正昭
石田梅岩　高野秀晴
白隠慧鶴　芳澤勝弘
前野良沢　松田　清
平賀源内　石上　敏
本居宣長　田尻祐一郎
杉田玄白　吉田　忠
木村蒹葭堂　有坂道子
*大田南畝　沓掛良彦
菅江真澄　赤坂憲雄
*鶴屋南北　諏訪春雄
良寛　阿部龍一
*山東京伝　佐藤至子
*滝沢馬琴　高田　衛
平田篤胤　山下久夫
国友一貫斎　太田浩司
シーボルト　宮坂正英
本阿弥光悦　岡　佳子
小堀遠州　中村利則
狩野探幽・山雪　山下善也
尾形光琳・乾山　河野元昭
*二代目市川團十郎　田口章子
伊藤若冲　狩野博幸
浦上玉堂　高橋博巳
*佐竹曙山　成瀬不二雄
葛飾北斎　岸　文和
酒井抱一　玉蟲敏子
孝明天皇　青山忠正
*和宮　辻ミチ子
徳川慶喜　大庭邦彦
島津斉彬　原口　泉
横井小楠　沖田行司
*古賀謹一郎　小野寺龍太
*永井尚志　高村直助
*岩瀬忠震　小野寺龍太
*栗本鋤雲　小野寺龍太
大村益次郎　竹本知行
河井継之助　小川和也

ミネルヴァ日本評伝選

企画推薦
梅原　猛
ドナルド・キーン
佐伯彰一
角田文衞

監修委員
上横手雅敬
芳賀　徹

編集委員
石川九楊
伊藤之雄
猪木武徳
今谷　明
今橋映子
熊倉功夫
佐伯順子
坂本多加雄
武田佐知子
竹西寛子
西口順子
兵藤裕己
御厨　貴

上代

*俾弥呼　古田武彦
*日本武尊　西宮秀紀
*仁徳天皇　若井敏明
雄略天皇　吉村武彦
継体天皇　若井敏明
*蘇我氏四代　遠山美都男
推古天皇　義江明子
聖徳太子　仁藤敦史
斉明天皇　武田佐知子
*小野妹子・毛人・毛野　大橋信弥
*額田王　梶川信行
弘文天皇　遠山美都男
天武天皇　新川登亀男
持統天皇　丸山裕美子
阿倍比羅夫　熊田亮介
*藤原四子　木本好信
*柿本人麿　古橋信孝
*元明天皇・元正天皇　渡部育子
聖武天皇　本郷真紹
光明皇后　寺崎保広
*孝謙・称徳天皇　勝浦令子
藤原不比等　荒木敏夫
橘諸兄・奈良麻呂　遠山美都男
吉備真備　今津勝紀
*藤原仲麻呂　木本好信
道鏡　吉川真司
*藤原種継　木本好信
*行基　吉田靖雄

平安

*桓武天皇　井上満郎
嵯峨天皇　西別府元日
宇多天皇　古藤真平
醍醐天皇　石上英一
村上天皇　京樂真帆子
花山天皇　上島　享
*三条天皇　倉本一宏
藤原薬子　中野渡俊治
*藤原良房・基経　瀧浪貞子
*紀貫之　神田龍身
源高明　所　功
*安倍晴明　斎藤英喜
*藤原道長　朧谷　寿
*藤原伊周・隆家　倉本一宏
藤原定子　山本淳子
*藤原彰子　朧谷　寿
清少納言　三田村雅子
和泉式部　ツベタナ・クリステワ
大江匡房　小峯和明
*阿弖流為　樋口知志
坂上田村麻呂　熊谷公男
*源満仲・頼光　元木泰雄
平将門　西山良平
藤原純友　寺内　浩
最澄　吉田一彦
円珍　岡野浩二
*空也　石井義長
奝然　上川通夫
*源信　小原　仁
慶滋保胤　吉原浩人
*後白河天皇　美川　圭
*式子内親王　奥野陽子
建礼門院　生形貴重
*藤原秀衡　入間田宣夫
平時子・時忠　元木泰雄
平維盛　根井　浄
守覚法親王　阿部泰郎
藤原隆信・信実　山本陽子

鎌倉

源頼朝　川合　康
*源義経　近藤好和
源実朝　神田龍身
*九条兼実　加納重文
九条道家　上横手雅敬
北条時政　野口　実
熊谷直実　佐伯真一
*北条政子　関　幸彦
*北条義時　岡田清一
曾我十郎・五郎　杉橋隆夫
北条時頼　山本隆志
北条時宗　近藤成一
平頼綱　細川重男
竹崎季長　堀本一繁
西行　光田和伸
鴨長明　浅見和彦
藤原定家　赤瀬信吾
*京極為兼　今谷　明
*兼好　島内裕子
重源　横内裕人
*運慶　根立研介
快慶　井上一稔
法然　今堀太逸
栄西　中尾良信
明恵　西山　厚
*親鸞　末木文美士
恵信尼・覚信尼　西口順子
覚如　今井雅晴
*道元　船岡　誠
叡尊　細川涼一
*忍性　松尾剛次
*日蓮　佐藤弘夫
一遍　蒲池勢至
夢窓疎石　原田正俊
*宗峰妙超　竹貫元勝

南北朝・室町

後醍醐天皇　上横手雅敬

刊行のことば

歴史を動かすものは人間であり、興趣に富んだ人間の動きを通じて、世の移り変わりを考えるのは、歴史に接する醍醐味である。

しかし過去の歴史学を顧みるとき、人間不在という批判さえ見られたように、歴史における人間のすがたが、必ずしも十分に描かれてきたとはいえない。二十一世紀を迎えた今、歴史の中の人物像を蘇生させようとの要請はいよいよ強く、またそのための条件もしだいに熟してきている。

この「ミネルヴァ日本評伝選」は、正確な史実に基づいて書かれるのはいうまでもないが、単に経歴の羅列にとどまらず、歴史を動かしてきたすぐれた個性をいきいきとよみがえらせたいと考える。そのためには、対象とした人物とじっくりと対話し、ときにはきびしく対決していくことも必要になるだろう。

今日の歴史学が直面している困難の一つに、研究の過度の細分化、瑣末化が挙げられる。それは緻密さを求めるが故に陥った弊害といえるが、その結果として、歴史の大きな見通しが失われ、歴史学を通しての社会への働きかけの途が閉ざされ、人々の歴史への関心を弱める危険性がある。今こそ歴史が何のためにあるのかという、基本的な課題に応える必要があろう。評伝という興味ある方法を通じて、解決の手がかりを見出せないだろうかというのも、この企画の一つのねらいである。

狭義の歴史学の研究者だけでなく、多くの分野ですぐれた業績をあげている著者たちを迎えて、従来見られなかった規模の大きな人物史の叢書として、「ミネルヴァ日本評伝選」の刊行を開始したい。

平成十五年（二〇〇三）九月

ミネルヴァ書房

《著者紹介》

斎藤英喜（さいとう・ひでき）

1955年　東京都生まれ。
法政大学文学部卒業。成城大学大学院修士課程修了。日本大学大学院博士課程満期退学。

現　在　佛教大学歴史学部教授（神話・伝承学・宗教文化論）。

著　書　『アマテラスの深みへ』新曜社，1996年。

『いざなぎ流　祭文と儀礼』法蔵館，2002年／増補改訂版・近刊〈佛教大学学術賞受賞〉。

『読み替えられた日本神話』講談社現代新書，2006年。

『陰陽道の神々』思文閣出版，2007年／増補版2012年。

『アマテラス』学研新書，2011年。

『古事記　不思議な1300年史』新人物往来社，2012年〈奈良県古事記出版文化・稗田阿礼賞受賞〉。

『古事記はいかに読まれてきたか』吉川弘文館，2012年〈古代歴史文化みえ賞受賞〉。

『荒ぶるスサノヲ，七変化』吉川弘文館，2012年。

『異貌の古事記』青土社，2014年。

『陰陽師たちの日本史』角川選書，2014年。

『折口信夫――神性を拡張する復活の喜び』ミネルヴァ書房，2019年。

ミネルヴァ日本評伝選

安《あ》倍《べの》晴《せい》明《めい》

――陰陽の達者なり――

2004年10月10日　初版第1刷発行　〈検印省略〉
2019年6月10日　初版第2刷発行

定価はカバーに
表示しています

著　者　斎　藤　英　喜
発行者　杉　田　啓　三
印刷者　江　戸　孝　典

発行所　株式会社　ミネルヴァ書房

607-8494 京都市山科区日ノ岡堤谷町1
電話（075）581-5191（代表）
振替口座 01020-0-8076番

共同印刷工業・新生製本

ISBN978-4-623-04255-5

Printed in Japan

人名索引

あ 行

か 行

さ　行

た　行

ま　行

や　行

ら・わ行

事項索引

か　行

さ　行

は　行

ま　行

ら・わ行